BIBLIOTHÈQUE D'HISTOIRE CONTEMPORAINE

Yves Guyot

Sophismes socialistes

et

Faits économiques

Paris, FÉLIX ALCAN, éditeur, 1908.

SOPHISMES SOCIALISTES

ET

FAITS ÉCONOMIQUES

OUVRAGES DU MÊME AUTEUR

La Science économique. Un vol. de 592 pages avec 18 graphiques (3ᵉ édition). (*Vient de paraître*) . . . . 5 fr. »
La Démocratie individualiste. Un volume in-18 de 279 pages. (*Vient de paraître*) . . . . 3 fr. »
Les Préjugés politiques (1873) (bibliothèque démocratique) . . . . épuisé
Évolution politique et sociale de l'Espagne. Un vol. in-18 de 328 pages . . . . 3 fr. 50
La Tyrannie socialiste. Un vol. de 272 p. (12ᵉ mille) . 1 fr. 25
Les Principes de 89 et le Socialisme. Un vol. in-16 de 280 pages (5ᵉ mille) . . . . 1 fr. 25
La Comédie socialiste. Un vol. de 500 p. (3ᵉ mille). 3 fr. 50
Les Conflits du travail et leur solution. Un vol. de 396 pages (3ᵉ mille) . . . . 3 fr. 50
La Propriété. Origine et évolution (thèse communiste de Paul Lafargue). Un vol. in-18 de 530 pages . . . . . . 3 fr. 50
L'Impôt sur le Revenu. Rapport à la Commission du Budget 1886. Un vol. in-18 . . . . 3 fr. 50
Les Tribulations de M. Faubert. L'Impôt sur le Revenu. Une brochure de 100 pages in-18 . . . . 1 fr. »
Voyages et Découvertes de M. Faubert. Un vol. in-18 de 436 pages . . . . 3 fr. 50
L'Économie de l'effort. Un vol. de 432 pages in-18. 4 fr. »
La Comédie protectionniste. Un vol. in-18 de 466 pages (2ᵉ mille) . . . . 3 fr. 50
Trois ans au ministère des Travaux publics. Un vol. in-18 de 266 pages . . . . 3 fr. 50
La Morale de la concurrence (Questions de mon temps). Une brochure in-18 . . . . 1 fr. »
La Question des sucres en 1901. Un vol. in-18 de 160 pages . . . . 3 fr. »
Dictionnaire du Commerce, de l'Industrie et de la Banque, publié sous la direction de MM. Yves Guyot et A. Raffalovich. Deux volumes grand in-18 de 2.988 pages. Broché . . . . 50 fr. »
Relié . . . . 58 fr. »

SOPHISMES SOCIALISTES

ET

FAITS ÉCONOMIQUES

PAR

YVES GUYOT

PARIS

FÉLIX ALCAN, ÉDITEUR

LIBRAIRIES FÉLIX ALCAN ET GUILLAUMIN RÉUNIES

108, BOULEVARD SAINT-GERMAIN, 108

—

1908

Tous droits de traduction et de reproduction réservés

PRÉFACE

Je prends le mot sophisme dans le sens où l'emploie Bentham [1].

« Le sophisme est un argument faux revêtu d'une forme plus ou moins captieuse. Il y entre toujours quelque idée de subtilité, quoiqu'il n'implique pas nécessairement celle de mauvaise foi. Le sophisme est mis en œuvre pour influer sur la persuasion d'autrui et en tirer quelque résultat. L'erreur est l'état d'une personne qui entretient une opinion fausse ; et le sophisme est un instrument d'erreur. »

J'ai eu pour objet, dans les pages qui suivent, de réduire à leur véritable valeur les sophismes socialistes avec lesquels certains hommes habiles, souvent sans scrupules, amusent les badauds et entraînent les foules. Ils n'ont même pas le mérite de l'invention des arguments et des systèmes. Ils sont les plagiaires avec quelques variantes de tous les romans communistes, inspirés par Platon. Leurs plus grands docteurs, Marx et Engels, ont échafaudé toutes leurs théories sur une phrase de Saint-Simon et trois phrases de Ricardo [2].

Que sont devenues les utopies de Fourier et de Cabet,

---

1. *Les Sophismes politiques. Introduction.*
2. Voir *infrà*, p. 86.

l'organisation du travail de Louis Blanc, la banque d'échange de Proudhon, la question du droit au travail, la loi d'airain des salaires de Lassalle, les prédictions du *Manifeste Communiste* de Karl Marx et d'Engels ? Dès que vous essayez une discussion avec des socialistes, ils vous disent : — Le socialisme que vous critiquez n'est pas le vrai. Si vous les priez de vous donner le vrai, ils ne s'entendent plus : et ils démontrent ainsi que s'ils sont d'accord pour détruire la société capitaliste, ils ne savent pas ce qu'ils mettraient à la place de la propriété individuelle, de l'échange et du salaire. M. Jaurès avait promis, au mois de juin 1906, d'apporter quatre ou cinq mois plus tard des propositions de loi donnant la base de la société collectiviste. Il se garde bien de les établir, parce que, si peu développé que soit en lui le sentiment du ridicule, il entrevoit le risque auquel il s'exposerait.

Aucun socialiste n'a pu exposer les conditions de production, de rémunération et de répartition des capitaux dans le système collectiviste. Aucun n'a pu déterminer les mobiles d'action auxquels obéiraient les individus. Quand ils sont pressés de répondre, ils affirment que l'homme aura changé de nature.

C'est là une difficulté : car j'ai faim, j'ai soif, un autre, dans la société collectiviste, pourra-t-il me débarrasser de ce besoin ? Quand Denys le Tyran avait la colique, jamais il n'a pu la passer à un esclave. Torquemada, en torturant et brûlant des hérétiques et des juifs, a pu supprimer des manifestations de pensées ; jamais il n'a pu en changer une. L'individu est irréductible.

Sans tenir compte que l'individu, se développant de

plus en plus, opposera une résistance de plus en plus grande à toute compression, les collectivistes aboutissent à un gouvernement de police dans le genre de ceux des Incas au Pérou ou des Jésuites au Paraguay. La classe prolétarienne gouvernera, dit Karl Marx; mais il n'explique pas comment. Un des intellectuels du socialisme, M. Carl Pearson, ayant le courage de son opinion disait récemment :

> Personne n'aura le droit de montrer quelque irrévérence envers l'État. Les socialistes doivent inculquer cet esprit qui donnerait aux offenseurs de l'État une courte confession et la plus proche lanterne[1].

On trouvera plus loin une autre citation qui prouve que, sous une forme un peu atténuée, telle est aussi l'opinion de M. Deslinières[2].

En attendant ce bon temps, le congrès de Stuttgart vient d'affirmer, de nouveau, le 20 août 1907, que, seul peut être reconnu comme vrai socialiste celui qui adhère à la lutte de classes.

Dans cette conception, la volonté de la classe fait le droit : les minorités audacieuses opprimeront les majorités apeurées ; la guerre sociale est à l'état permanent. Ces socialistes transportent, dans la société économique, toutes les conceptions de la civilisation guerrière : l'individu enrégimenté dans leurs troupes doit obéissance passive à ses chefs; et quant aux indépendants, ce sont des ennemis qui doivent être acculés à l'option classique, la bourse ou la vie ! Le socialisme

---

1. Carl Pearson *Ethics of Free thought*, p. 324 (cité p. Robert Flint) *Socialism*.
2. Voir *infrà* livre IX, ch. IV.

est un caporalisme importé d'Allemagne comme le proclame M. Charles Andler[1]. Quand ils réservent toute leur énergie contre leurs compatriotes, les partisans de la lutte de classes sont logiques; car ce n'est point la peine d'essayer de prendre chez un voisin qui se défendrait ce qui sera à la portée de leur main, le jour où ils auront le pouvoir. Ils montrent la manière dont ils en useront, en célébrant l'anniversaire de la Commune; et, ceux qui se prétendent pratiques, comme les leaders de la Confédération générale du travail, donnent pour idéal à leurs troupes la grève générale avec le sabotage, les courts circuits, les explosions de gaz et de dynamite, les déraillements et les tamponnements de trains.

Ce n'est qu'après le congrès de Nancy, à la fin d'août 1907, que des radicaux ont paru s'apercevoir que si les socialistes, dignes de ce nom, étaient partisans de la guerre sociale, ils poussaient l'amour de la paix jusqu'à l'insurrection en cas de guerre étrangère.

Le 7 septembre 1907, M. Jaurès s'écriait au Tivoli-Vauxhall : « Le gouvernement ennemi sera celui qui refusera l'arbitrage. Et celui-là devra être combattu par les fusils mis entre les mains des prolétaires pour combattre leurs frères de l'autre côté de la frontière! » Cependant il y a plusieurs années que M. G. Hervé a planté « le drapeau dans un fumier » et qu'il est membre du comité directeur du parti socialiste unifié. Après beaucoup de déclamations, le congrès du parti radical et radical socialiste de Nancy n'a même pas osé voter la proposition Bonnet.

---

1. *Le manifeste communiste*, volume 2, p. 178.

Pourquoi? Parce que nombre de radicaux sans épithète se sont mis à la remorque des radicaux socialistes qui eux mêmes suivent les socialistes. Ils se défendent d'être collectivistes; mais ils concèdent toute la partie B du programme du Havre [1] ; et ils collaborent à la politique de tyrannie et de spoliation qui est l'idéal du parti socialiste, sans s'apercevoir qu'elle est la négation des principes mêmes de la Révolution française.

Karl Marx, gendre d'un Jonker Prussien, est d'accord avec l'école historique allemande, qui fut fondée par Savigny pour réagir contre la Révolution française, et dont Lassalle n'a été qu'un disciple. Il dit qu'elle a installé à la place de toutes les libertés, la liberté sans âme des transactions commerciales. (*Manif. C^{iste}* § 6). Il lui reproche, en détruisant les ordres privilégiés, d'avoir ébranlé toutes les conditions sociales. (*id.* § 7) »; et il vante les bienfaits de la féodalité [2].

Quelques-uns prétendent que la meilleure manière de combattre les socialistes, c'est de leur céder. Bismarck a suivi cette politique de gribouille en essayant de faire dévier le socialisme marxiste vers un socialisme bureaucratique : résultat, 3.200.000 voix socialistes aux dernières élections du Reichstag.

Tous ceux qui font des concessions aux socialistes s'affaiblissent à leur profit.

Les socialistes ne peuvent faire partie de la majorité d'un gouvernement parce que, ayant un programme de bataille et de pillage, ils lui imposent, comme condition de leur concours, l'obligation de l'appliquer, tandis que l'attribution essentielle de l'Etat est le maintien

1. Voir *infrà*, p. 320.
2. Paul Lafargue, *La Propriété.*

pour tous de la sécurité à l'intérieur et à l'extérieur.

Quand un socialiste arrive au pouvoir, il ne fortifie pas le gouvernement dans lequel il entre, mais il est aussitôt excommunié par le parti socialiste ; nous en avons eu l'exemple avec MM. Millerand, Briand et Viviani.

Même en Angleterre, plus d'un an avant que John Burns ne fût ministre, le *Labour Representation committee* avait refusé de lui continuer la subvention payée aux membres du parlement du *Labour party*[1]. Comme les membres de la Chambre des communes ne sont pas payés, il voulait le forcer à accepter une subvention du parti libéral afin de pouvoir le dénoncer ensuite comme un *lack liberal*. En ouvrant le congrès de Stuttgard, Bebel fit remarquer que la présence de John Burns dans le cabinet anglais n'avait pas modifié la tactique de combat du *Labour party*.

Il n'y a pas à transiger avec les sophismes socialistes : il faut en montrer l'erreur et les conséquences, et non pas aller dire humblement à ceux qui les propagent : — Peut-être avez-vous raison, seulement vous allez peut-être un peu loin!

Des facteurs favorables au socialisme, le plus puissant est l'ignorance économique. « Du haut en bas de l'échelle sociale, elle est à peu près la même », disait récemment M. Louis Strauss, le distingué président du Conseil supérieur du commerce et de l'industrie de Belgique. Quelque difficile qu'il soit, notre premier devoir est de la dissiper.

---

1. *The Star*, 10 février 1905.

Dans ce livre, j'ai présenté des faits économiques, que chacun est à même de vérifier. C'est un manuel à l'usage de tous les hommes soucieux de se prononcer en connaissance de cause, y compris les socialistes de bonne foi.

YVES GUYOT.

Novembre 1907.

SOPHISMES SOCIALISTES
ET FAITS ÉCONOMIQUES

LIVRE PREMIER

UTOPIES ET EXPÉRIENCES COMMUNISTES

CHAPITRE PREMIER

Le roman de Platon

Les romans politico-économiques. — Traits communs. — Gouvernement des plus sages; suppression de l'intérêt privé; castes. — Platon et la caste des guerriers. — Les Mameluks égyptiens ont réalisé cette conception. — La police. — Xénophon. — Plotin. — Les monastères, leurs principes : séparation des sexes, contribution des fidèles.

Dans son livre, l'*Éternelle Utopie*, Von Kirchenheim[1] a tracé l'*histoire des romans politico-économiques* après Sudre, Reybaud, Moll, etc. Ils ont tous un air de famille et dérivent de la vieille idée de l'âge d'or, de l'éden, de l'idéal placé derrière nous. Elle persiste jusque dans les écrits de Karl Marx, Engels, Paul Lafargue, qui font dater tous les maux de l'humanité du moment où le communisme des sociétés primitives a pris fin[2].

1. Traduction française, par Chazaud des Granges, 1897.
2. Paul Lafargue, *Origine et évolution de la Propriété*.

Toutes ces conceptions essaient de donner le gouvernement aux plus sages : Platon le donne aux philosophes et la même idée reparaît dans Auguste Comte.

Toutes ces conceptions sont fondées sur la suppression de ce mobile des actions humaines qui est l'intérêt privé et son remplacement par l'altruisme, selon le mot forgé par Auguste Comte. Pour y parvenir, leurs auteurs suppriment la propriété privée, et ceux qui sont logiques établissent la communauté des femmes.

Presque tous constituent des castes. Platon proclame la nécessité de l'esclavage et déclare que « les occupations de cordonnier et de forgeron dégradent ceux qui les exercent ». Les laboureurs, les artisans, les marchands forment une caste qui doit produire pour les castes des guerriers et des sages et leur obéir.

D'après la *République*, la caste des guerriers n'aura qu'une propriété collective. Platon considère que la suppression de la propriété privée est la meilleure manière d'empêcher d'abuser de la force.

Le sort désignera les unions annuelles entre hommes et femmes, mais il sera habilement corrigé par les magistrats, soucieux d'assurer les meilleures conditions de reproduction. Cette armée est un haras.

Nous avons vu une organisation de ce genre de castes pendant trois siècles en Egypte : un collège d'ulémas et un corps de mameluks, recruté parmi des enfants sans famille, tous exploitant jusqu'à l'épuisement les misérables fellahs.

Dans son livre des *Lois* où il essaye de préciser sa conception, Platon fixe au chiffre de 5.040 le nombre des membres de la cité, ayant chacun un lot représentant une production égale suffisant à nourrir une famille. Ces terres sont indivisibles, inaliénables, transmises par hérédité au fils désigné. L'État est partagé, en l'honneur des douze mois de l'année, en douze districts où résident des fonctionnaires nombreux ainsi que des conseils. La police entre dans les détails de la vie intime de chacun : jusqu'à la quarantième année, les voyages sont interdits. La police veillera à ce que le nombre des citoyens n'augmente ni ne diminue. Les professions industrielles sont exercées par des esclaves dirigés par une classe d'artisans libres, sans droits politiques; le commerce est laissé aux étrangers. Un citoyen de la cité de Platon ne peut posséder de métaux précieux ni prêter à intérêt. Du reste, si Platon, pour mettre en pratique ses conceptions de la République, revient à la propriété individuelle, il continue de proclamer, que « les femmes communes, les enfants communs, les biens de toute espèce communs, la suppression dans le cours de la vie du nom même de propriété, c'est le comble de la vertu politique[1] ».

Les rêveries de Platon n'eurent aucune influence sur la législation et la politique de l'antiquité.

Xénophon de son côté traçait la conception d'un royaume idéal, dans la *Cyropédie*. Tout est conçu sur un plan utilitaire.

Trois siècles après Jésus, Plotin qui avait honte d'avoir un corps et voulait délivrer la divinité qui était en lui, songea à fonder en Campanie une République sur le type conçu par Platon. Il en resta au rêve.

Le communisme ne fut appliqué que dans les monastères dont l'existence était fondée sur les deux principes de la séparation des sexes et de la contribution des fidèles.

1. *Les Lois*, l. v.

CHAPITRE II

Le royaume des Incas

Les Incas, fils et prêtres du soleil. — Théocratie guerrière. — Organisation administrative. — La police. — Le mariage. — Le travail en commun. — Le royaume en dissolution à l'arrivée de Pizarre.

Dans l'Amérique du Sud, une organisation que des socialistes actuels nous montrent encore comme un idéal avait existé pendant quelques siècles. L'histoire des Incas a été faite au XVIe siècle par un Espagnol, Garcilaso de la Vega, si plein d'admiration pour eux qu'il fit remonter leur pouvoir à des milliers d'années tandis qu'à l'arrivée des Espagnols, leur empire ne datait que de cinq siècles. On les considère comme un clan de la race Aymara[1] qui a laissé les grandes ruines de Tiahuanaco sur les bords du lac Titicaca[2]. Ils créèrent la légende d'Inti, dieu du soleil, qui, par pitié pour les sauvages habitants des montagnes du Pérou, leur avait envoyé son fils Maco Capak et sa sœur et femme, Mama Oello. Ils apprirent aux hommes à construire des maisons, aux femmes et aux filles à tisser. Leur puissance ne s'étendit d'abord que sur le royaume de Cuzco, renfermé

---

1. Dans mon livre *La propriété*, j'avais reproduit l'hypothèse que les Incas étaient d'une race étrangère.
2. *History of the World*, edited by the D. H. F. Helmotz, t. I, The prehistoric World. — America, p. 315.

dans d'étroites limites. Le quatrième roi Inca, Maita Capak, fut vainqueur d'Alcaziva, descendant des arrières-chefs de Cuzco. Les trois rois suivants étendirent leur domination par la conquête. Ils constituèrent une caste guerrière avec les combattants des peuples conquis qu'ils dépaysaient ; et pour l'utiliser, leurs successeurs augmentèrent leurs conquêtes. Ils ne se jetaient pas sur leurs ennemis : ils leur demandaient leur soumission : ils l'obtenaient souvent, faisaient du chef un vassal. Ils assuraient leur autorité par des garnisons, et ils établissaient de grands approvisionnements pour leurs soldats.

Le règne des Incas ne fut point à l'abri des troubles. Malgré tous leurs efforts, leur pouvoir trouvait des résistances et provoquait des révoltes.

Il avait pour caractéristique d'être une théocratie guerrière. L'Inca, fils et prêtre du soleil, était le maître absolu des personnes et des choses, des actes et des volontés. Il était le seul propriétaire ; mais il avait partagé le territoire en trois portions, celle du soleil, celle de l'inca et celle des sujets. Il était aussi le seul propriétaire des troupeaux de lamas. Des fonctionnaires en prélevaient la laine et la répartissaient entre les personnes chargées de la travailler. Ils en abattaient la quantité nécessaire pour la nourriture de l'Inca.

Les mines d'or et d'argent étaient exploitées au profit de l'Inca, mais comme il n'y avait pas de commerce, ces métaux ne servaient que d'ornement.

Il n'y avait pas d'impôt, l'individu devant tout son travail à l'État. On attribuait un lot de terre à chaque famille composée de dix personnes. Le lot primitif était augmenté de moitié à la naissance de chaque garçon et d'un quart à la naissance d'une fille. Elle constituait l'unité administrative : et un fonctionnaire lui était attaché pour en prendre soin et la surveiller[1]. Dix familles formaient un groupe de cent habitants et de dix fonctionnaires sous la surveillance d'un chef. Ensuite venaient dix fois ces cent familles et dix fois ces cent fonctionnaires ; et dix mille familles avec autant de fonctionnaires constituaient une province. Les chefs de province qui, autant que possible, appartenaient à la famille des Incas, et les surveillants en chef des petits groupes étaient tenus de paraître de temps en temps à la cour de l'Inca et d'envoyer des rapports réguliers. Ils étaient sous la surveillance constante d'inspecteurs : et quand une famille était en faute, non seulement elle était punie, mais aussi ses surveillants aux divers degrés qui n'avaient pas su la maintenir dans l'obéissance.

Chacun, homme et femme, était astreint au travail. A vingt-cinq ans le jeune Péruvien devait se marier. Un jour dans l'année était consacré à cette cérémonie. Les fonctionnaires désignaient à chaque jeune homme la jeune fille qu'il leur convenait de lui donner. Un lot de terre leur était attribué avec une maison. Quand la province était trop peuplée, on les envoyait dans de nouveaux territoires.

Les jeunes gens devaient le service militaire ; des jeunes filles étaient choisies aussi pour aller travailler dans des monastères, où elles étaient assujetties, sous peine de mort, à la continence.

Les terres du soleil et de l'Inca étaient cultivées en commun. Les surveillants conduisaient leurs administrés au travail comme à une fête, mais selon l'ordre du sage Pachatukee, il les fouettaient d'abord, les pendaient ensuite, s'ils refusaient de s'y associer. Même peine pour celui qui osait se déplacer sans ordre. Les

History of America, t. I, 333-334.

enfants et les vieillards étaient tenus de fournir leur contingent.

Cependant jamais les Incas n'essayèrent d'introduire ce système dans toutes les provinces qu'ils avaient assujetties.

Les Espagnols avaient déjà abordé en Amérique quand Huania Capak était occupé depuis plusieurs années à réduire Quito. Là, il oublia sa femme et son fils, Thrascar, et viola la loi des Incas, en prenant une femme qui n'était pas de leur race. Il en eut un fils Atahualpa qui devint son favori. Il laissa à celui-ci le royaume de Quito et au premier celui de Cuzco. Un conflit éclata. Atahualpa descendit avec ses troupes à Cuzco, remporta la victoire, fit massacrer les Incas. Lorsque Pizarre arriva au Pérou, il le trouva en dissolution, et c'est ce qui explique la facilité de ses succès.

CHAPITRE III

L'utopie de Thomas Morus et ses applications

I. Thomas Morus. — Les sources de l'*Utopie*. — Symétrie. — Propagande de l'Utopie par l'université et le clergé.
II. Influence du livre de Thomas Morus sur Thomas Munzer. — Le soulèvement de Mulhouse.
III. Les anabaptistes. — Mathias. — Jean de Leyde. — Caractère commun. — Domination absolue d'un prophète et la tourbe. — Haines intestines.

I

Thomas Morus, chancelier d'Angleterre, publia son *Utopie* à Louvain en 1516. Le livre contient une partie critique sur l'état de l'Angleterre et la politique contemporaine, puis l'organisation d'une société communiste.

Thomas Morus connaissait les humanistes dont il s'est inspiré; mais il connaissait aussi les relations de voyages de Colomb, de Pierre Martyr et d'Americ Vespuce. Christophe Colomb avait parlé de populations ayant tout en commun, vivant sous l'autorité illimitée d'un cacique parlant au nom d'une divinité.

Americ Vespuce avait vu des populations, vivant dans un communisme plus ou moins anarchique, s'entassant dans de grands hangards contenant plusieurs centaines de personnes.

Thomas Morus traça alors l'idéal de ce que Paul Lafargue appelle « le communisme en retour ». Il y a trop de pauvres en Europe. Supprimer la propriété, c'est supprimer la différence entre les pauvres et les riches. Les utopistes en concluent que ce sera au profit des pauvres. La conséquence n'est pas forcée, car la suppression de la propriété ne saurait être un facteur de richesse.

Thomas Morus trace tout à son aise la géographie de l'île d'Utopie. Il y installe cinquante-cinq villes, bâties sur un même plan et dont les institutions sont identiques ; à chaque ville est attribué un territoire minimum de vingt mille pas, dont la culture est partagée entre un certain nombre de familles : chaque famille se compose de quarante hommes et femmes et de deux esclaves. Chaque année, vingt cultivateurs qui ont travaillé la terre pendant deux ans reviennent à la ville et sont remplacés par vingt autres. Tous les Utopiens, hommes et femmes, travaillent, mais ils ne travaillent que six heures par jour. Ils ont peu de besoins. Ils sont vêtus de costumes de cuir et de peaux qui peuvent durer sept ans. Les repas sont pris en commun, les femmes assises en face des hommes. Les voyages sont rendus à peu près impossibles.

Chaque ville doit avoir six mille familles. Quand une famille a trop d'enfants, elle en gratifie les familles qui n'en n'ont pas assez. Le mariage est entouré de formalités. La communauté des femmes n'existe pas. L'adultère entraîne l'esclavage.

Quant au gouvernement, il se compose d'un prince élu à vie et d'une série de magistrats et de fonctionnaires élus pour une année.

Les Utopiens sont pacifiques, mais ils font la guerre au besoin et ils emploient des mercenaires. La liberté religieuse existe, mais quiconque ne croit pas à l'existence de la providence et à l'immortalité de l'âme ne peut recevoir d'emploi.

Ces rêveries ont été traduites, rééditées et propagées. A l'âge de huit ou neuf ans, au lendemain de la Révolution de 1848, j'ai reçu comme livre de prix, approuvé par l'Archevêque de Tours, une Vie de Thomas Morus avec la description de l'Utopie en appendice. Cependant, l'université et le clergé qui propageaient ce livre auraient dû savoir qu'il s'était traduit en actes effroyables quelques années après sa publication.

II

En 1525, Thomas Munzer, pasteur protestant en Saxe, poussé par son maître Storch, qui était inspiré par la Bible et par Thomas Morus, voulut mettre l'*Utopie* en pratique. Après avoir essayé de soulever la Souabe, la Franconie et l'Alsace, il parvint à chasser le conseil de ville de Mulhouse et à s'installer dans le Johannisterhof, le 17 mars 1525. Il ordonna aux riches de nourrir et de vêtir les pauvres, de leur procurer des semailles et des terres à labourer. La plupart s'enfuirent selon leur habitude dans les moments de crise. Thomas Munzer parlait en prophète et il rendait la justice avec le sans-gêne d'un délégué de Dieu. Il essayait de soulever les mineurs de l'Erzgebirg en leur disant : « Attaquez et combattez le combat du Seigneur. Si vous ne tuez pas, vous serez tués. Il est impossible de vous parler de Dieu aussi longtemps qu'il y aura un noble et un prêtre sur la terre. » Munzer sortit de Mulhouse, à la tête d'une sorte d'armée. Il montait un cheval noir et était précédé d'une bannière blanche sur laquelle brillait un arc en ciel. Ces bandes ravagèrent et massacrèrent tout sur leur passage. Après une première défaite à Fulda, elles furent détruites à un endroit qui s'est appelé depuis le Schlachtberg (mont de la Bataille) malgré les invocations de Munzer au Seigneur (12 mai 1525). Munzer fut pris, torturé et décapité.

Mais il laissait des Anabaptistes qui se répandirent en Suisse, en Moravie, dans les Pays-Bas et dans le Nord-Ouest de l'Allemagne. Un boulanger de Harlem, nommé Mathias, dans un livre intitulé : *la Restauration*, déclara que toute personne humaine devait être régénérée par un nouveau baptême, que les princes, les impôts et la justice devaient être supprimés, la polygamie et la communauté des biens établies. Les Anabaptistes installèrent leur domination le 1er février 1534 à Munster. Ils commencèrent par démolir les clochers, car la grandeur doit être abaissée, et à brûler les images saintes. Ils ordonnèrent à chacun de venir, sous peine de mort, déposer son argent et ses objets précieux dans une maison indiquée. Les portes des maisons devaient être ouvertes jour et nuit, mais protégées par une petite grille pour les préserver de l'invasion des cochons qui grouillaient dans les rues.

Mathias tué dans une sortie contre les troupes du duc de Gueldre, un ancien aubergiste de Leyde, connu sous le nom de Jean de Leyde, affirma que cette mort était une faveur accordée par Dieu à son prophète, s'inspira de la Bible, entra en conversation avec l'esprit de Dieu, nomma d'abord douze juges du peuple à l'exemple des juges d'Iraël; mais trouvant de l'opposition parmi eux, il déclara que Dieu, dans une nouvelle révélation, lui avait ordonné de prendre le pouvoir absolu et de devenir le roi de la nouvelle Sion. Un compère, peut-être de bonne foi, nommé Tuschocheirer, déclara que Dieu lui-même lui avait confirmé son ordre donné à Jean de Leyde de monter sur le trône de David, de tirer le glaive sacré contre les rois, d'étendre son royaume sur toute la terre, en donnant le pain à ceux qui se soumettraient et la mort aux rebelles. Pour combattre les rois, il se sacra roi de la Nouvelle Sion, se vêtit d'un costume fait avec les broderies d'argent des églises, d'un surtout taillé et rehaussé de morceaux de pourpre et d'aiguillettes d'or, se coiffa d'une couronne d'or et d'une toque enrichie de pierreries, et étala sur sa poitrine un magnifique collier supportant un globe symbolique marqué de cette inscription : Roi de la justice sur le monde. Il ne se montrait qu'avec un cortège de chevaux caparaçonnés. Il s'installait sur un trône établi dans la place publique, et là, il cumulait les fonctions de législateur et de juge.

Il avait épousé quinze femmes. Est-ce que Salomon était monogame ? est-ce que le premier commandement de Dieu n'est pas, *crescite et multiplicamini?* Et comment un monogame pouvait-il l'observer pendant la grossesse de sa femme ? Un jour, une de ses femmes lui ayant manqué de respect, il la jugea, la condamna et l'exécuta lui-même. Puis il dansa devant le cadavre avec ses autres femmes à l'imitation de David ; et la foule l'imita en chantant : *Gloria in excelsis!*

Les anabaptistes étaient vaincus et massacrés à Amsterdam. La famine sévissait à Munster. Le 25 juin 1535, les troupes de l'évêque de Munster entrèrent dans la ville. A l'orgie anabaptiste succéda l'orgie de l'ordre. Jean de Leyde fut torturé, promené dans une cage de fer qu'on voit encore, puis exécuté le 22 janvier 1536. Au bout de dix ans, les anabaptistes, qui avaient voulu conquérir le monde, étaient écrasés, massacrés, pourchassés partout. Ces communistes n'avaient trouvé à Mulhouse et à Munster qu'une forme de gouvernement : la domination absolue d'un prophète ; au-dessous, une foule, une tourbe.

Après leur ruine, les Anabaptistes fondèrent en Moravie des communautés, vrais couvents, mais où le mariage était admis. Ils devaient travailler constamment, même le dimanche, et garder toujours le silence. Ces gens entourés d'ennemis trouvaient le moyen de se disputer entre eux ; ils s'excommuniaient réciproquement, et quand ils ne se disputaient pas, ils s'enivraient. Tous voulaient échapper à la terrible pression qui résultait de leur communisme [1].

1. F. Catrou, *Histoire du fanatisme des religions protestantes, de l'Anabaptisme.* — Henri Otten, *Annales anabaptistes.* — Lambert Hortensius, — *Le Tumulte des Anabaptistes.* — Guy de Bres, *La racine, source et fondement des Anabaptistes.*

CHAPITRE IV

Andreœ et Campanella

I. Le pasteur V. Andreœ et la *République chrétienne universelle*.
II. Le dominicain Campanella et la *Cité du Soleil*. — Les attributions des ministres. — Le ministre de la génération. — Un couvent avec la promiscuité des sexes.

I

Le pasteur Jean Valentin Andreœ publia en 1620 une *Description de la République chrétienne universelle*. Il refait l'*Utopie* de Thomas Morus au point de vue protestant. L'autorité gouvernementale est entre les mains d'un pontife, d'un juge et d'un ministre des sciences. Il répète sur tous les tons qu'il faut le retour vers Dieu et l'absorption dans la grâce du Christ.

La même année un dominicain né en Calabre, qui, accusé de conspirations contre la domination espagnole et autres crimes, avait passé plus de vingt-cinq ans dans les prisons de Naples et subi trois fois la torture, publia la *Cité du Soleil*[1]. Le gouvernement est confié à un prince sacerdotal nommé Hoh, avec trois chefs sous ses ordres, Pan, Sin, Mor, préposés à la guerre, à la science et à tout ce qui concerne la génération et l'alimentation.

---

1. V. la traduction française dans les *Œuvres choisies de Campanella*, par Mme Louise Colet, 1844.

M Von Kirchenheim dit avec étonnement que ce sont les premiers ministres spéciaux connus dans l'histoire de la politique.

II

Campanella a l'audace du communisme : pas de logement privé, communauté des femmes et des enfants. Le ministre Mor, aidé d'employés des deux sexes, choisit les couples et, après avis des astrologues, leur ordonne de procréer à tel jour et à telles heures. Dès qu'ils sont sevrés, les enfants sont élevés en commun. Campanella leur fait donner un enseignement spécial. Pour les adultes, le travail est réduit à quatre heures par jour et est dirigé par des fonctionnaires qui ont le droit de punir. Il n'y a qu'une juridiction criminelle, puisqu'il ne saurait y avoir d'affaires civiles. Une fois par an, chacun doit se confesser. Les repas sont pris en commun, sous la surveillance d'un médecin. L'usage du vin est interdit.

Campanella a commencé par présenter les sentiments de l'honneur, du devoir, comme des mobiles d'activité suffisants ; il finit par des sanctions pénales. Sa conception sociale est celle d'un couvent avec la promiscuité des sexes.

Dans son livre la *Monarchie Espagnole*, il expose un plan de monarchie universelle sous la suzeraineté du Pape, appuyé par la force militaire de l'Espagne. Tous les peuples de l'Europe ne feront qu'un, les hérétiques seront exterminés, la paix régnera sur la terre, la communauté des biens supprimera toute misère.

CHAPITRE V

Le Paraguay

Le Paraguay. — Comment les Jésuites recrutaient. — Ni législation civile ni législation criminelle. — Petite propriété privée. — Le culte. — La bouillie commune. — La viande.— Le sel. — Vêtement et domicile. — Police des corregidors. — Confusion de l'ordre moral et de l'ordre juridique. — Pas de commerce. — Misère. — Paresse.

Au moment où paraissait le livre de Campanella, les Jésuites, au Paraguay, le mettaient en pratique. Ils avaient obtenu des privilèges de Philippe III, mais le gouverneur des possessions espagnoles, Diego Martin Neyroni (1601-1615) les refoula dans les pays des Guaycuru et du Guarani. Ils obtinrent d'y être indépendants des vice-rois et de n'y tolérer la présence d'aucun espagnol.

Ils y trouvèrent une population assez malléable pour lui imposer une discipline telle qu'au nombre de quelques centaines, ils purent gouverner un territoire qui s'étendait des Andes aux possessions portugaises du Brésil, comprenait la vallée du Paraguay et une partie des vallées du Parana et de l'Uruguay, et couvrait une superficie quatre ou cinq fois grande comme celle de la France.

En dehors de leur établissement central, ils en avaient trente et un autres qu'ils appelaient des Réductions.

D'après Alexandre de Humboldt, les Jésuites allaient

à la conquête des âmes, en se précipitant sur la peuplade choisie. Ils incendiaient les cabanes et emmenaient comme prisonniers les hommes, les femmes et les enfants. Ils les répartissaient ensuite entre les missions, en ayant soin de les séparer les uns des autres de manière qu'ils ne pussent se concerter[1].

Ces captifs étaient des esclaves. Au moment de la suppression des Jésuites, la maison de Cordoue en possédait trois mille cinq cents.

Ils opéraient très rapidement la conversion selon la méthode de l'attouchement par du linge mouillé. Ce baptême exécuté, ils en envoyaient l'extrait à Rome. Chaque peuplade avait deux directeurs, un ancien qui s'occupait de l'administration temporelle et un vicaire qui remplissait les fonctions sacerdotales[2].

Ils n'établirent point de législation civile : il n'en était besoin ni pour régler l'état des familles, puisque il n'y avait point de succession et que tous les enfants étaient nourris aux dépens de la société, ni pour déterminer la constitution et le partage de la propriété, puisque tous les biens étaient communs. Il n'y avait point de législation criminelle. Les pères Jésuites châtiaient les Indiens sans autre règle que leur volonté mitigée par la coutume.

Quoique le travail en commun fût la règle, les Jésuites avaient été obligés de donner un dérivatif au sentiment de la propriété privée et au besoin d'activité personnelle. Ils remettaient à chaque famille un petit espace de terrain et lui accordaient deux jours par semaine pour le cultiver. Quelquefois ils permettaient aussi aux hommes d'aller à la chasse ou à la pêche sans autre obligation que de faire quelques cadeaux de gibier ou de poisson aux chefs de la mission.

1. *Voyage aux régions Équinoxales*, t. VI, l. vii, ch. 19.
2. Charles Comte, *Traité de la Législation*, t. IV, p. 464.

Chaque jour, il y avait deux heures de prières et sept heures de travail. Les dimanches le temps des prières était de quatre ou cinq heures. Le matin, avant le lever du jour, toute la population, y compris les enfants à peine sevrés, se réunissait à l'église pour le chant et la prière, et on en faisait le dénombrement. Ensuite, chacun baisait les mains du missionnaire. Les uns étaient conduits par des chefs indigènes aux travaux agricoles, les autres dans les ateliers.

Les femmes devaient torréfier et écraser sur une pierre les grains nécessaires à la journée et filer une once de coton.

Le matin, pendant la messe, on faisait, au milieu de la place dans de grandes chaudières avec de la farine d'orge, une bouillie sans graisse ni sel. On emportait dans chaque cabane la ration des habitants dans des paniers d'écorce; et le gratin était partagé entre les enfants qui avaient le mieux su leur catéchisme. A midi, on distribuait une autre bouillie un peu plus épaisse que celle du matin, dans laquelle on mêlait avec des farines de blé et de maïs, des pois et des fèves. Les Indiens retournaient au travail, et, à leur retour, entendaient la prière, baisaient la main du père et recevaient une autre quantité de bouillie semblable à celle du matin.

Quoique le bétail fût abondant, d'après certaines versions, on ne distribuait de la viande qu'exceptionnellement ou aux hommes qui travaillaient; d'après d'autres, on en distribuait tous les deux jours. Il est probable que sur ce sujet, chaque Réduction suivait une règle particulière, d'après ses ressources. Le sel était rare, on en remettait une petite cuillerée le dimanche à chaque famille.

Des règlements fixaient par an à six varas (cinq mètres) pour les hommes et à cinq « varas » pour les femmes la quantité d'étoffe qui leur était donnée et dont ils faisaient une sorte de chemise qui les couvrait fort mal. Ils n'avaient ni caleçons, ni souliers, ni chapeaux. Les enfants des deux sexes allaient nus jusqu'à l'âge de neuf ans.

Leurs cabanes très petites et très basses étaient rondes. Quelques piquets fixés en terre et rapprochés par le haut en formaient la charpente sur laquelle étaient étendues quelques bottes de paille pour en garantir l'intérieur. Les habitants s'y entassaient au nombre d'une quinzaine. L'agglomération de ces cabanes constituait des villes. Il n'y avait pas d'habitants dans les campagnes, car la surveillance en eût été trop difficile. Au centre était l'Église, à côté le collège des pères, les magasins et les ateliers. Les rues étaient tracées régulièrement, plantées d'arbres; et chacune de ces villes était entourée d'une haie de cactus impénétrable. L'Église était construite avec ce faux luxe et était remplie de ce clinquant qui caractérisent l'art jésuite. On y faisait de la musique, on y organisait des chœurs, et des exercices religieux dans lesquels des auto-flagellations auxquelles se livraient des femmes et des filles, des couronnements d'épines, des poses de crucifiés, frappaient l'imagination des indigènes.

Les Jésuites choisissaient parmi eux des corrégidors qui veillaient sur les mœurs, surveillaient la régularité aux offices religieux, dirigeaient et contrôlaient le travail, et exerçaient un commandement durant deux années. Jamais ils n'élevèrent un indigène jusqu'à la dignité de prêtre. Les Jésuites consacraient les mariages deux fois par an; mais la communauté des biens conduisait fatalement à la communauté des femmes.

Les Pères étaient les gardiens de leur vertu comme de toutes choses. Sur la manière dont ils exerçaient cette fonction, je ne cite que cette phrase de Bougainville qui se trouvait à Buenos-Ayres au moment de l'expulsion des Jésuites : « Ma plume se refuse au détail de tout ce que le public prétend. Les haines sont encore trop récentes pour qu'on puisse discerner les fausses imputations des véritables [1]. »

A coup sûr, ce n'eût point été le respect des filles ou des femmes indigènes qui aurait pu retenir les Pères ; et nous voyons une fois de plus le danger de la confusion de l'ordre moral et de l'ordre juridique. Le premier avait aboli le second. Il n'y avait ni état de personnes, ni état des biens. Chaque Jésuite était à la fois confesseur, législateur et juge, et s'il dédaignait d'être exécuteur, il surveillait l'exécution.

Les Jésuites faisaient de chaque indien, au moment de sa confession, un délateur des autres et quand un des confessés antérieurement arrivait, le Jésuite n'avait pas de peine à le convaincre. Les punitions n'étaient pas spirituelles. Elles consistaient en coups de fouet de peau de lamentin appliqués, en public pour les hommes, en secret pour les femmes, souvent par le père ou le mari chargés de l'office de bourreau ; et le patient devait ensuite baiser la main du Père qui lui avait fait infliger le châtiment.

Les délits étaient de deux sortes, les uns contre le rite, absence d'une cérémonie religieuse, etc., les autres contre les obligations économiques, négligence dans le travail ou bien perte de semence ou de bœufs. Les pères rendaient la semence ou les bœufs perdus, sans objection ; mais avec accompagnement d'une vigoureuse flagellation.

Le commerce était prohibé, la monnaie inconnue. Il n'y avait d'échange qu'avec l'étranger, et les Jésuites seuls s'en chargeaient. On estime qu'ils pouvaient faire une recette d'un ou deux millions d'écus par an dont

---

1. Bougainville, t. I, p. 196 et 197.

la moitié était remise au général des Jésuites. Naturellement les indigènes n'y avaient aucune part.

On ne laissait pas de chevaux aux indigènes de peur qu'ils ne s'éloignassent de leur habitation : ils ne pouvaient franchir certaines limites, sous peine du fouet.

Les populations travaillaient fort mal et fort peu. Antonio de Ulloa [1] dit qu'il fallait soixante dix ouvriers là où huit ou dix médiocres ouvriers Européens auraient suffi. Ils vivaient dans la misère, l'abjection et la résignation inertes. Un fait prouve leur état de stagnation. Quoique la nuit une cloche les appelât au devoir conjugal, la population n'augmentait pas[2]. Quand les Jésuites furent expulsés en 1768, ils laissaient une population dont Bougainville et La Pérouse ont décrit le misérable état.

Tel fut le résultat de la mise en pratique de la *Cité du Soleil* de Campanella.

1. Cité par Charles Comte.
2. D'après les documents cités par Pfotenhauer. *Die Missionen der Jesuiten in Paraguay*, 3 volumes, 1891-1893.

CHAPITRE VI

Morelly et « le Code de la nature »

La Basiliade. — Morale sexuelle — Les principes du *Code de la nature*. — L'application : Babeuf et Darthé. — La propriété et la révolution.

En 1753, un écrivain sur lequel on a peu de détails, Morelly, publia deux volumes in-12 intitulés : *Poème héroïque* traduit de l'indien, *Naufrage des îles flottantes* ou *Basiliade du célèbre Pilpaï*. J'avoue que je ne l'ai pas lu. Villegardelle en a publié quelques extraits à la suite de l'édition du *Code de la nature*[1]. Ils m'ont suffi. Cependant Morelly se montre dans le poème en prose beaucoup plus hardi au point de vue de la morale sexuelle, à en juger par les passages que cite Von Kirchenheim[2]. « On ignorait les termes infâmes d'inceste, d'adultère et de prostitution : ces nations n'avaient point d'idées de ces crimes : la sœur recevait les tendres embrassements du frère sans en concevoir l'horreur... », etc. Du moment que de vilains mots ne qualifiaient pas ces actes, tout était pour le mieux.

Le *Code de la nature* a paru en 1754, un an après le discours de Rousseau sur l'*Origine de l'inégalité parmi les hommes*. Il part de la même idée : « La terre n'est à personne. » Il établit un modèle de législation « con-

---

1. Un vol. in 18, 1841.
2. *L'Éternelle utopie*, p. 231.

forme aux intentions de la nature ». Il s'est inspiré de Thomas Morus et de Campanella, il a le droit d'être considéré comme l'inspirateur de tous les communistes et collectivistes qui ont suivi, y compris nos contemporains. Voici les conditions essentielles de son système :

Unité essentielle des fonds et de la demeure en commun ; établir l'usage commun des instruments de travail et des productions ; rendre l'éducation également accessible à tous ; distribuer les travaux selon les forces, les produits selon les besoins ; conserver autour de la cité un terrain suffisant pour les familles qui l'habitent.

Réunir mille personnes au moins, afin que, chacun travaillant selon ses forces et ses facultés, et consommant selon ses besoins et ses goûts, il s'établisse pour un nombre suffisant d'individus une moyenne de consommation qui ne dépasse pas les ressources communes, et une résultante de travail qui les rende assez abondantes.

N'accorder d'autre privilège au talent que celui de diriger les travaux dans l'intérêt commun, et ne pas tenir compte, dans la répartition, de la capacité, mais uniquement des besoins, qui préexistent à toute capacité et lui survivent.

Ne pas admettre les récompenses pécuniaires ; 1° parce que le capital est un instrument de travail qui doit rester entièrement disponible entre les mains de l'administration ; 2° parce que toute attribution en argent est inutile dans le cas où le travail librement choisi rendrait la variété et l'abondance des produits plus étendues que nos besoins ; nuisible, dans le cas où la vocation et le goût ne feraient pas remplir toutes les fonctions utiles ; car ce serait donner aux individus un moyen de ne pas payer la dette de travail et de s'exempter des devoirs de la société, sans renoncer aux droits qu'elle assure.

Il a codifié ce système : et je reproduis certaines dispositions de son code qu'il est bon de rapprocher des conceptions actuelles.

TITRE II

Art. 5. — Par dizaines, par centaines, etc. de citoyens, il y aura pour chaque profession un nombre d'ouvriers proportionné à ce que leur travail aura de pénible, et à ce qu'il sera nécessaire qu'il fournisse au peuple de chaque cité sans trop fatiguer les ouvriers.

Art. 6. — Pour régler la distribution des productions de la nature et de l'art, on observera, premièrement, qu'il en est de durables, c'est-à-dire qui peuvent être conservées au moins longtemps, et qu'entre toutes les productions de cette espèce, il s'en trouve : 1° d'un usage journalier et universel; 2° qu'il y en a d'un usage universel, mais qui n'est pas continuel; 3° les unes sont continuellement nécessaires à quelqu'un seulement, et de temps en temps à tout le monde; 4° d'autres ne sont jamais d'un usage ni continuel ni général; telles sont les productions de simple agrément ou de goût. Or, toutes ces productions durables seront amassées dans des magasins publics, pour être distribuées, les unes journellement, ou à des temps marqués, à tous les citoyens, pour servir aux besoins ordinaires de la vie, et de matière aux ouvrages de différentes professions; les autres seront fournies aux personnes qui en usent.

Art. 11. — Rien ne se vendra ni ne s'échangera entre concitoyens, de sorte, par exemple, que celui qui aura besoin de quelques herbes, légumes ou fruits, ira en prendre ce qu'il lui en faut pour un jour seulement et à la place publique, où les choses seront apportées par ceux qui les cultivent. Si quelqu'un a besoin de pain, il ira s'en fournir pour un temps marqué chez celui qui le fait, et celui-ci trouvera dans le magasin public la quantité de farine pour celle du pain qu'il doit préparer, soit pour un jour, soit pour plusieurs.

Art. 10. — Les provisions surabondantes de chaque cité, de chaque province, reflueront sur celles qui seraient en danger d'en manquer ou seront réservées pour les besoins futurs.

TITRE III

Art. 3. — Tout citoyen, sans exception, depuis l'âge de vingt ans jusqu'à vingt-cinq, sera obligé d'exercer l'agriculture, à moins que quelque infirmité ne l'en dispense.

TITRE IV

Art. 1. — Dans toute profession les plus âgés et en même temps les plus expérimentés dirigeront tour à tour, selon leur rang d'ancienneté et pendant cinq jours, cinq ou dix de leurs compagnons et taxeront modérément leur travail sur la part qui leur aura été imposée à eux-mêmes.

Art. 2. — Dans chaque corps de profession, il y aura un maître pour dix ou vingt ouvriers.

Art. 7. — Les chefs de toutes professions indiqueront les heures de repos et de travail, et prescriront ce qui devra être fait.

TITRE VI

Art. 1. — Tout citoyen, à l'âge de trente ans, sera vêtu selon son goût, mais sans luxe extraordinaire, il se nourrira de même dans le sein de sa famille, sans intempérance et sans profusion : excès que cette loi ordonne aux sénateurs et aux chefs de réprimer sévèrement.

Babeuf s'inspira de Morelly. Le manifeste de la *Conspiration des Égaux*, écrit par Sylvain Maréchal, établissait la différence qu'il y a entre leur conception et celle d'une loi agraire comportant le partage des biens : « La loi agraire ou partage des campagnes fut le vœu instantané de quelques soldats sans principes, de quelques peuplades unies par leur instinct plutôt que par la raison. Nous tendons à quelque chose de plus sublime et de plus équitable : le bien commun en la communauté des biens. Plus de propriété individuelle des terres : « La terre n'est à personne », nous réclamons, nous voulons la jouissance communale des fruits de la terre. » On appliqua à Babeuf et à Darthé la loi du 27 germinal an IV (16 avril 1796) qui frappait de la peine de mort « tous ceux qui provoquent le pillage ou le partage des propriétés particulières sous le nom de loi agraire, ou de toute autre manière ».

La Déclaration des Droits de l'Homme de 1793 avait affirmé encore avec plus d'énergie que la Déclaration des droits de l'Homme de 1791 le droit de propriété dont elle donnait, dans l'article 16, la définition suivante : « celui qui appartient à tout citoyen de jouir et de disposer à son gré de ses revenus, du fruit de son travail et de son industrie ».

CHAPITRE VII

Robert Owen et « New Harmony »

I. Robert Owen. — Ses théories. — L'organisation de l'action réflexe. — Les châtiments moraux. — Le droit de direction. — Se servait de machines et voulait le retour à la bêche.
II. L'expérience de *New Harmony*. — La constitution. — L'anarchie. — La didacture. — L'abdication. — Survivance du rêve à l'expérience.

I

M. Edouard Dolléans, professeur d'économie politique à l'université de Lille, a publié un volume très intéressant et très étudié sur Robert Owen[1].

Robert Owen a vécu de 1771 à 1858. Fils d'un ouvrier de village, ayant passé comme apprenti par divers métiers et boutiques, il était choisi dès l'âge de vingt ans, pour diriger l'importante manufacture de fils de coton fin de M. Drinkwater. Il la développe, puis après l'avoir quittée en 1794, il épouse la fille d'un Ecossais, M. Dole, grand propriétaire de filatures à New-Lanark. Il les rachète et il en prend la direction le 10 janvier 1800, à l'âge de vingt-neuf ans.

Robert Owen s'était imprégné plus ou moins consciemment des idées de certains philosophes du XVIIIe siècle. Avec Rousseau, il croyait que l'homme est

1. Félix Alcan, édit., un vol. in-18.

né bon et que la société l'a corrompu ; que le mal est dans les institutions et non dans les hommes. Avec Helvétius, il considérait que tous les hommes avaient le même degré de réceptivité. Donc l'homme est le produit de son milieu. Il n'a ni liberté ni responsabilité. Donc il faut prévenir le mal et non pas le réprimer. Pour le prévenir il faut organiser une machine dans laquelle chaque individu sera engrené et, sans s'en rendre compte, fera l'œuvre qu'il doit faire.

Cette conception n'est pas neuve. Tous les organisateurs de religions ont soumis leurs fidèles au dogme et au rite : par la foi, ils détruisent la pensée individuelle ; par le rite, ils les soumettent à certaines pratiques mécaniques. La répétition des impressions emmagasine telle ou telle sensation dans telle ou telle série de cellules cérébrales. Elles provoquent l'accomplissement de tel ou tel acte déterminé. Les cultes, l'enseignement autoritaire, la discipline militaire n'ont été et ne sont que l'organisation plus ou moins systématique de ce phénomène qu'on appelle, en physiologie, l'action réflexe.

Robert Owen donne l'exemple. Il est soucieux d'avoir les meilleures machines et les meilleurs cotons en laine. Mais il faut leur donner le maximum d'effet utile, en ayant un personnel bien entraîné, qui ne soit pas surmené, qui soit bien nourri, en bonne santé, qui ne soit pas affaibli par l'ivrognerie et une vie de désordre. Il s'occupe du bien-être de ses ouvriers et de leur discipline. Il prépare des recrues pour l'avenir en se chargeant de l'éducation des enfants. Il n'intervient pas directement, quoiqu'il soit mis au courant de la situation personnelle de chacun de ses ouvriers.

Bien qu'il ne tienne pas l'homme pour responsable et, par conséquent, pour punissable, il a recours à un châtiment moral. A chaque métier est suspendu un morceau de bois à quatre faces chacune d'une couleur différente, noire, bleue, jaune et blanche. Quand la journée précédente l'ouvrier s'est mal conduit, la couleur de la face en vue est noire; s'il s'est très bien conduit, elle est blanche. Owen, parcourant les ateliers, connaît par un coup d'œil sur « le télégraphe » la situation de chacun de ses ouvriers, auxquels il ne fait jamais d'observations.

Les mesures prises par Robert Owen, ses procédés commerciaux empreints d'une délicatesse qui inspirait d'autant plus de confiance qu'elle était plus surprenante, assurèrent le succès de ses entreprises. Mais Robert Owen ne voulait pas se contenter de faire de bonnes affaires. Il voulait transformer le monde.

En 1800, on se servait beaucoup des enfants qui appartenaient à la paroisse en vertu de la loi des pauvres. Ils étaient surmenés. Owen prêchait d'exemple pour diminuer l'abus qui en était fait. Comme il n'était pas suivi par tous ses concurrents, il en appela à l'État. Il obtint l'*act* de 1802, qui était une annexe à la loi sur les pauvres. Il continua et il obtint l'*act* de 1817. Il voulut aussi, au moment de la crise qui suivit les guerres de l'Empire, trouver la solution de la question des ouvriers sans travail. Robert Owen n'était jamais embarrassé. Il considérait que la foule devait être conduite par des chefs. Il ne recherchait pas l'origine du droit de direction qu'il pouvait avoir. Il prenait les sans-travail et, selon son énergique et caractéristique expression, il les enfermait dans des *nurseries of men*, dans des infirmeries d'hommes. Il les groupait, au nombre de 1 200, dans un même casernement ; et il considérait que « cette armée civile serait le noyau de la nouvelle organisation qu'il rêvait ». Son plan ne fut pas exécuté.

Robert Owen est un des exemples qu'un grand industriel peut entendre fort bien la gestion de ses affaires et perdre pied quand il touche aux affaires publiques. Cet homme, qui appliquait chez lui le machinisme le plus perfectionné, considérait le machinisme comme la cause des souffrances des ouvriers; et pour leur donner de l'ouvrage, il proposait de substituer la bêche à la charrue. Cet industriel avait des rêves bucoliques. Il considérait que l'agriculture était la source de toute richesse et de toute vertu; et il voulait faire organiser par l'État un communisme agraire, réparti en communes de 2.000 à 3.000 habitants dont chacune devrait se suffire à elle-même.

II

Robert Owen était prêt à tenter des expériences. Il en fit une à Motherwel, en Écosse, avec un capital de £ 50.000 (soit 1.250.000 francs).

Mais M. Édouard Dolléans s'attache à l'étude de la plus importante, sur laquelle on a les renseignements les plus complets, celle de New-Harmony, dans l'Indiana, aux États-Unis.

Il s'agissait de substituer à une organisation communiste déjà existante, les Rappistes, une nouvelle organisation. Les Rappistes avaient réussi; mais chacun d'eux voulait sa part du capital social au lieu de le laisser dans l'indivision. Cette conclusion aurait pu éclairer Robert Owen sur les résultats ultimes de sa tentative en admettant que tout y fût pour le mieux. Il se rendit aux États-Unis en 1825. Il fit grand tapage autour de sa fondation. Il entraîna un riche géologue des États-Unis, Maclure, qui donna 150.000 dollars, un certain nombre de savants et huit cents illuminés, détraqués, rêveurs des deux sexes, qui croyaient chacun que le communisme était l'idéal à la condition qu'on prît son système, d'aventuriers et de chevaliers d'industrie.

Le 1er mai 1825, la société d'essai ou société préliminaire est constituée. Chacun a un devoir général : mettre son aptitude au service de la communauté. Un compte courant est ouvert à chaque membre de la communauté, la valeur de ses services est portée à son crédit et la valeur de ses diverses consommations à son débit. En réalité, cette belle réglementation n'aboutit qu'à l'anarchie la plus complète. Au bout de six mois, les industries laissées par les Rappistes ont disparu, il n'y a ni main-d'œuvre, ni direction. Ceux qui seraient disposés à travailler ne veulent pas travailler au profit des fainéants. On discute et on se dispute beaucoup. Une convention est nommée qui, le 5 juin 1826, adopte une constitution, qui confond les questions juridiques et morales. Elle est précédée d'une déclaration de principes au premier rang desquels figurent la communauté des biens, l'égalité des droits et des devoirs, la sincérité et la bonté dans toutes les actions, l'irresponsabilité et la suppression des peines et des récompenses.

L'assemblée, composée de tous les membres de la communauté des deux sexes, au-dessus de vingt et un ans, a le pouvoir législatif ; le pouvoir exécutif appartient à un conseil composé de trois fonctionnaires, élus par l'assemblée, un secrétaire, un trésorier, un commissaire et de six intendants placés chacun à la tête d'un des six services de la communauté.

Qui nomme ces intendants ? Leurs subordonnés au-dessus de seize ans, sauf ratification par l'assemblée générale.

Cette restriction n'était pas suffisante pour donner de l'autorité à ces chefs de service ; ils dépendaient de leurs employés, mais, en même temps, ils devaient donner au conseil exécutif leur opinion journalière sur les personnes sous leur dépendance. Il était difficile de mieux organiser l'impuissance et les conflits.

Quand Robert Owen revint au bout d'un an, il trouva « New-Harmony » en dissolution. Cependant avec un remarquable optimisme, il ne désespère pas. Il accepte la dictature, mais le 15 avril 1828 il est obligé d'avouer l'insuccès de l'expérience qui lui avait coûté personnellement 200.000 dollars.

Je n'abuserai pas de ce résultat négatif : il est évident que les éléments de la population qui étaient venus la tenter n'étaient pas les plus propres à la faire réussir. Mais cependant on a le droit de l'enregistrer au passif du communisme.

Ces expériences n'avaient pas découragé cet homme pratique de ses rêves d'illuminé. Il publia, à partir de 1834 jusqu'à sa mort, un journal hebdomadaire, le *New moral world*, dans lequel il ne cessa d'annoncer son millénaire laïque, un nouveau monde moral qui supprimerait la concurrence individualiste au profit du communisme.

CHAPITRE VIII

Fourier et les phalanstères américains

I. Rêveries de maniaque. — L'attraction passionnelle. — Les passions et les espèces invariables. — Séries passionnelles. — Les « panistes ». — Les douze passions. — Le Phalanstère. — La répartition des profits. — Tentatives. — Demande de Victor Considérant.
II. Expérience aux États-Unis. — La *North american Phalanx*. — Dissolution.

I

Fourier, né en 1772, était le fils d'un marchand de drap de Besançon. Brillant élève du collège, il trouvait le commerce indigne de lui. Il prenait d'autant plus en haine ses occupations professionnelles qu'elles dérangeaient ses rêveries de maniaque. Il avait un amour de l'ordre qui lui faisait mesurer, dans ses promenades, telle ou telle façade d'un édifice, d'un jardin public. Passionné pour les fleurs, il voulait avoir toutes les variétés de chacune des espèces qu'il cultivait. Il adorait la musique, il était enthousiaste des parades militaires[1]. Il était plein d'admiration pour l'harmonie universelle qui permettait aux astres de parcourir une ellipse sans se heurter. Il en concluait que l'humanité devait obéir à un principe d'harmonie, comme les

---

1. Ch. Pellarin, qui était un disciple : *Fourier, sa vie et ses théories*, in-18.

globes obéissaient à la gravitation. Il ne réfléchissait pas que Newton n'avait fait que constater les rapports entre des phénomènes ; que ces phénomènes existaient avant lui : et il s'imaginait que le jour où un génie, analogue à celui du savant anglais, aurait découvert ce principe, il supprimerait toutes les difficultés de la vie sociale.

A lui, Fourier, revenait l'honneur de l'avoir découvert, c'était l'attraction passionnelle. Il l'exposa dans son livre la *Théorie des quatre mouvements et des destinées générales* (1808), puis dans le *Traité de l'association domestique et agricole* (1822). Il se fixa à Paris vers 1825, groupa une petite école et publia le *Nouveau Monde industriel et sociétaire*. Fourier se rencontra avec Bentham dans sa protestation contre l'ascétisme. Il y oppose « la doctrine du bonheur » qui consiste à avoir beaucoup de passions et de moyens de les satisfaire... Le devoir vient des hommes, l'attraction vient de Dieu. Il faut étudier l'attraction... Si dans la société actuelle, le déchaînement des passions produit des effets funestes, ce fait prouve que la société est mal organisée. C'est une nouvelle forme de l'affirmation de Rousseau : « l'homme est né bon, la société l'a perverti. »

Il croyait que les passions étaient légitimes puisque elles existaient ; mais partant du principe de la fixité des espèces, il était convaincu que les passions avaient des espèces et des variétés déterminées depuis la création du monde. Il disait :

La série des groupes est le mode généralement adopté par Dieu dans la distribution des règnes et des choses créées. Les naturalistes, dans leurs théories et leurs tableaux, ont admis cette distribution à l'unanimité ; ils n'auraient pu s'en écarter sans faire scission avec la nature même et tomber dans la confusion.

Fourier ne connaît pas les travaux de Lamarck et il

ne prévoyait pas ceux de Darwin. Il croyait que les savants n'avaient qu'à découvrir l'ordre dans lequel le créateur avait rangé les espèces. De même, il n'avait qu'à découvrir l'ordre dans lequel étaient rangées les passions[1]. Il poursuivait :

Si les passions et les caractères n'étaient pas assujettis comme les règnes matériels à la distribution par série des groupes, l'homme serait hors d'unité dans l'univers : il y aurait duplicité de système et incohérence entre le matériel et le passionnel. Si l'homme veut atteindre à l'unité sociale, il doit en chercher les voies dans le régime de série auquel Dieu a soumis la nature.

Une série passionnelle est une ligue, une affiliation de diverses petites corporations ou groupes, dont chacun exerce quelque espèce d'une passion qui devient passion de genre par la série entière. Vingt groupes cultivant vingt sortes de roses forment une série de rosistes quant au genre, et de blancs rosistes, jaunes rosistes, mousses rosistes, etc., quant aux espèces.

Je ne prolonge pas cette énonciation, mais cependant pour bien faire comprendre son système, il faut encore citer ce passage :

Les passions limitées à un individu ne sont pas admissibles dans ce mécanisme.

Trois individus A B C aiment le pain à trois degrés de salaison : A le désire peu salé, B le veut mi-salé, C l'aime très salé : ces trois êtres ne forment qu'un discord gradué, inhabile aux accords sériaires qui exigent un assemblage de groupes affiliés en ordre ascendant et descendant.

Un groupe régulier doit avoir sept à neuf sectaires au moins pour être susceptible de rivalités équilibrées : on ne peut donc pas spéculer en séries passionnelles sur des individus.

Douze hommes qui cultiveraient passionnément douze fleurs différentes ne pourraient pas alimenter les intrigues d'une série. La désignation de série passionnelle signifie

---

1. Fourier, Œuvres complètes, t. III, p. 19 et suiv., *Théorie de l'unité universelle.*

toujours une affiliation de groupes et jamais d'individus.

Les trois personnes A B C ne peuvent pas former une série de panistes ou sectaires du pain.

Si au lieu de trois, on en suppose trente, savoir : huit du goût A, dix du goût B, douze du goût C, ils formeront une série passionnelle ou affiliation de groupes gradués et contrastés en goûts sur le pain. Une intervention combinée, leurs discordes cabalistiques fourniront les intrigues convenables à élever la fabrication du pain et la culture du blé à la perfection.

Les séries formées, on produira par séries unitaires, on consommera par séries unitaires, on distribuera par séries unitaires, dont l'attraction passionnelle est le seul lien. Elle remplace le besoin, la morale, la raison, le devoir, la contrainte, dont usent les « civilisés ».

Fourier fait une nomenclature des passions et en trouve douze fondamentales. Il cherche une organisation dans laquelle les trois passions mécanisantes, la cabaliste, la papillonne, la composite, feront concorder les cinq ressorts sensuels, goût, tact, vue, ouïe, odorat, avec les quatre ressorts affectueux, amitié, ambition, familisme. C'est la phalange de dix-huit cents membres environ, hommes, femmes, enfants de tout âge, chaque phalange organisée en groupes et séries exploiterait en commun une lieue carrée de terrain. Elle habiterait un vaste bâtiment nommé « phalanstère », disposé de la manière la plus commode et où seraient réunies en même temps les différentes spécialités de l'industrie manufacturière. Chacun selon ses goûts pourra s'enrôler dans les séries des travailleurs qui lui conviendront le mieux.

La question des rapports sexuels se règle de la manière suivante. Une femme peut avoir d'abord un mari dont elle aura deux enfants, ensuite un géniteur dont elle aura un enfant, puis un favori et, enfin, des amants. De même pour les hommes.

Au milieu de tous ses rêves, Fourier voulait cependant respecter quelques données économiques : il attribuait, à la fin de l'année, cinq douzièmes du produit au travail, quatre au capital et trois au talent. Ces parts seront distribuées d'abord entre les séries, puis entre les groupes, etc.

Cette distribution n'exigera aucune opération d'échange. Chacun consommera suivant son revenu, et une simple balance de compte suffira chaque année pour établir sa situation.

Fourier croyait avoir tout prévu. Il rêvait d'expérimenter son système sur une lieue carrée de terrain. Il en appelait aux princes. Il s'imaginait qu'un homme riche viendrait un jour lui offrir un million pour créer le premier phalanstère : il avait donné rendez-vous à ce riche inconnu à midi : et pendant dix ans il l'attendit régulièrement à cette heure[1].

Cependant quelques jeunes gens aisés tentèrent la fondation d'un phalanstère à Condé sur Vesgres : les murs n'étaient pas achevés que l'anarchie régnait parmi eux et que leurs ressources étaient épuisées. Un autre essai tenté à Citeaux n'eut pas plus de succès.

Fourier mourut en 1837 en laissant des disciples qui ont propagé en France ses idées par des livres, des conférences et des associations. Parmi eux, on comptait beaucoup d'anciens élèves de l'École polytechnique, soit ingénieurs, soit officiers d'artillerie séduits par l'analogie de son point de départ avec la gravitation universelle. L'un d'eux, Victor Considérant, qui avait renoncé à sa carrière d'officier du génie pour se vouer au Fouriérisme, en traça le programme en deux volumes : *Destinée Sociale*. Il le dédia au roi. Comme les Saint-Simoniens, les Fouriéristes auraient désiré l'intervention du prince.

1. Ch. Pellarin, t. II, p. 203.

YVES GUYOT.

Devenu député à l'Assemblée nationale, Victor Considérant demanda trois séances pour expliquer le Fouriérisme à ses collègues. Le 14 avril 1849 il parla au milieu de l'indifférence générale : et quand il conclut en demandant à l'État 1 600 hectares et de un à quatre millions pour expérimenter le phalanstère, personne n'appuya sa proposition.

III

Mais aux États-Unis, de 1840 à 1850, il y a eu quarante expériences de phalanstères. Brisbane réduisit à quatre cents le nombre de personnes nécessaire pour fonder un phalanstère, chacun devait souscrire pour $ 1.000 de manière à former un capital de $ 400 000 (plus de deux millions de francs). Les actionnaires recevraient un quart du produit total de l'association, ou s'ils préféraient, un intérêt de 8 p. 100. Pour $ 1.000 chaque personne recevrait $ 80 (400 francs), et avec cette somme, l'association garantissait le vivre et le couvert aux souscripteurs. Le palais coûterait $ 150.000 (750.000 francs) dont l'intérêt à 10 p. 100 serait de $ 15.000. Ce serait donc pour chacune des 400 personnes $ 37 (185 francs) de loyer par an : la moitié des appartements seraient de $ 20 (100 francs), d'autres seraient de $ 100 (500 francs). Il resterait à une personne logée au plus bas taux $ 60 (300 francs) par an. Comme l'association produirait elle-même ses grains, ses fruits, ses légumes, son bétail, et qu'elle économiserait beaucoup pour le chauffage et la cuisine, ce serait suffisant.

Brisbane, ayant fait le calcul de la Perrette du Pot au lait, chercha et ne trouva pas les souscripteurs. Mais d'autres phalanstériens moins méthodiques exploitèrent la propagande phalanstérienne. Des hommes qui n'avaient ni capacité, ni énergie, ni ressources, fondèrent des phalanstères dont quelques-uns n'eurent pas $ 1.000 de capital. Ils prenaient un petit morceau de terre dans une région sauvage, le chargeaient de toutes les hypothèques qu'ils pouvaient; et la plupart des associés n'étaient même pas des cultivateurs. Ils succombaient au moment du paiement des intérêts. Trois phalanstères vécurent un peu plus longtemps : le North american Phalanx dans le New Jersey douze ans, le Brook farm Phalanx cinq ans, le Wisconsin Phalanx dans le Wisconsin six ans.

Le *North american Phalanx* fut organisé avec la collaboration des plus célèbres Fouriéristes des États-Unis Brisbane, Horace Greeley qui, en 1872, fut candidat du parti démocrate à la présidence des États-Unis, Ripley, Godwin et Channing. Le capital était à l'origine de $ 8000 (40.000 francs). En 1844, on estima que la propriété valait $ 28.000 (140.000 francs) et en 1852, $ 80.000 (400.000 francs).

On appliquait au travail des groupes et séries selon la théorie de Fourier; les travaux recevaient des salaires d'autant plus élevés qu'ils étaient plus pénibles et répugnants. Les maçons recevaient dix cents (0,50) par heure et le médecin six un quart. Pour son habileté, le chef des constructions recevait en plus de son salaire une prime de cinq cents (0 fr. 25) par jour.

Les profits étaient partagés à la fin de l'année : les salaires étaient ainsi augmentés à peu près de $ 13, tandis que le capital recevait à peu près 5 p. 100. Le loyer d'une chambre confortable était de $ 12 (60 francs) par an.

La vie était en commun, mais cependant le service était fait à la carte, le café au lait au prix d'un demi cent (0,025) la tasse, la portion de viande 2 cents (0,10), le « pie » le mets national des américains du Nord, pâté de viandes dans de la pâte, 2 cents (0,10) etc. Mais chaque membre devait payer en plus 36 cents (1fr. 80) par semaine pour l'usage de la salle à manger. Les comptes étaient réglés à la fin du mois.

Les membres de ce phalanstère étaient instruits, la vie y était agréable ; ils faisaient de la musique, ils organisaient des bals, ils avaient une bibliothèque, les enfants y recevaient une bonne instruction.

Le *North american Phalanx* avait survécu à toutes les autres tentatives. Cependant chacun réfléchissait que la vie en commun n'avait pas apporté les avantages rêvés, l'existence y était étroite, l'administration y était discutée.

En 1854, le feu détruisit un moulin qui appartenait au Phalanstère. Greely offrit les sommes nécessaires pour le reconstruire. Une assemblée fut réunie pour examiner cette proposition. Au cours de la discussion quelqu'un proposa la dissolution. Quoique la question ne fût pas à l'ordre du jour, elle répondait si bien aux préoccupations de tous que la dissolution fut votée. La propriété fut vendue, les actionnaires touchèrent 66 p. 100 de leur capital et les phalanstériens retournèrent parmi les « odieux civilisés ».

CHAPITRE IX

« L'Oneida Community »

Autres tentatives communistes. — L'Oneida community. — Administration. — Le règne de Dieu. — La « critique mutuelle ». — Promiscuité. — Dissolution. — Seule communauté formée par des Américains, les autres l'ont été par des Allemands.

Aux États-Unis, il y eut d'autres tentatives. En 1842 on comptait trente-deux établissements socialistes.

John Humphrey Noes, qui a écrit la première « *History of the american socialism* », fonda l'*Onedia Community* en 1848 sous l'influence des idées fouriéristes. Les adhérents y engagèrent $107.000 ; en 1857 l'inventaire constatait un actif de $67.000 soit une perte de $40.000. Dans les dix années suivantes ils obtinrent un bénéfice de $180.000 ; en 1874, ils possédaient 900 acres de terrain et comptaient 300 membres. Comme 2 acres et demi représentent un hectare, cela faisait un peu plus d'un hectare par personne. Leurs affaires étaient administrées par vingt et un comités, ce qui faisait un comité par vingt personnes : ils avaient de plus quarante-huit directeurs des industries diverses. L'état-major ne manquait pas.

Ils croyaient que le règne de Dieu était proche : ils voulaient la suppression totale et immédiate du péché ; et ils pratiquaient la promiscuité des sexes dans l'intérieur de la communauté, limitée par la liberté du choix. Le contrôle s'exerçait par « une critique mutuelle » avec ou sans le consentement de celui qui en était l'objet. Nordhoff a donné le récit d'une de ces séances. Il y avait une quinzaine de personnes réunies qui assaillirent pendant une demi-heure un jeune homme dont l'émotion se révélait par sa pâleur et de grosses gouttes de sueur.

La communauté subsista pendant une trentaine d'années. L'opinion extérieure était hostile à la morale sexuelle qu'elle pratiquait. Peut-être les *Perfectionnists* en étaient-ils fatigués de leur coté. Ils y renoncèrent : mais ce jour-là la communauté fut dissoute ; et, en 1880, elle devint une société commerciale par actions.

Cette communauté est la seule qui ait été formée par des Américains. Toutes les autres ont été formées par des Allemands. Toutes ont échoué pour la même cause, corruption et despotisme des administrateurs, haines et rivalités ; et le temps qui aurait dû être employé à la production, était dépensé en disputes et en réglementations.

CHAPITRE X

Cabet et les Icaries américaines

I. Le *Voyage en Icarie*. — Ses devises. — Arrangement symétrique. — L'État. — Dans ce pays de liberté, suppression de toutes les libertés; ni droit civil ni droit pénal. — Pouvoirs de police. — La partie transitoire. — Le dictateur Icar. — Le budget.
II. La mise en pratique. — Le Texas. — Nauvoo. — Dissensions. — Expulsion de Cabet. — Sa mort. — La tentative de Cheltenham. — La fin des Icariens de Nauvoo.

I

Cabet, né à Dijon en 1788, avocat de son métier, avait pris une part active à la Révolution de 1830. Nommé procureur général en Corse, il fut révoqué et élu député en 1834. Condamné à deux ans de prison, il se rendit en Angleterre d'où il rapporta, en 1839, son *Voyage en Icarie* écrit sous l'influence de la Basiliade de Morelly et des idées d'Owen.

Sur le titre, avec une disposition typographique particulière, il accumule toutes les expressions vagues et sonores qui étaient en cours dans les milieux socialistes.

FRATERNITÉ.

TOUS POUR CHACUN.	AMOUR	CHACUN POUR TOUS.
SOLIDARITÉ.	JUSTICE	ÉDUCATION.
ÉGALITÉ—LIBERTÉ.	SECOURS MUTUEL.	INTELLIGENCE—RAISON.
FRATERNITÉ.	ASSURANCE UNIVERSELLE.	MORALITÉ.
UNITÉ.	ORGANISATION DU TRAVAIL.	ORDRE.
PAIX.	MACHINES AU PROFIT DE TOUS.	UNION.
	AUGMENTATION DE LA PRODUCTION.	
	RÉPARTITION ÉQUITABLE DES PRODUITS.	
	SUPPRESSION DE LA MISÈRE.	
	AMÉLIORATIONS CROISSANTES.	
	MARIAGE ET FAMILLE.	
PREMIER DROIT	PROGRÈS CONTINUEL.	PREMIER DEVOIR
VIVRE.	ABONDANCE.	TRAVAILLER.
	ARTS.	
A CHACUN		DE CHACUN
SUIVANT SES BESOINS.		SUIVANT SES FORCES

BONHEUR COMMUN.

Ces devises sont toujours de mode. Le volume, d'un style déclamatoire, est partagé en trois parties; la première est consacrée à la description des habitants; la seconde à l'histoire de l'Icarie; la troisième aux principes sur lesquels est fondée la civilisation Icarienne.

Nous retrouvons la symétrie que nous avons trouvée dans tous les romans précédents : cent provinces comprennent dix arrondissements. Les communes contiennent un chef-lieu, huit villages et des fermes. Il y a cent chefs-lieux de province, neuf cent chefs-lieux d'arrondissement, huit mille villages qui entourent la capitale du pays d'Icara. La police de la voierie est arrivée à un point que toutes les villes du monde peuvent encore envier. On obtient plusieurs récoltes par an et on cultive des spécialités.

Le déjeuner et le dîner ont lieu en commun : mais pour la soupe, chaque famille est munie du *Guide du cuisinier*, ouvrage officiel et parfait. Les Icariens sont tous parfumés; et ils avaient à leur disposition des ballons dirigeables, grâce au communisme qui également avait supprimé les maux de dents. L'État dirigeant tout est en avant sur tout, ce qui est le plus grand miracle de l'Icarie.

Il n'y a qu'un grand journal, le *Journal National*, car la liberté de la presse est inutile dans ce pays de liberté. Il n'y a aussi qu'une histoire nationale, car les enfants doivent être entraînés à l'unité morale. La statistique est le plus grand instrument de règne : elle règle les occupations, les vocations des jeunes gens, les approvisionnements et les besoins.

Le travail quotidien, d'une durée de sept heures en été, de six heures en hiver, est obligatoire pour les hommes jusqu'à l'âge de soixante-cinq ans et pour les femmes jusqu'à l'âge de cinquante ans. Celui qui refuse de travailler est enfermé dans un établissement public.

Le gouvernement appartient à un président et à quinze ministres directement élus tous les deux ans par le peuple. La souveraineté du peuple est assurée par deux mille représentants à raison de deux par arrondissement. Les fonctionnaires n'ont pas de traitement. Quinze comités spéciaux subordonnent les quinze ministres à leur action et règlent toutes les conditions de la vie sociale, y compris les menus des repas en commun et les toilettes des dames.

Naturellement, il n'y a pas de droit civil, il n'y a pas de juges. Comme il ne saurait y avoir que de petites contraventions, le droit pénal est remplacé par quelques réprimandes.

Il y a des temples, des prêtres et des prêtresses qui peuvent seulement prêcher, car il n'y a pas de culte.

Cabet n'ose aller jusqu'à la conséquence nécessaire de sa conception sociale, la communauté des femmes.

Je laisse de côté l'histoire de la transition qui, à la suite d'une violente crise, a amené ce prodigieux état de choses grâce au grand Icar, investi de la dictature.

Cabet énumère les vingt-trois décrets grâce auxquels toutes propriétés restaient acquises au propriétaire existant mais sans mutation possible : la richesse sera restreinte, le sort des pauvres amélioré, le salaire et le prix des marchandises fixés, les dépenses de l'État limitées mais augmentées de 500.000.000 francs par an pour procurer de l'emploi aux sans travail et pour les loger, et de 100,000.000 francs pour la formation des travailleurs de l'avenir.

II

En 1847, Cabet fit un appel pour l'organisation d'une Icarie en Amérique. Il reçut beaucoup d'offres de service de marchands qui avaient des objets à vendre. Il acheta, en janvier 1848, un million d'acres dans le Texas, et y expédia, le 9 février 1848, soixante-neuf enthousiastes qui, en arrivant à la Nouvelle-Orléans le 27 mars, y apprirent la Révolution de 1848 et regrettèrent d'avoir quitté la France en ce moment. Cabet croyait avoir acheté une terre d'un seul tenant et il avait acheté des lots éparpillés. Les Icariens atteignirent ces terrains au milieu de toutes sortes de difficultés. Un second groupe de quatre-vingt-dix-neuf vint les rejoindre. Ils constatèrent qu'ils ne pouvaient vivre sur ce territoire et ils se divisèrent en petites escouades.

A la fin de 1848 et au commencement de 1849, cinq cents nouveaux Icariens, y compris Cabet, débarquèrent à la Nouvelle-Orléans. Ils n'avaient que $ 17.000 (85.000 francs). Ils ne pouvaient songer à aller au Texas. Deux cents se séparèrent, deux cent quatre-vingt environ, avec Cabet, trouvèrent une installation toute prête à Nauvoo (Hancock County, Illinois) que les Mormons avaient dû abandonner récemment. Ils purent louer 800 acres de terres, acheter un moulin, une distillerie, plusieurs maisons.

Pendant cinq ou six ans, les affaires de l'Icarie se développèrent. On y voyait un bâtiment en bois, long de cinquante mètres, qui servait de salle à manger et de salle de réunion.

Les Icariens se donnèrent une constitution. L'élection du président était annuelle. Cabet fut élu. Mais un parti d'opposition se forma de plus en plus violent. Cabet y résista avec la même violence. En 1856, il refusa de reconnaître l'élection de trois membres du conseil d'administration. Non seulement l'Icarie fut déchirée par des discours, des libelles, des dénonciations, mais on s'y battait. Cabet demanda à l'État le retrait de la Charte de l'Icarie, Il fut expulsé de la communauté et en novembre 1856, avec cent quatre-vingt membres fidèles il se retira à Saint-Louis où il mourut huit jours après son arrivée.

La plupart de ses compagnons étaient des ouvriers de métier qui trouvèrent de l'ouvrage dans cette ville. Deux ans après, cent cinquante d'entre eux résolurent de recommencer la vie commune. Avec l'aide des Icariens restés en France qui leur envoyèrent cinquante mille francs, ils achetèrent le domaine de Cheltenham, situé à six milles de Saint-Louis.

Mais dès 1859, ils se partagèrent en deux partis : les plus vieux voulaient que la direction appartînt à un dictateur; les plus jeunes voulaient une organisation de discussion. Battus, ceux-ci se retirèrent au nombre de quarante-deux. Ils représentaient l'élément le plus actif. La communauté ne cessa de dépérir. En 1864, elle ne comptait plus que quinze adultes des deux sexes avec quelques enfants. Leur président Sauva les réunit dans « une assemblée populaire » qui déclara dissoute la communauté de Cheltenham. Les Icariens qui étaient restés à Nauvoo firent des dettes et déclarant qu'ils étaient trop près de la civilisation pour pouvoir réaliser leur grand rêve, ils achetèrent un domaine de 3.000 acres dans le Sud-Ouest de l'état d'Iowa à soixante milles du Missouri. La terre était bonne. Mais il n'avaient pas de moyens de transport, ils étaient grévés d'hypothèques. Au moment de la guerre de la Sécession il n'étaient plus que quinze les enfants compris. La guerre leur donna des ressources. Ensuite, le Chicago, Burlingoon and Quincy railroad desservit leur propriété. La prospérité avait succédé à la misère : mais alors des factions se formèrent. Les Icariens perdirent de vue leur ancien idéal, les jeunes gens s'imprégnèrent des doctrines marxistes et formèrent un nouveau parti.

En 1877, ils demandèrent la dissolution. Elle fut refusée. Ils la réclamèrent aux tribunaux en alléguant que la société, enregistrée comme société agricole par actions, avait violé ses statuts en se livrant à des pratiques communistes. Le « Circuit court » nomma trois trustes pour en liquider les affaires : le « jeune parti » resta en possession du vieux village. Mais il ne prospéra jamais et aboutit à une dissolution en 1887. Le « vieux parti » reçut la partie Est du vieux domaine, une indemnité de $ 1.500, huit maisons. Ceux qui le formaient luttèrent jusqu'en 1895, époque où la communauté disparut définitivement [1].

1. Ce chapitre était écrit lorsqu'a paru le volume ; *Icarie et son fondateur Étienne Cabet*, par M. Prudhommeaux. Il le confirme.

CHAPITRE XII

Les Expériences américaines

Brièveté de chaque expérience. — Le mobile religieux. — Nécessité de la dictature. — Travail improductif. — Echec total. — Programme communiste du *Labor party*.

M. Morris Hilquitt[1] résume ainsi les diverses tentatives communistes des États-Unis. La durée moyenne des communautés du groupe Oweniste fut de deux ans, celle des communautés fouriéristes à l'exception de North american phalanx, de Brook Farm et de Wisconsin phalanx ne fut pas plus longue ; quant aux établissements icariens, ils étaient toujours en état de reconstruction et de destruction.

Noyes, Greely considèrent que la religion est le lien indispensable de toute communauté. Nordhoff pense que même avec la religion, un dictateur est indispensable.

M. Morris Hilquitt dit que les communautés religieuses n'ont mieux réussi que parce qu'elles étaient composées de paysans allemands habitués à la culture et ayant des besoins limités. Les communautés icariennes étaient formées d'ouvriers de métier impropres à la culture et habitués à un genre d'existence beaucoup plus élevé. Les communautés religieuses avaient

1. *History of Socialism in the United States*, 1903.

un but de propagande et non un but communiste. Elles employaient de la main-d'œuvre payée.

Les communistes d'Amana reconnaissaient que les ouvriers qu'ils louaient faisaient le double du travail qu'ils accomplissaient eux-mêmes. « Beaucoup de mains pour un léger travail », disaient les Shakers.

M. Morris Hilquitt conclut que « les tentatives communistes américaines ont abouti à un complet échec ». Cependant le programme du Labor party n'en déclare pas moins que « la véritable théorie économique comporte l'organisation commune de la production (p .352). »

LIVRE II

LES THÉORIES SOCIALISTES

CHAPITRE PREMIER

Saint-Simon

Formules socialistes françaises. — Pouvoir spirituel d'après Saint-Simon. — Le parti national et le parti antinational. — La parabole. — La société productive. — Erreur politique. — Les producteurs contre les consommateurs. — La liberté industrielle. — « La caravane ». — L'exploitation de l'homme par l'homme. — Théocratie de Saint-Simon. — Sacerdoce et Etatisme.— Enfantin pape. La féodalité industrielle. — Déclaration du comte Jaubert. — Les serfs de l'industrie. — Genèse des conceptions socialistes de 1830 à 1848.

On nous abandonne ces utopies si monotones et jugées par des expériences aussi persistantes que cruelles. Mais alors se dressent les socialistes qui ont des prétentions scientifiques. Ils font bon marché, en ce moment, des français. Pourquoi donc ce dédain ? Est-ce que ce ne sont pas des formules françaises qui se trouvent à l'origine de toutes les conceptions étrangères et récentes ? « La terre n'est à personne et les fruits sont à tous » est de J. J. Rousseau et date de 1753. Est-ce que les règles du *Code de la nature* de Morelly sont si éloignées des combinaisons actuelles ?

Dans les publications de Saint-Simon de 1808 à 1825, on trouve un étrange mélange de survivances religieuses, d'aspirations scientifiques et de vues profondes sur l'avenir. Il reprend la vieille conception de Grégoire VII quand il veut organiser deux pouvoirs, l'un spirituel composé des savants et des artistes, et l'autre temporel : mais ce pouvoir temporel doit appartenir à l'industrie : et quand Le Play fera plus tard des grands industriels « les autorités sociales », il reprendra, sous une autre forme, l'idée de Saint-Simon.

Il distinguait deux partis dans la nation : le parti national et le parti antinational. Le premier se compose de ceux qui exécutent des travaux utiles, dirigent ces travaux ou y engagent leurs capitaux. Le parti antinational se compose de ceux qui consomment et ne produisent rien, de ceux dont les travaux ne sont point utiles ; de tous ceux qui professent des principes politiques hostiles à la production. De là cette conclusion : il faut éliminer le parti antinational des fonctions publiques du gouvernement et il faut mettre à la tête de la nation le parti qui fait sa richesse et sa grandeur.

Il a traduit cette conception dans sa fameuse parabole de 1819 qui lui valut une poursuite et un acquittement en cour d'assises. Il dit : « Nous supposons que la France perde subitement ses cinquante premiers physiciens, ses cinquante premiers chimistes, etc., ses cinquante premiers mécaniciens, ses cinquante premiers médecins, etc., ses cinquante premiers banquiers, ses deux cents premiers négociants, ses cinquante premiers maîtres de forges etc., ses cinquante premiers maçons, ses cinquante premiers charpentiers, etc.

« Admettons que la France conserve tous les hommes de génie qu'elle possède, mais qu'elle ait le malheur de perdre Monsieur, frère du Roi, Monseigneur le Duc d'Angoulême, qu'elle perde en même temps tous les grands officiers de la couronne, tous les ministres d'Etat, tous les conseillers d'Etat, tous les préfets, tous les juges, etc. »

Saint-Simon ne tenait pas compte des produits immatériels qu'assure un bon ministre, un bon administrateur, un bon magistrat. S'ils disparaissent, on se trouve dans un état d'anarchie, qui compromet ou détruit l'action et les travaux des cinquante hommes de génie dont Saint-Simon avait fait l'énumération auparavant.

Ce qu'il faut voir dans cette conception c'est une protestation contre le rôle prépondérant des grands seigneurs, des militaires, des prélats, dans les affaires publiques. Il comprenait que plus nous irions et plus le centre de gravité de la puissance se déplacerait. Mais par une étrange naïveté politique, il veut faire un parlement, représentatif des intérêts, composé d'industriels ; et malgré l'expérience du passé il se figure que ces industriels n'essaieront pas de faire prévaloir leurs intérêts respectifs, au détriment de l'intérêt général. Sa devise, « tout pour l'industrie » a un côté juste et un côté faux : un côté juste, car il a prévu que la civilisation de guerrière deviendrait de plus en plus productive ; un côté faux, car il faisait de l'industrie une fin à elle-même. Il ne voyait que le producteur, et il oubliait que sans le consommateur le producteur n'a pas de raison d'être. Dans sa conception politique, il ne se doutait pas que s'il remettait tous les pouvoirs aux producteurs, ils en abuseraient : et comment ne s'apercevait-il pas qu'il constituait une nouvelle caste, un ordre privilégié au détriment précisément des plus nombreux et des plus pauvres ?

Il avait défini la politique « la science même de la

production », mais en même temps, il disait : « Le gouvernement nuit toujours à l'industrie quand il se mêle de la marche de ses affaires ; il nuit même quand il fait des efforts pour l'encourager : d'où il suit que les gouvernements doivent borner leurs soins à préserver l'industrie de toutes espèces de troubles et de contrariétés [1].

Mais alors pourquoi fonder « le parlement industriel » dont il a tracé le plan dans l'*Organisateur* [2] ?

Il est vrai que, dans la conception de Saint-Simon, le gouvernement ne doit être que l'exécuteur d'une opinion consciente.. Il fait la parabole suivante : La caravane dit : menez-nous où nous serons le mieux : ou elle dit : menez-nous à la Mecque. Dans le premier cas, elle s'en remet au conducteur ; dans le second cas, elle indique nettement au conducteur ce qu'elle veut et elle acquiert par cela même le droit de contrôle sur la direction qu'il lui donne. Il est évident que l'opinion n'a d'action effective et utile sur les affaires publiques que si elle a un objet défini.

Saint-Simon ne faisait que continuer les philosophes du xviiie siècle et répéter Condorcet en disant que l'âge d'or est devant nous et non derrière. Mais il surchargeait ses pressentiments économiques d'aspirations religieuses. Dans son *Nouveau Christianisme* (1825), il répétait le précepte de Jésus : « Aimez-vous les uns les autres : aimez votre prochain comme vous-même. » Mais la tradition de l'Église y est contraire. Il s'y substitue en déclarant que « le meilleur théologien est celui qui fait les applications les plus générales du principe fondamental de la morale divine, qu'il est le véritable pape, qu'il parle au nom de Dieu ».

Ainsi inspiré, il affirme « que la religion doit diriger

1. *De l'Industrie*, 1816.
2. 1819.

la société vers le grand but de l'amélioration la plus rapide possible du sort de la classe la plus pauvre. » Sauf le mot « religion » et ceux de « la classe la plus pauvre » mis à la place « du plus grand nombre », cette formule est la formule empruntée par Prietsley et Bentham au matérialiste Helvétius.

Saint-Simon dénonce l'exploitation de l'homme par l'homme. « La manière de s'enrichir est de faire travailler les autres pour soi. » L'État sera le seul héritier des instruments de travail, terres et capitaux, et les répartira de manière qu'ils soient exploités par association et distribués hiérarchiquement : à chacun selon sa capacité, à chaque capacité selon ses œuvres. Le *Globe*, devenu le journal des disciples de Saint-Simon, portait parmi ses devises : « Tous les privilèges de la naissance sans exception sont abolis. »

Une banque centrale réglera la production, empêchera la surproduction et la disette.

Nous voici en plein étatisme en même temps qu'en plein sacerdoce.

Les disciples de Saint-Simon voulaient christianiser l'industrie. Enfantin se croyait le pouvoir de fasciner les juges par son regard. Il se considérait comme une incarnation : « Je suis le Saint-Simon mort, vivant et naissant, passé, présent et futur, ce Saint-Simon, éternellement progressif, manifesté dans le temps par le nom d'Enfantin. C'est par moi et en moi que Saint-Simon s'avoue un dieu. » Le Saint-Simonisme finit par le couple prêtre, homme et femme, dont la conception confuse se prête à toutes sortes d'interprétations. Avec l'établissement de Ménilmontant, il s'effondra dans le ridicule.

Cependant la plupart de ces hommes se montrèrent très pratiques dans la vie et firent une brillante carrière dans l'industrie et la finance.

Saint-Simon s'était adressé à Napoléon, puis à Louis XVIII. En 1830, Enfantin et Bayard demandèrent à Lafayette de prendre la dictature. Après le coup d'Etat du Deux Décembre, presque tous devinrent d'ardents bonapartistes. Ils n'eurent jamais la notion de la liberté politique et ils eurent toujours la notion rétrograde des classes. Après l'insurrection de Lyon, le *Globe* disait : « Les classes inférieures ne peuvent s'élever qu'autant que les classes suprêmes leur tendent la main. C'est de ces dernières que doit venir l'initiative. » Et ils faisaient du socialisme d'Etat, en parlant d'assurer une retraite aux travailleurs, de leur procurer par la Banque des capitaux.

L'erreur fondamentale de Saint-Simon est cette politique de classes, qui érige les industriels en une classe dominante, conception que le comte Jaubert, en 1836, reprenait dans un intérêt protectionniste, quand il disait : « Aucune société ne peut se passer d'aristocratie : voulez-vous savoir quelle est celle du gouvernement de Juillet ? C'est celle des grands industriels et des grands manufacturiers. Ce sont là les feudataires de la dynastie nouvelle ».

Comment ! la Révolution de 1789 a eu pour but de détruire la féodalité : et voici une nouvelle féodalité qui s'affirme, se proclame, détient tous les droits politiques par le cens ! Ces barons de l'industrie exploitent les serfs de l'industrie qui sont les véritables producteurs ! Telle est la genèse simple des démocratiques et révolutionnaires conceptions socialistes de 1830 à 1848.

CHAPITRE II

Pierre Leroux et le « Circulus ».

Pierre Leroux. — La religion de l'humanité. — La solidarité mutuelle. — Le mot « socialisme ». — Ses haines. — La Triade. — La théorie du « circulus. » — Comment Pierre Leroux le pratiquait.

Pierre Leroux est aussi un disciple de Saint-Simon. Il prétend continuer le christianisme par la religion de l'humanité [1]. Selon lui l'homme tend par la famille, la patrie et la propriété à une communion complète avec tous ses semblables dans tout l'univers ; et en bornant à une partie plus ou moins restreinte cette communion par la famille, par la cité, par la propriété, il en résulte forcément une imperfection et un mal.

Ce fut lui qui introduisit le mot de solidarité dans le vocabulaire sociologique, pour remplacer le mot de charité : « La société temporelle avait pour principe l'égoïsme. Avec le principe de charité, tel que nous le comprenons, c'est-à-dire avec le principe de la solidarité mutuelle, la société temporelle est investie du soin d'organiser la charité. »

Je félicite Pierre Leroux d'avoir complété le substantif « solidarité » par l'épithète « mutuelle » : car le système qu'on nous présente actuellement sous le nom

1. V. *L'Humanité* et *l'Encyclopédie nouvelle*.

de solidarité est la solidarité unilatérale et obligatoire pour un certain nombre de personnes ; mais on ne nous a pas expliqué comment s'exercerait une solidarité réciproque.

Pierre Leroux dispute à Owen l'honneur d'avoir inventé le mot socialisme. Il avait la haine des philosophes éclectiques et des économistes. Il adressait à ceux-ci la suprême injure de malthusiens. Il prétendait que, le produit annuel du travail en France étant de 9 miliards, deux cent mille familles de propriétaires, de capitalistes et de budgétivores, par la rente de la terre, l'intérêt du capital et l'impôt, en volaient cinq.

Il avait une adoration : la triade. L'homme est à la fois triple et un, sensation, sentiment, connaissance. De là, la division de l'espèce humaine en trois grandes classes : les savants, hommes de la connaissance ; les artistes ou guerriers, hommes du sentiment ; les industriels, hommes de la sensation. De là, les castes de l'Inde, de l'Egypte, de la République de Platon ; seulement, ces castes n'étaient pas égales tandis qu'elles doivent l'être. Chaque être humain a droit à l'habitation, à la nourriture et au vêtement. La formule de rétribution des fonctionnaires (et tous les citoyens le seront) est triple et une : à chacun suivant sa capacité, à chacun suivant son travail, à chacun suivant ses besoins.

« La capacité se rétribue par la fonction et impose la fonction. Le travail accompli se rétribue par le loisir. Le besoin est satisfait par des produits soit naturels ou industriels, soit artistiques, soit scientifiques. »

Pierre Leroux a découvert le principe en vertu duquel la nature a établi un rapport constant entre la population et les subsistances. C'est le Circulus.

La digestion de chaque personne donne plus que l'équivalent de son alimentation. « L'homme qui se refuserait au travail aurait encore le droit de vivre en se mettant à l'abri sous la loi du Circulus. »

Pierre Leroux pratiquait cette théorie agricole à Jersey où il s'était réfugié. Paul Meurice m'a raconté qu'un jour Mme Victor Hugo et lui étaient allés le voir. Il les entretint de sa marotte, et, pour ajouter à ses paroles une démonstration expérimentale, il ouvrit un buffet, où se trouvaient du lard et d'autres provisions, et en rapporta un grand plat dans lequel se prélassait un monumental élément du Circulus. Mme Victor Hugo mit son mouchoir sous les narines, et Paul Meurice, qui était myope, après avoir bien constaté la nature de l'objet présenté, dit doucement : « Je croyais que vous attendiez sa transformation pour le mettre dans le buffet. »

Pierre Leroux répondit par un beau geste qui devait envelopper toute une triade. Mais Mme Victor Hugo et Paul Meurice s'enfuirent sans en attendre l'explication.

CHAPITRE III

Louis Blanc et l'organisation du travail.

« Vivre en travaillant ou mourir en combattant. » — L'instrument de travail et le canut lyonnais. — « L'État banquier des pauvres. » — Les ateliers sociaux. — La solidarité dans l'atelier et des ateliers. — Suppression du crédit et du commerce. — Contre la concurrence. — La ruine de l'Angleterre. — « Vous perdez le droit de parler de Dieu ! ». — La famille et l'hérédité. — Le point d'honneur du travail.

Saint-Simon avait abandonné le principe de l'égalité des droits de tous proclamé par la Révolution de 1789 et était revenu à la politique de privilège, en voulant faire des industriels un ordre qui paierait l'impôt, mais qui aurait le monopole du pouvoir. Les socialistes inaugurèrent la politique de classes en opposant aux chefs d'industrie les ouvriers. Louis Blanc publia, en 1839, l'*Organisation du travail*.

Il évoquait la devise des insurgés de Lyon : Vivre en travaillant ou mourir en combattant ! Si cette antithèse prouvait la bravoure de ces malheureux, elle prouvait aussi leur ignorance; car l'insurrection n'a jamais donné de travail aux ouvriers.

Louis Blanc ajoutait : « Ce qui manque[1] aux ouvriers, c'est leur instrument de travail. » Il prouvait

---

1. *Introduction*, 1re édit., 1845.

ainsi qu'il ne savait pas que les canuts lyonnais étaient propriétaires de leurs métiers.

Il considérait que l'État devait fournir aux ouvriers leurs instruments de travail, et il l'appelait le « banquier des pauvres ».

Il demandait le plus tranquillement du monde que l'État constituât « des ateliers sociaux, destinés à remplacer graduellement et sans secousse les ateliers individuels : ils seraient régis par des statuts, réalisant le principe d'association et ayant force, forme et puissance de loi. Une fois fondé et mis en mouvement, l'atelier social se suffirait à lui-même et ne relèverait plus que de son principe. Les travailleurs associés se choisiraient librement, après la première année, des administrateurs et des chefs : ils feraient entre eux la répartition des bénéfices, ils s'occuperaient des moyens d'agrandir l'entreprise commencée ».

« De la solidarité de tous les travailleurs dans le même atelier », Louis Blanc concluait « à la solidarité des ateliers dans la même industrie [1]. En tuant la concurrence, on étoufferait les maux qu'elle engendre. »

« Qui dit machine nouvelle dit monopole. » Dans le système de Louis Blanc, plus de brevets d'invention. L'inventeur serait récompensé par l'État et sa découverte mise au service de tous. Plus de commerce. Le crédit ne doit être qu'un moyen pour fournir des instruments de travail aux travailleurs.

Il entre dans peu de détails sur cette organisation pour l'excellente raison qu'il ne la conçoit que d'une manière fort vague. Mais il s'indigne parce qu'elle soulève des critiques. Il ne comprend pas qu'on ne trouve pas naturel que l'État emploie une partie des impôts à faire concurrence à l'industrie privée. Naïvement, il

1. P. 93.

trouve que ce système est fort juste et ne comporte pas la moindre spoliation.

Il déclame contre les machines qui provoquent la baisse des salaires. « De l'individualisme sort la concurrence : de la concurrence, la mobilité des salaires, leur insuffisance [1]. »

Sous l'empire de la concurrence, le travail produit une génération décrépite, atrophiée, gangrenée, pourrie. Non seulement elle produit ces effets sur les ouvriers, mais elle ruine la petite industrie au profit de l'industrie moyenne : elle est une cause de ruine pour la bourgeoisie. Elle provoque la surproduction : et elle est condamnée par l'exemple de l'Angleterre.

Il s'écrie : L'expiation a été complète pour l'Angleterre [2]. Où en est aujourd'hui sa puissance ? L'empire de la mer lui échappe, etc., etc.

Dans une réponse à ses critiques, Louis Blanc montre de quelle méthode il use : « Les capitalistes et les travailleurs ne sont pas également nécessaires. Si les seconds sont moins bien traités que les premiers, cela vient de ce que toutes les notions du juste et du vrai ont été renversées et de ce que la civilisation a fait fausse route. Direz-vous qu'il n'en saurait être différemment ? vous perdez le droit de parler de Dieu [3] ! »

Il ne se demandait pas comment Dieu avait pu permettre que « toutes les notions du vrai et du juste eussent été renversées ».

Il disait encore : « La famille vient de Dieu, l'hérédité vient des hommes. » Comme il aurait eu bien de la peine à expliquer cette conception, il se bornait à l'affirmer.

1. P. 42.
2. P. 73-76.
3. P. 131.

Si on lui demandait quel serait le mobile des travailleurs, il répondait : « Le point d'honneur du travail », et il déclarait qu'on planterait un poteau dans chaque atelier avec cette inscription : « Celui qui ne travaille pas est un voleur ! » Elle suffirait pour supprimer les paresseux.

CHAPITRE IV

La Commission du Luxembourg et les ateliers nationaux

I. — Louis Blanc et le Gouvernement provisoire. — Décret proclamant le droit au travail. Annonce des ateliers nationaux. — Louis Blanc au Luxembourg. — « Régler le bonheur de toutes les familles.» — Limitation des heures de travail et suppression du marchandage. — Discours et intervention de Louis Blanc. — Associations ouvrières.— Programme — Injonctions à la future Assemblée nationale. — Insurrection du 15 mai.
II. — Les ateliers nationaux. — Chiffre des embrigadés. — Organisation. — Le Club Monceaux contre le Luxembourg. — Le Rapport du 19 juin. — L'insurrection du 23 juin.

La Révolution du 24 février éclate. Le soir dans les bureaux de *la Réforme*, on complète le gouvernement provisoire en y ajoutant les noms de Marrast, Louis Blanc, Flocon, Albert qui d'abord sont désignés comme secrétaires. Le 25, dans une réponse à la grande manifestation, dans laquelle Lamartine défend le drapeau tricolore, le gouvernement annonce que « des ateliers nationaux sont ouverts pour les ouvriers sans salaire ».

Par la création des vingt-quatre bataillons de garde nationale mobile avec solde d'un franc cinquante par jour, le gouvernement voulait occuper les ouvriers sans ouvrage. Mais il allait plus loin. Le gouvernement provisoire s'engage par décret à garantir l'existence de l'ouvrier par le travail, à garantir du travail à tous les citoyens ! C'était la proclamation du droit au travail[1]. Louis Blanc avait exigé d'abord un ministère du progrès, il finit par accepter une « commission de gouvernement pour les travailleurs », dont il serait le président et Albert le vice-président. Elle fut installée le 1er mars et se composa de cent cinquante ou deux cents ouvriers, plus ou moins délégués d'eux-mêmes. Louis Blanc, débordé dès la première heure, faisait des phrases d'une inconscience prodigieuse, comme celle-ci : « Nous avons assumé la redoutable responsabilité de régler le bonheur de toutes les familles de France. » En même temps, le gouvernement provisoire rendait le décret publié dans le *Moniteur officiel* le 9 mars : « Article premier. — La journée de travail est diminuée d'une heure. En conséquence, à Paris, où elle était de onze heures, elle est réduite à dix, et en province, où elle avait été jusqu'ici de douze heures, elle es réduite à onze. Art. 2. — L'exploitation des ouvriers par des sous-entrepreneurs ou marchandage est abolie. »

Un décret du 8 mars ordonnait d'établir dans chaque mairie un bureau gratuit de renseignements de placement. Cette mesure resta sur le papier, et il ne pouvait en être autrement.

Quant aux autres décrets, ils provoquèrent des récriminations et des conflits. Mais ils ne pouvaient être utiles aux ouvriers qui avaient besoin, non de loisirs, mais de travail. Des députations se multipliaient au Luxembourg, toutes formulant des griefs plus ou moins réels et proposant des remèdes chimériques.

Le 10 mars eut lieu une seconde réunion générale qui devait être composée autant que possible de trois

[1]. Voir, outre les histoires spéciales, l'*Histoire des classes ouvrières*, par Levasseur (1789-1870), t. II, p. 313 et G. Cahen, *Annales de l'École libre des Sciences politiques*, 1897.

délégués par profession. Louis Blanc leur dit : « J'allais donc me trouver au milieu de ces travailleurs dont le sort avait été l'objet de mes préoccupations. J'allais pouvoir travailler au milieu d'eux... Oui, j'en conviens, j'ai eu un moment d'immense orgueil. Si c'est un tort, pardonnez-le-moi : c'est le bonheur de ma vie. » Ces flagorneries sentimentales provoquèrent une ovation. Les délégués tirèrent au sort des membres destinés à former un comité permanent. Les industriels furent invités à en former un autre, mais la seule présence de Louis Blanc ne pouvait leur inspirer qu'une méfiance justifiée. Louis Blanc avait annoncé la suppression du travail dans les prisons et les couvents. Mais rien n'aboutissait. Le 28 mars, les boulangers se mirent en grève. Louis Blanc rédigea un tarif de salaire que la préfecture de police publia sous forme d'arrêté. Les divers métiers s'adressèrent au Luxembourg. Louis Blanc intervenait. Les industriels effrayés cédaient. Louis Blanc était acclamé et porté en triomphe, comme à l'usine Derosne et Cail. Mais les ouvriers des papiers peints, les chapeliers, quinze jours après avoir accepté un tarif, se mettaient en grève et allaient aux ateliers nationaux.

Louis Blanc rêvait d'organiser les associations ouvrières qu'il avait réclamées; il en organisa trois : celle des tailleurs, celle des selliers, celle des passementiers pour des fournitures à l'armée.

Le 20 mars, Louis Blanc exposa son plan. Ces sociétés seraient fondées sur le point d'honneur du travail. Les salaires seraient égaux. Puisque les patrons se déclaraient ruinés, ils devaient s'empresser de vendre leurs établissements à l'État qui leur donnerait en retour « des obligations portant intérêts et hypothèques sur la valeur même des établissements cédés ». Il mettait ainsi les instruments de travail aux mains des ouvriers.

Dans l'assemblée plénière du 3 avril, il abandonna l'égalité des salaires qui avait été vivement critiquée par les ouvriers eux-mêmes.

Le plan, rédigé ensuite par Vidal et Pecqueur, comportait des phalanstères agricoles et remplaçait le commerce par des entrepôts. Cependant les auteurs « voulaient bien ne pas demander de monopole au profit de l'État ». Mais comme l'entrepôt ne prendrait que cinq pour cent, il ne tarderait pas à ruiner le commerce privé.

Quant au capital initial, l'État n'en fournissait point, mais il se chargeait de tous les escomptes et émettait un papier-monnaie à cours forcé pour le payement des impôts et des salaires dans ces établissements. L'État serait l'assureur universel et le banquier du peuple.

Louis Blanc, invoquant les souvenirs de la Chambre des Pairs, opposait le Luxembourg à l'Assemblée nationale future. « Le peuple y est, il faut qu'il y reste. Je serai bien fort quand je pourrai dire : Traitez avec lui, et maintenant repoussez-le si vous l'osez. » La commission du Luxembourg prenait part aux manifestations révolutionnaires du 16 mars et du 17 avril. Elle dressa une liste électorale en opposition au Gouvernement provisoire. Aux élections, tandis que Lamartine était élu avec 259.800 voix, Louis Blanc n'arrivait qu'avec 121.000 voix, et un seul ouvrier de la liste du Luxembourg était élu. Louis Blanc, furieux, répétait le 27 avril contre « l'ordre social » le serment d'Annibal. Ce fut la dernière réunion solennelle. L'Assemblée nationale écarta de la Commission exécutive Louis Blanc et Albert. La commission du Luxembourg se réunit encore le 13 mai, et l'insurrection du 15 mai se fit aux cris de : « Vive Louis Blanc ! le ministère du travail ! »

II

Les programmes du Luxembourg n'atténuaient pas la crise industrielle, financière et commerciale. On limitait les heures de travail, mais il fallait du travail. Le décret du 24 février avait promis l'organisation d'ateliers nationaux. On ouvrit quelques chantiers, et on donnait 1 fr. 50 à ceux qui venaient réclamer du travail ou du pain. M. Emile Thomas, ancien élève de l'École centrale, proposa d'organiser, avec ses camarades, les ateliers nationaux. Du 9 au 12 mars, il embrigadait 9.000 hommes, le 31, il en comptait 30.000, le 30 avril 100.000.

Le 16 juin le comité du travail reçut un recensement de 103.000 enrôlés; on en portait le chiffre à 119.000. On accusait les chefs d'exagérer les effectifs pour bénéficier de la différence.

Onze hommes composaient une escouade; cinq escouades, une brigade; quatre brigades, une lieutenance; quatre lieutenances, une compagnie; chaque chef de service commandait trois compagnies et obéissait lui-même à un des quatorze chefs d'arrondissement. On organisait ainsi une armée qui était non seulement impropre au travail, mais à laquelle on ne pouvait pas en donner. Les ouvriers de métier étaient mauvais terrassiers, mais de plus il n'y avait pas de chantiers préparés. Les enrôlés étaient tantôt en activité et tantôt en disponibilité. Dans le premier cas, ils touchaient 2 francs par jour; dans le second cas, 1 fr. 50. Le personnel était grossi constamment par un afflux venu des départements.

Les ouvriers qui auraient pu avoir du travail chez des particuliers montraient des exigences impossibles. Les ateliers nationaux étaient des instruments de grève. On y menait une vie de paresse : depuis le 26 mars, on élisait les escouadiers en plus de la paye, on y recevait des secours en pain et en médicaments. Un certain nombre se faisaient inscrire dans plusieurs brigades et recevaient double et triple salaire; et des brigadiers chargeaient leurs effectifs et empochaient la paye des engagés fictifs.

Émile Thomas avait cru habile d'ouvrir dans le manège du parc Monceau un club, composé des délégués des brigades des ateliers nationaux, pour faire contrepoids à la commission du Luxembourg. Il organisait en réalité une armée insurrectionnelle qui entendait dicter des ordres à l'Assemblée nationale. Celle-ci en pressait la dissolution. Le ministre des travaux publics, Trélat, fit enlever de nuit et transporter à Bordeaux Émile Thomas.

On a dit que l'insurrection des journées de juin était due à la dissolution des ateliers nationaux; cependant l'Assemblée nationale, le 19 juin, avait voté, en leur faveur, un crédit de 3 millions, mais précédé d'un rapport accusateur de M. de Falloux qui proposait diverses modifications dans l'organisation du travail. Un recensement mécontenta vivement les brigadiers en faisant découvrir leurs supercheries. Le 22 juin, un décret ordonnait à tous les jeunes gens de dix-sept à vingt-cinq ans de contracter des engagements dans l'armée. Dès le matin, des ouvriers allèrent à la commission du Luxembourg porter des menaces et réclamer l'organisation d'ateliers de toutes professions. Le 23 juin, l'insurrection éclatait et le même jour, l'Assemblée nationale décrétait la suppression des ateliers nationaux.

CHAPITRE V

Le droit au travail

Le projet du comité de la Constitution. — Avant les journées de juin. — Amendement Mathieu (de la Drôme). — L'argument de Lamartine. — Celui de Ledru-Rollin. — Observation de Pelletier (de Lyon). — Repoussé.

L'organisation des ateliers nationaux, les discussions et les promesses faites au Luxembourg avaient montré l'imprudence commise par le gouvernement provisoire d'avoir affirmé, dans sa proclamation du 25 février, le droit au travail et d'avoir promis l'application de ce droit. Cependant, le projet de constitution déposé le 20 juin contenait un article 7 ainsi conçu :

Le droit au travail est celui qu'a tout homme de vivre en travaillant.

La société doit, par les moyens productifs et généraux dont elle dispose et qui seront organisés ultérieurement, fournir du travail aux hommes valides qui ne peuvent s'en procurer autrement.

Pas un des membres du comité de rédaction n'avait fait d'observation sur le caractère de cet article.

Toutefois le droit au travail disparaît complètement dans le second projet de constitution lu le 29 août. L'article VIII contenait seulement la disposition suivante : « La République doit la subsistance aux citoyens nécessiteux, soit en leur procurant du travail dans les limites de ses ressources... »

Mais Mathieu (de la Drôme) essaya de réintroduire le droit au travail en modifiant l'article de la manière suivante : « La République reconnaît le droit de tous les citoyens à l'instruction, au travail, à l'assistance. » A ceux qui lui opposaient le prix de revient de ce droit, il répondait : « Si le travail est un droit, peu importe la charge qu'il imposera à la société. » Le même jour, 8 septembre, moins de trois mois après les journées de Juin, Lamartine l'appuyait par des arguments comme celui-ci. « En vérité, il semble que vous pourriez effacer ces trois mots magnifiques que nous vous proposons d'inscrire sur le frontispice de votre constitution : liberté, égalité, fraternité, et les remplacer par les mots commodes : vendre et acheter. (*Applaudissements prolongés*). »

Ledru-Rollin se servait d'un argument qui montre, avec naïveté, le sans-gêne avec lequel des hommes comme lui entendaient amuser l'opinion : « Quand vous inscrirez le droit au travail, vous ne serez pas forcés de l'avoir organisé dès le lendemain[1]. » Mais il enveloppait le mot de cette formule : « Le droit au travail, c'est la république appliquée ! ».

Des politiques, comme Billault, soutenaient aussi le droit au travail en disant : « Ce pays-ci se passionne pour les mots ; tenez compte de cette prédisposition. »

M. Pelletier, député ouvrier lyonnais, disait : « Si vous ne savez comment faire pour consacrer le droit au travail et rendre le peuple heureux, le peuple vous dira : Retournez-vous-en et faites place à d'autres. »

L'amendement Mathieu de la Drôme, modifié par Glais Bizoin, fut repoussé par 596 voix contre 187. Maintenant personne ne parle plus du droit au travail. Il est allé rejoindre les autres antiquités socialistes.

1. *Le Droit au travail*. Recueil des discours par J. Garnier un vol. in-8.

CHAPITRE VI

Les Théories de Proudhon

Procédés de scolastique. — « La propriété c'est le vol. » — « Le droit de propriété du travailleur sur son produit. » — « Le travailleur ne peut pas racheter son produit. » — Production d'utilité et diminution de la valeur. — Solution du problème. — La gratuité du crédit. — Le parti du travail et le parti du capital. — « Le gouvernement de l'homme par l'homme et l'exploitation de l'homme par l'homme. » — L'anarchie. — Opposition de la vieille corporation à l'État — Le pacte fédératif. — Air de famille des utopistes et socialistes de 1848.

Proudhon est né à Besançon, en 1809, d'un garçon brasseur. Devenu correcteur d'imprimerie, il avait lu comme tel les Pères de l'Église ; il avait été initié à la dialectique de Hegel, par M. Charles Grun, « professeur de philosophie allemande qui n'entendait rien à ce qu'il enseignait, » prétend Karl Marx[1], ayant connu tardivement la science économique, il y porta des procédés de scolastique. En heurtant des mots, il essaya de faire jaillir des éclairs. Incapable de dégager nettement sa pensée, il cherchait à étonner les philistins en répondant à cette question posée par le titre de son mémoire de 1840 : « Qu'est-ce que la propriété ? — La propriété, c'est le vol. »

Il n'avait même pas le mérite de l'invention.

Brissot de Warville, dans son livre *Recherches philoso-*

---

1. Karl Marx, *Misère de la philosophie*, trad. fr., p. 249.

phiques sur le droit de propriété et le vol (1780), avait dit : « La propriété exclusive est un vol dans la nature. Le propriétaire est un voleur. » Sur ce point, la doctrine de Proudhon se résume en ces deux affirmations : 1° le droit d'occuper est égal pour tous ; 2° l'homme ne peut travailler qu'à l'aide d'instruments de travail. Donc tous les hommes ayant le droit de travailler, ont un droit égal à la possession des instruments de travail ; 3° donc ces instruments ne peuvent devenir l'objet d'une propriété exclusive. Mais, dans *la Théorie de la propriété* (publiée après sa mort en 1866), il dit : « La propriété, si on la saisit à l'origine, est un principe vicieux en soi et antisocial, mais destiné à devenir, par sa généralisation même et par le concours d'autres institutions, le pivot et le grand ressort de tout le système social. »

Dans ce mémoire de 1840, il lança cette autre idée singulièrement contradictoire avec la première : « Le travailleur conserve, même après avoir reçu son salaire, un droit naturel de propriété sur la chose qu'il a produite ! » Autant dire que le marchand qui a vendu une pomme à un acheteur conserve un droit sur sa marchandise, même quand elle a été mangée. Cependant il est évident que l'ouvrier reçoit un salaire, en échange d'un produit ou d'un service, et une fois le produit livré, le service rendu, le salaire reçu, le contrat a reçu sa pleine exécution. Toutes les obligations sont remplies.

Proudhon, peut-être sous l'influence de Rodbertus, dénonce la propriété comme rendant impossible au travailleur le rachat de son produit. Si 20 millions d'ouvriers ont fourni pour 20 milliards de produits, ils sont obligés d'en acheter pour 25 milliards de francs. Les travailleurs qui ont dû vendre ces produits pour vivre sont forcés de payer 5 ce qu'ils ont acheté 4. « Ils doivent jeûner un jour sur cinq. »

Les ouvriers qui font partie de Sociétés coopératives ont dû apprendre qu'ils ne peuvent pas non plus racheter leur propre produit au prix où il aura été payé. Il y a en plus un tant pour cent sur la matière première, nécessaire pour couvrir les frais généraux et le profit, compenser les achats onéreux par le bénéfice résultant des achats opérés dans de bonnes conditions, intérêt et amortissement du capital, commission payée aux vendeurs, remises faites aux marchands en détail, intérêt des capitaux à courir entre le moment de la fabrication et le moment de la vente, assurances, etc.

Cependant des écrivains récents, comme MM. Gronlund, Hertzka et Hobson, ont cherché à montrer que de là vient la surproduction universelle [1].

Les *Contradictions Économiques* de Proudhon ne sont qu'un entassement de digressions où il parle de tout sous prétexte d'appliquer les antinomies de Hegel. En réalité, il fait reposer tout son livre sur l'opposition faite par J.-B. Say entre la valeur utile et la valeur échangeable [2]. Nécessaires l'une et l'autre, elles sont en raison inverse l'une de l'autre. A mesure que la production de l'utilité augmente, la valeur diminue. Proudhon ajoutait : cette contradiction est nécessaire. Donc, plus les peuples travaillent pour s'enrichir, plus ils deviennent pauvres. Et il donnait comme sous titre à son ouvrage : *Philosophie de la misère*.

J'ai expliqué, dans la *Science Économique* [3], comment se posait ce problème et j'en ai donné la solution que voici : *Le progrès économique a pour critérium l'augmentation de la valeur absolue et relative des capitaux fixes, la réduction de la valeur des unités des capitaux circulants et l'augmentation de leur valeur globale.*

1. D'après M. Bourguin, *Les systèmes socialistes*, p. 318.
2. Qu'est-ce que la propriété? p. 94.
3. 3ᵉ éd. Livre VI, Ch. 1, p. 233.

Proudhon finit son livre en montrant la confusion qui existait dans ses conceptions en disant que l'objet de la science économique est « la justice ». Pour l'établir, il faut faire une « équation générale » de toutes les contradictions de l'économie [1].

« Ma pierre philosophale, dit-il, c'est la gratuité du crédit et la suppression de la monnaie. »

Il oppose aux divers partis deux partis, celui du travail et celui du capital. C'est la lutte de classes, dont il a développé la conception dans son livre : *De la capacité des classes ouvrières* (1865).

Proudhon reprit l'affirmation d'Helvétius déclarant égales les aptitudes de tous les êtres humains, et différenciées seulement par les circonstances d'éducation et de milieu. Donc la valeur du travail de chacun à temps égal est égale ; et le juste salaire doit être la division du produit par le nombre des travailleurs.

Il proclame la fin « du gouvernement de l'homme par l'homme » et « de l'exploitation de l'homme par l'homme ». Voudrait-il que l'homme fût gouverné par des singes ? Mais il est gouverné souvent par des femmes, des enfants et par ses propres passions. Il n'est pas seulement exploité par l'homme ; il l'est par toutes les forces naturelles dont il doit triompher, par les microbes et les insectes contre lesquels il se défend si difficilement, et surtout par les préjugés et les charlatans qui savent s'en servir. Par un procédé d'homme qui aime à battre la grosse caisse, pour attrouper les enfants, Proudhon se sert de l'antithèse dont il s'était déjà servi pour la propriété, quand il s'écrie : « Le vrai gouvernement, c'est l'anarchie. » Et il a bien soin, pour achever l'ahurissement des badauds, d'expli-

---

1. *Contradictions économiques*, chap. II.

quer l'étymologie de ce dernier terme : an-archié, privation de gouvernement.

Puis, il le commente, en reprenant une idée de Saint-Simon. « La science du gouvernement appartient de droit à une section de l'Académie des sciences et, puisque tout citoyen peut envoyer un mémoire à l'Académie, tout citoyen est législateur. Le peuple est le gardien de la loi, le peuple est le pouvoir exécutif [1]. » Il a ajouté à cette logomachie, dans un autre volume, cette déclaration : « L'atelier fera disparaître le gouvernement. »

On retrouve dans cette déclaration une conception de la vieille corporation autonome, exclusive, opposée à tout ce qui n'est pas elle et à tout intérêt général. Il finit par faire le roman du pacte fédératif et il s'imagina qu'il pouvait, par un coup de théâtre, transformer la France, en la divisant en trente-six souverainetés d'une étendue moyenne de 6.000 kilomètres carrés et d'un million d'habitants [2]. Il n'avait pas daigné observer qu'une fédération est le groupement d'États isolés ; quand un État centralisé se divise, l'opération est exactement le contraire de la fédération ; elle s'appelle le démembrement et a pour conséquence la dissolution.

Il a attaqué avec virulence les conceptions enfantines de Louis Blanc sur « le point d'honneur du travail », de Fourier sur le Phalanstère, de Cabet sur la fraternité ; et cependant il se sert de leur vocabulaire contre l'exploitation de l'homme par l'homme ; il réclame la confiscation des instruments de travail et leur remise aux travailleurs ; il veut la suppression de la concurrence ; et tout en se proclamant anarchiste, il fait appel à

---

1. *Qu'est-ce que la propriété ?* p. 242.
2. *Du principe fédératif.* 1863.

l'État pour réaliser ses conceptions. Si ennemis qu'ils fussent les uns des autres, tous les utopistes et socialistes de 1848 ont un air de famille ; ils sont obscurs, déclamatoires, croient aux mots vides et sonores, et méprisent les faits.

CHAPITRE VII

Les projets de décrets de Proudhon et la banque d'échange

Troublé par la Révolution de 1848. — Ses projets de décrets. — La *Banque du Peuple*. — Influence sur la Commune de 1871. — Sur la Confédération générale du travail. — Le colonel Langlois « a seul compris Proudhon ».

Proudhon eut la franchise de témoigner son mécontentement de la Révolution de 1848. Elle troubla plus qu'elle ne réjouit les divers socialistes mis en demeure d'appliquer leurs idées. Proudhon réclama à l'État la série de décrets suivants.

Le gouvernement doit décréter [1] que « l'échange direct sans numéraire, sans intérêts, est de droit naturel et d'utilité publique; que la Banque joigne à ses attributions celle de Banque d'échange et fixe à 1 pour 100 le taux de l'escompte ».

Par un second décret, « attendu que la loi doit être égale pour tous, les rentes servies par l'État seront converties en rentes 1 pour 100, jusqu'à remboursement définitif ».

Par un troisième décret, l'intérêt hypothécaire est ramené à 1 pour 100. « L'exécution du présent décret est confiée aux citoyens grevés d'hypothèques. »

1. Programme révolutionnaire, 31 mai, 5 juin 1848. *Mélanges*, t. I, p. 43.

Par un cinquième décret, les intérêts et dividendes des sociétés par actions sont réduits à 1 pour 100. Un sixième décret fixe au même chiffre le taux de location des maisons. Un septième décret réduit le taux des fermages de 25 pour 100 sur la moyenne des vingt dernières années; la valeur des propriétés affermées sera calculée en prenant le fermage alloué comme x pour cent du capital; lorsque par l'accumulation des annuités, le propriétaire sera rentré dans la valeur de son immeuble, augmenté d'une prime de 20 0/0 à titre d'indemnité, la propriété fera retour à la Société centrale d'agriculture, chargée de pourvoir à l'organisation agricole. « Toute terre non cultivée fera retour à l'État. » Par d'autres décrets, réduction des appointements et salaires, suivant l'échelle proposée pour les salaires de l'État. 12° décret : « Il y aurait lieu, après avoir déterminé le débit de chaque citoyen, par la fixation des appointements et salaires, de déterminer son crédit par la fixation du prix des choses. »

Proudhon fonda, le 31 janvier 1849, la Banque du Peuple, sur les principes suivants : toute matière première est fournie gratuitement à l'homme par la nature; dans l'ordre économique, tout produit vient du travail et réciproquement tout capital est improductif; toute association de crédit se résolvant en un échange, la prestation des capitaux et l'escompte des valeurs ne peuvent et ne doivent donner lieu à aucun intérêt. La Banque avait pour but d'organiser démocratiquement le crédit : 1° en procurant à tous, au plus bas prix et aux meilleures conditions possibles, l'usage de la terre, des maisons, machines, instruments de travail, capitaux, produits et services de toute nature; 2° en facilitant à tous l'écoulement de leurs produits et le placement de leur travail aux conditions les plus avantageuses. Le capital de la Banque était de cinq millions, divisés en un million d'actions de cinq francs chacune, non productives d'intérêts[1]. A la différence des billets ordinaires à ordre et payables en espèces, le papier de la Banque du Peuple était un ordre de livraison revêtu du caractère social et payable à vue par tout sociétaire ou adhérent en produits ou services de son industrie ou de sa profession. Le paiement des ventes et achats, entre les divers adhérents, soit l'échange réciproque de leurs produits et de leurs services, devait s'effectuer au moyen du papier de la Banque, qualifié *Bon de circulation*.

Elle ne fonctionna pas. Proudhon, poursuivi pour deux articles publiés dans le *Peuple* et condamné à trois ans de prison, se réfugia en Belgique. Il put dire que, sa Banque n'ayant pas été mise en œuvre, sa conception restait bonne. Toutefois, plus tard, il ne tenta pas de la réaliser. Au point de vue expérimental, c'est fâcheux. Il se serait aperçu que la suppression de la monnaie n'aurait pas contribué à augmenter les échanges, et que refusant de rétribuer le crédit, il n'en aurait pas eu. Des tentatives de comptoirs d'échange ont été faites, il y a une quinzaine d'années, et elles ont misérablement échoué.

L'inspiration de Proudhon a exercé une certaine influence sur la Commune de Paris. Le manifeste du 19 avril 1871 est fait avec des coupures plus ou moins hétéroclites de ses œuvres. D'après M. H. Bourguin[2], il a encore des disciples parmi les socialistes français. On retrouve quelque chose de ses idées dans le programme actuel de la Confédération générale du travail, qui oppose le syndicat à l'État et entend faire triompher les prétentions de chaque groupement au détriment de l'intérêt général.

1. Voir Desjardins, *Proudhon*, t. I, p. 131.
2. Hubert Bourguin, *Proudhon*, 1901.

En 1848, Proudhon attaquait avec violence le suffrage universel; et le syndicalisme actuel y oppose nettement la lutte des syndicats; mais il ne se perd pas, comme Proudhon, en divagations pour essayer de justifier son droit d'agir ainsi. Proudhon avait des velléités d'idées plutôt que des idées; il tâchait de les coordonner et, s'il n'y parvenait pas, il en rendait responsable l'intelligence de ses concitoyens.

J'ai eu jadis quelques conversations avec le colonel Langlois, qui se prétendait le vrai disciple de Proudhon; et je l'ai entendu dire plusieurs fois avec orgueil, en parlant de tel ou tel livre de Proudhon : « Il n'y a que moi qui l'ai compris! »

LIVRE III

LES POSTULATS DU SOCIALISME ALLEMAND

CHAPITRE PREMIER

Le vrai socialisme

Mépris pour les socialistes français. — Apologie du socialisme allemand. — Communisme, collectivisme, socialisme sont synonymes. — Le programme de Saint-Mandé et celui du congrès du Havre.

Les socialistes qui se réclament de Karl Marx tiennent le langage suivant :

— Platon, Campanella, Thomas Morus, Morelly, Owen, Saint-Simon, Fourier, Cabet, Considérant, Louis Blanc? Que nous parlez-vous de tous ces socialistes, utopistes, rêveurs, littérateurs plus ou moins illuminés en dehors de toute réalité? Ni Owen, ni Pierre Leroux n'étaient dignes d'inventer le mot socialisme. Quant à Proudhon qui répondait : « Est socialiste tout homme qui s'occupe des réformes sociales, » il prouvait qu'il appartenait, malgré ses prétentions, à ces socialistes de clubs, de salons et de sacristie qui faisaient du socialisme élégiaque, déclamatoire et sentimental aux environs de 1848.

Ce n'était qu' « un petit bourgeois », comme l'a dit Karl Marx[1]. Il n'y a qu'un vrai socialisme, c'est le socialisme allemand. Karl Marx et Engels en ont donné la formule dans le *Manifeste communiste* de 1847.

Ils ont pris ce titre parce que le mot socialisme était trop discrédité à ce moment; mais ils l'ont repris depuis, car la conclusion logique de tout socialisme est le communisme. Le mot « collectivisme », dit Paul Lafargue, n'a été inventé que pour ménager les susceptibilités de quelques timorés. Il est synonyme du mot communisme. Tout programme socialiste, aussi bien celui de Saint-Mandé, donné en 1896 par M. Millerand, portant que « le collectivisme est la sécrétion du régime capitaliste », que celui du congrès du Havre de 1880, rédigé par Karl Marx et présenté par Jules Guesde, conclut à « l'expropriation politique et économique de la classe capitaliste et au retour à la collectivité de tous les moyens de production[2] ».

Mais cette conclusion est-elle donc si différente de celle de ces précurseurs traités avec tant de mépris? Quels sont les titres de Karl Marx, Engels et de leurs disciples à ajouter l'épithète de « scientifique » au mot « socialisme »?

1. *Misère de la philosophie.*
2. Congrès du Havre, 1880.

CHAPITRE II

Réclamations de Marx et d'Engels

Pour l'Allemagne. — Contre Rodbertus. — Contre Lassalle.

Karl Marx et Engels se déclarent internationalistes et communistes, mais ils commencent par manquer eux-mêmes à ces deux prétentions. Loin d'admettre que les communistes et les socialistes français aient été leurs précurseurs, ils ne cessent de les accabler de leur dédain et de leur mépris. Ils ne veulent rien devoir à ces Français dont ils détestent les qualités d'expansion, qui demandent de la clarté aux autres quand ils n'en donnent pas eux-mêmes, et qui ne peuvent se soumettre aux « disciplines pédantes ». Karl Marx et Engels veulent faire du socialisme un monopole allemand, et, quand Karl Marx dit : « Prolétaires de tous les pays, unissez-vous », cela signifie : Pangermanisez-vous!

Mais en même temps ils réclament, contre leurs propres compatriotes, avec âpreté, la propriété individuelle de leurs formules. Ils n'entendent la partager avec personne. Rodbertus prétendait que Karl Marx lui avait emprunté ses idées. Engels affirme que Karl Marx n'avait jamais eu sous les yeux, avant 1858 et 1859, aucune publication de Rodbertus. Comme le premier écrit de Rodbertus date de 1837, celui-ci s'étonnait que Karl Marx, qui avait la prétention de tout savoir, lui opposât la prétention d'une si profonde et si longue ignorance à son égard[1]. En revanche, Engels accorde volontiers que Proudhon doit à Rodbertus sa notion de la valeur. Ici, le pangermanisme reparaît.

Mais Engels est bien obligé de reconnaître que Rodbertus et Karl Marx ont puisé à la même source anglaise : Ricardo, et il dit : « Il ne vient pas à l'esprit de Rodbertus que Karl Marx ait pu tirer tout seul ses conclusions de Ricardo tout aussi bien que Rodbertus lui-même[2]. »

Rodbertus a tout au moins l'avantage de la priorité et malgré leurs violentes dénégations, Karl Marx et Engels sont les disciples de ce grand propriétaire poméranien, représentant des grands propriétaires dans les assemblées provinciales et au Parlement prussien, et par cela même partisan des classes. Dans sa haine contre la Révolution française, Karl Marx, gendre d'un Jonker prussien, transporte contre elle des haines de famille par alliance. Paul Lafargue en a hérité.

Quant à Lassalle, Karl Marx le traite avec dédain. Dans sa préface du *Capital*, écrite en 1867, il dit de Lassalle mort en 1864 : « Tout en évitant d'en indiquer la source, il a emprunté à mes écrits, presque mot pour mot, toutes les propositions théoriques de ses travaux économiques. »

---

1. La bibliographie des ouvrages de Rodbertus se trouve dans Andler. *Les origines du socialisme en Allemagne* et dans la traduction de l'ouvrage *Le Capital* par E. Chatebien.
2. *Misère de la philosophie*. Préface d'Engels. Trad. fr., p. 10.

CHAPITRE III

Sources du Socialisme allemand

Formules de Saint-Simon et de Ricardo.

Le socialisme allemand a deux sources : 1° Le saint-simonisme français : « La manière de s'enrichir est de faire travailler les autres pour soi », qui était devenu chez Proudhon : « L'exploitation de l'homme par l'homme. »

2° Trois formules de Ricardo.

a) Le travail est la mesure de la valeur. *b)* Le prix matériel du travail est celui qui fournit aux ouvriers en général le moyen de subsister et de perpétuer leur espèce sans accroissement ni diminution. *c)* A mesure que les salaires haussent, les profits diminuent.

La formule *b* devint la loi d'airain des salaires de Lassalle.

Les affirmations françaises et les formules *a*, *b* et *c* de Ricardo devinrent la théorie « du temps normal de travail » de Rodbertus et « du surtravail » de Karl Marx et d'Engels.

CHAPITRE IV

La formule B
et la loi d'airain des salaires

Turgot et les salaires. — Le prix matériel du travail et le prix des subsistances. — Ricardo. — Lassalle, la loi d'airain des salaires. — La série des prix de la ville de Paris. — Augmentation des salaires et diminution des moyens de subsistance.

Turgot avait dit que « le prix auquel le simple ouvrier vend sa peine ne dépend pas de lui ». Mais est-ce que le prix où le marchand écoule sa marchandise dépend de lui ? Si personne n'en veut, personne ne la prendra.

Ricardo, ayant fondé toute sa théorie de la valeur sur le travail, lui cherchait une norme. Il a dit avec quelque vague : « Le prix naturel du travail est celui qui est nécessaire aux ouvriers, en général, pour subsister et se perpétuer sans accroissement ni diminution. Le prix naturel du travail dépend donc du prix naturel des subsistances et de celui des choses nécessaires ou utiles à l'entretien de l'ouvrier et de sa famille[1]. » (Ch. V.)

Cependant, il reconnaissait que « le prix naturel des salaires n'est pas absolument fixe et constant, même en les estimant en vivres et autres articles de première nécessité ». Il ajoutait que « l'ouvrier anglais regarderait

---

1. Ricardo, *Principles of political Economy*, ch. v.

son salaire pour maintenir sa famille comme très au-dessous du taux naturel, s'il ne lui permettait d'acheter d'autre nourriture que des pommes de terre et de n'avoir pour demeure qu'une misérable hutte de terre ».

C'est de cette formule que Lassalle a fait la métaphore sonore, « la loi d'airain des salaires ». Elle implique l'égalité des salaires; et, en 1848, les ouvriers savaient si bien qu'elle était fausse que Louis Blanc était obligé, au Luxembourg, de ne pas maintenir le principe de l'égalité des salaires qu'il avait prêché.

Ce sont les ouvriers eux-mêmes qui ont établi les prix de la série de la ville de Paris en 1880. Voici la différence entre les salaires des divers ouvriers du bâtiment, d'après les *Bordereaux des salaires* publiés par l'Office du travail (1902) :

	1880	1900
Maçon.	0.75	0.80
Tailleur de pierre	0.75	0.85
Ravaleur.	1.00	1.20
Charpentier	0.80	0.90
Terrassier.	0.50	0.50

Le prix du pain n'est pas meilleur marché pour le terrassier que pour le ravaleur. Si la loi d'airain s'applique au terrassier, elle ne s'applique pas au ravaleur.

M. Bowley, dans le *Progress of Nation*, compare les salaires avec les *Index numbers* de M. Sauerbeck dans lesquels les objets d'alimentation ont une part importante.

	1830	1840	1850	1860	1870	1874	1880	1885	1886	1895	1900
Moyenne des salaires	45	50	50	55	60	70	70	72	81	93	100
Index - numbers Sauerbeck		100	77	99	94	88	82	69	82	73	61

De 1840 à 1900, les prix des marchandises ont baissé de 39 pour 100 ; les salaires ont augmenté de 55 pour 100, soit une augmentation du pouvoir d'achat des salaires de 94 0/0.

La « loi d'airain des salaires » est en telle contradiction avec les faits que si les marxistes l'ont concédée au congrès de Gotha de 1875 pour faire l'union avec les Lassalliens, le programme d'Erfürt ne l'a pas reproduite.

Cependant, les socialistes marxistes français en usent volontiers dans leurs discours, dans leurs articles ; et la conception de Karl Marx sur le surtravail n'en est que la reproduction.

CHAPITRE V

La formule A
Le travail mesure de la valeur

Rodbertus. — L'heure de travail. — « La volonté sociale. » — Les Bons de travail. — L'équation des valeurs. — L'effroi de Rodbertus. — Inconséquences de Karl Marx et d'Engels.

Rodbertus, vers 1842, voulut déterminer l'« étalon-travail » pour mesurer la valeur. Il l'appela « le temps normal de travail [1] ». (*Arbertszeit*).

Une journée de travail n'ayant pas la même valeur productive dans les différents genres de production, on estimera les travaux différents les uns par rapport aux autres et on les exprimera uniformément en temps normal de travail. Dans tel genre de travail une journée de travail contient tant d'heures d'horloge, ou une heure de travail tant de minutes d'horloge, et dans un autre genre de travail tant et tant, ce qui n'empêchera pas de diviser la journée normale ou l'heure normale, dans les différents genres de production, en un même nombre d'heures de travail normales ou de minutes de travail normales. On aura donc pour tous les genres de production une sorte d'instrument qui marque la valeur productive d'une durée donnée de travail dans tous les genres de production.

La difficulté qui naît de la différence des ouvriers peut être écartée par la tâche normale par jour (*normales Tagewerk*).

---

1. *La Production et la Répartition*, chap. II, p. 112.

Toute la question est résolue. La « volonté sociale », l'État, fixe par décret ce temps normal de travail. Cette « volonté sociale, décide et fixe là où les volontés individuelles avaient débattu et fait des conventions ». Cette « volonté sociale » implique « un organe de la société tout entière qui administre le sol et le capital de la société, gouverne la production sociale et la répartition ». Cet organe central, « d'origine monarchique ou démocratique, » au point de vue économique peu importe, réunirait toutes les fonctions économiques. Quant aux besoins publics, ils sont déterminés par la volonté sociale, représentée par le prince des assemblées. Quant aux besoins privés, le temps normal de travail les fixe. « Le temps que quiconque prend part à la production consent à consacrer au travail productif, détermine les limites des moyens qui suffisent à couvrir la série des besoins de chacun. » Cette limite une fois obtenue, on sait « quelle est la nature des besoins à satisfaire et partant aussi quels sont les objets à produire et en quelle quantité. »

Du moment que « la durée du travail est une mesure commune de la force productive et des besoins, rien de plus clair que la façon de procéder ».

L'administration peut : 1° fixer la valeur de tous les produits « en fixant la valeur du produit du travail de chacun en tout autre genre de produit et par conséquent aussi en objets de consommation ou produits achevés (p. 117); 2° créer une monnaie qui réponde complètement à l'idée de la monnaie.

L'administration économique remettrait à chaque producteur un reçu de tant de travail normal, représenté par le produit réel qu'il a créé selon les règles ci-dessus exposées. Ce papier porterait mention exactement de la valeur créée par lui et pourrait par conséquent être aux mains du porteur un bon pour une valeur égale. Il pourrait la retirer en compensation de son travail, sous la forme d'objets de consommation quelconques, dans les magasins sociaux, contre remise de son bon.

Cette monnaie serait une mesure parfaite de la valeur puisque chaque titre énoncerait précisément la quantité de valeur qui aurait été calculée; secondement, elle offrirait une sécurité absolue, puisqu'elle ne serait émise que si la valeur énoncée existait réellement; troisièmement, elle ne coûterait rien, elle ne serait qu'un morceau de papier sans valeur, lequel remplirait pourtant de la façon la plus parfaite le rôle de monnaie. (p. 126-127).

« Si la règle est bien suivie, disait Rodbertus, la somme de valeur disponible doit être exactement égale à la somme de valeur certifiée; et comme la somme de valeur certifiée est exactement la somme de valeur assignée, celle-ci doit nécessairement se résoudre à la valeur disponible, toutes les exigences sont satisfaites et la valeur est exacte. »

Rodbertus, qui était agriculteur, oublie que quinze jours de sécheresse ou de pluie peuvent déranger ce bel équilibre. Cependant il en a établi le compte; il l'a fait vérifier par un employé supérieur de la dette publique en Poméranie, et par conséquent il affirme qu'il présente toutes les garanties.

Du reste, Rodbertus admettait que, « sans des lois spéciales, il était impossible que le travail fût la mesure de la valeur ».

Karl Marx, pour prouver qu'il n'était pas un disciple de Rodbertus, a raillé ce système enfantin qui suppose qu'une administration, sans tenir compte de l'offre et de la demande qui ne peut être indiquée que par la concurrence, pourra établir un rapport exact entre la valeur déterminée par le temps de travail des bijoux et celle de la vidange.

Quand parut le *Capital* de Karl Marx (1867), Rodbertus fut effrayé, lui conservateur, grand propriétaire, comme une poule qui a couvé des canards. Pour se rassurer et pour rassurer ses confrères les propriétaires, il proposa « de considérer le rôle du capitaliste entrepreneur comme une fonction publique qui lui est conférée au moyen de la propriété capitaliste, son profit comme une forme de traitement. Or les traitements peuvent être réglementés et réduits, s'ils prennent trop au salaire ».

Tous les systèmes d'organisation collectiviste aboutissent, par la force des choses, aux Bons de travail, et les railleries de Marx et d'Engels ne prouvent que l'incohérence de leurs théories.

CHAPITRE VI

Karl Marx et les formules A. B. C.

I. La formule de Ricardo et l'innovation de Karl Marx. — La troisième quantité mystérieuse. — « La force de travail. » — Définition de la valeur. — Le surtravail.
II. Le capital variable et la plus-value. — Exemple. — 1.307,69 pour 100. — Toute la plus-value provenant de 2,50 0/0 du capital. — Le vampire.
III. Désintéressement des vampires. — Destruction de la plus-value par l'outillage.
IV. Les éléments du profit. — Affirmation de Karl Marx que l'outillage ne contribue pas au profit.
V. Les matières premières. — Définition du profit.
VI. Variation de la plus-value. — Restrictions de Karl Marx et d'Engels. — Abandon de la thèse. — *Le profit ne provient pas de la quantité de travail non payé, mais de la direction de l'entreprise.*

I

Ricardo avait dit : « La valeur d'une marchandise dépend de la quantité de travail nécessaire pour la produire. »

Cette définition, ayant l'avantage de la simplicité, n'aurait pu convenir à Karl Marx. Il a repris la définition de Ricardo, mais au mot de travail, il a ajouté celui de « force de travail », ce qui, aux yeux admiratifs d'Engels, constitue sa grande découverte[1]. Toutefois, il n'emploie pas toujours ce mot complémentaire.

---

1. *Le Capital*, t. III, préface XIX-XXI.

Pour établir sa démonstration, Karl Marx part d'une vérité arithmétique élémentaire : deux quantités égales à une troisième sont égales entre elles.

Mais on va voir comment cette vérité se déforme dans la dialectique de Karl Marx.

Une quantité donnée de froment, dit-il, est égale à une quantité quelconque de fer.
Il existe entre eux quelque chose de commun; les deux objets sont égaux à un troisième qui, par lui-même, n'est ni l'un ni l'autre. Chacun des deux doit être réductible au troisième, indépendamment de l'autre. (*Le Capital*, t. I, ch. 1er).

Dans le troc, ces deux objets sont égaux au désir réciproque des deux possesseurs de les échanger et à la mesure de ce désir. Quand la monnaie sert de commun dénominateur à l'échange, c'est à telle et telle quantité de monnaie que ces deux quantités sont égales. Karl Marx ne saurait tenir compte des faits qui aboutissent à cette conclusion. Il suppose que cette troisième quantité est la quantité mystérieuse de travail incorporée dans le froment et dans le fer.

La grande découverte de Karl Marx est accomplie :
« La valeur d'une marchandise est déterminée par le quantum de travail matérialisé en elle, par le temps socialement nécessaire à sa production. » T. I, ch. viii, § 2).

Pour Karl Marx, la valeur ne saurait être le rapport entre le désir et le besoin de deux individus. Il déclare que la « valeur n'existe que dans un objet ». Cependant la force de travail n'est pas un objet; c'est l'expression d'un effort qui peut même rester sans résultat. Pour répondre à cette observation, Karl Marx déclare que « l'homme est lui-même un objet, en tant que simple existence de force de travail ». (T. I, ch. viii). Puis Karl Marx nous affirme que « la valeur d'un article veut dire non sa valeur propre, mais sa valeur sociale. » (T. I, ch. xii).

Il définit la valeur « une manière sociale particulière de compter le travail employé dans la production d'un objet ». (T. I, ch. 1er, p. 32).

Karl Marx a eu soin de célébrer lui-même l'importance de cette conception de la valeur. « La découverte de la valeur marque une époque dans l'histoire du développement de l'humanité. » (T. I, ch. 1er, p. 29).

Cependant, depuis, Engels a dit que « si la loi de la valeur de Marx ne pouvait pas être considérée comme inexacte, elle était cependant trop vague et pouvait être exposée avec plus de précision ». De plus, il reconnaît qu'elle ne se présente pas dans les faits. Werner Sombart, déclare que « la loi de la valeur n'est pas un fait empirique, mais un fait de la pensée ». C'est « un adjuvant pour notre esprit ». Un autre disciple, Bernstein, la considère comme une « conception subjective »; et Karl Marx, dans son troisième volume, a reconnu lui-même qu'elle était en dehors de toute réalité quand il a dit : « Le prix de production comprend non seulement la force de travail et la durée de travail, mais encore le profit moyen pour le capitaliste. »

Karl Marx invoque alors la formule b, que Lassalle appelle « la loi d'airain des salaires », et il en fait la théorie du « surtravail ». La valeur de la journée de travail est déterminée par le temps de travail nécessaire à la production des moyens de subsistance journalière, tels qu'il les faut pour le travailleur. Si elle coûte six heures [1], il doit travailler en moyenne six heures. Pendant ces six heures, l'ouvrier travaille pour lui; mais s'il travaille douze heures, il donne six heures de travail extra ou de surtravail ou de travail non payé

---

1. *Le Capital*, t. I, ch. 1.

qui font le gain du capitaliste, ce que Karl Marx appelle la plus-value.

Tout se réduit à cette proportion.

$$\frac{\text{Temps de travail extra.}}{\text{Temps de travail nécessaire.}}$$

Cette proportion détermine le taux de la plus-value.

La somme du travail nécessaire et du surtravail forme la grandeur absolue du temps de travail, c'est-à-dire la journée de travail (T. I, ch. x, p. 98).

II

Karl Marx fait trois catégories du capital employé à la production : le capital fixe qui représente l'outillage; le capital constant qui représente le loyer, les matières premières, le chauffage et l'éclairage ; le capital variable qui représente les salaires.

Le capital variable est l'expression monétaire de la valeur de toutes les forces de travail que le capitaliste emploie à la fois. La grandeur du capital variable est donc proportionnelle au nombre des ouvriers employés (T. I, ch. xi).

Pourquoi le capital est-il constant quand il s'agit des matières premières et est-il variable quand il s'agit des salaires? Le prix des matières premières subit des variations plus rapides et plus fréquentes que celui du travail. Karl Marx reconnaît que le cours, pendant sa fabrication, peut élever du coton entré au prix d'un demi-shilling dans la manufacture, au prix d'un shilling; que cette augmentation de prix peut être incorporée au produit; mais « ce changement est indépendant de l'accroissement de valeur qu'obtient le coton par le filage même ». Et alors il conclut :

Dans le cours de la production, la partie du capital qui se transforme en moyens de production, c'est-à-dire en matières premières, matières auxiliaires et instruments de travail, ne modifie pas la grandeur de sa valeur. C'est pourquoi nous la nommons partie constante du capital, ou plus brièvement *capital constant*.

La partie du capital transformée en force de travail change, au contraire, de valeur dans le cours de la production. Elle reproduit son propre équivalent et de plus un excédent, une plus-value, qui peut elle-même varier et être plus ou moins grande. Cette partie du capital se transforme en valeur plus ou moins grande. Cette partie du capital se transforme sans cesse de grandeur constante en grandeur variable. C'est pourquoi nous la nommons partie variable du capital, ou plus brièvement *capital variable*.

Une valeur est capital lorsqu'elle est avancée dans le but d'engendrer un profit.

Le profit provient de ce que le capitaliste peut mettre en vente une chose qu'il n'a pas payée; or, ce qu'il n'a pas payé, c'est le surtravail. Par conséquent, le rapport doit s'établir entre le capital variable représentant la main-d'œuvre et l'excédent de la valeur obtenue par la marchandise.

Nous allons voir les conséquences de ces données, d'après un exemple que nous trouvons dans le t. III, ch. IV du *Capital*. Il s'agit des dépenses et des gains d'une filature de coton de 10.000 broches pour une semaine d'avril en 1871. Karl Marx les étend à toute l'année. Il élimine toute question de crédit :

Capital fixe (machines)............. £	10.500
Capital circulant.................	2.000
CAPITAL TOTAL.... £	12.500

Les £ 2.500 de capital circulant se décomposent en :

Capital constant . . . . £	2.182
Capital variable (salaire . . . . £	318

Valeur du produit hebdomadaire.

Capital fixe (usure des machines) . . . . . £	20
Capital circulant constant (loyer : £6 ; coton : £ 343 ; charbon, huile, gaz : £. 10).	358
Capital variable (salaire)	52
Plus value (travail-non payé).	80
TOTAL . . . . £	510

Le capital avancé hebdomadairement est :

Capital circulant constant.	358
Capital variable (salaire)	52
TOTAL.	410

Proportion pour 100.

Capital constant	87,3
Capital variable	12,6

Si on rapporte ces éléments à l'ensemble du capital circulant 2.500 £, on trouve 2.182 £ de capital constant et 318 £ de capital variable.

La dépense annuelle de salaire s'élevant à 52 × 52 = 2.704 le capital variable £ 318 accomplit 8 1/2 rotations par an.

Le profit de toute l'année s'élève donc à 80 × 52 = £ 4.160 Si on divise ce nombre par le capital total, soit 12.500, on obtient 33,28 %. Tel est le *taux du profit.*

Le profit est la comparaison de la plus-value du travail ou du capital variable à l'ensemble du capital, mais ce n'est pas le profit qu'il faut voir. La plus-value du capital variable ne doit être comparée qu'au capital variable, c'est-à-dire aux salaires payés aux ouvriers.

Nous avons alors :

£ 80 de plus-value divisés par £ 52, montant du capital variable payé chaque semaine :

$$\frac{80}{52} = 15, 3\ 11/13\ \text{p. 100.}$$

Mais comme le capital variable (£ 318) se renouvelle 8 fois 1/2 par an, nous avons :

153 11/13 p. 100 × 8 1/2 = 1.307, 69 p. 100.

Ce chiffre de la plus-value, c'est le chiffre du surtravail; c'est le taux du capital vampire. Quand l'industriel paie 100 fr. en salaires, il gagne 1.307 fr.; quand il paie 1 fr. de salaire, il gagne plus de 13 francs !

Karl Marx et ses disciples ont beau jeu pour dénoncer une pareille exploitation du travail par le capital.

Un déclamateur socialiste n'analyse pas la manière dont ce rapport a été obtenu.

Il met tous les mathématiciens au défi de démontrer que les opérations authentiques de calcul de Karl Marx ne sont pas justes. Personne ne le conteste et de ce silence, il conclut que Karl Marx a prouvé, non pas d'après une hypothèse en l'air, mais en prenant l'exemple d'une filature anglaise, pendant une semaine de 1871, que le patron gagnait plus de 13 fr. par franc donné au salarié; que ces 13 francs sont le résultat de ce franc de travail; qu'ils représentent la plus-value du travail humain absorbé par le capital; qu'ils représentent le travail non payé !

Le marxiste continue en disant :

Le capital que nous avons envisagé se subdivise en £ 12.182 de capital constant et £ 318 de capital variable, en tout £ 12.500, soit 97 1/2 p. 100 de capital constant et 2 1/2 p. 100 de capital variable (employé au salaire). La quarantième partie du capital total seulement sert, mais en jouant ce rôle plus de huit fois par an, à payer les salaires.

Toute la plus-value provient de ces 2 1/2 p. 100

Telle est la thèse. Et Karl Marx conclut :

« Le capital est du travail mort qui, semblable au vampire, ne s'anime qu'en suçant du travail vivant et sa vie est d'autant plus allègre qu'il en pompe davantage. »

1. *Le Capital,* trad. fr., t. III, p. 58.

III

Au lieu de dénoncer la rapacité des vampires qui s'en graissent du travail non payé, Karl Marx aurait dû railler leur désintéressement imbécile.

D'après le calcul ci-dessus, la part du capital réservé au salaire n'est que de 2 1/2 p. 100 relativement au capital total ; or, si le bénéfice porte tout entier sur cette part, pourquoi les industriels, au lieu de l'augmenter, ne cessent-ils pas de la restreindre ?

Pourquoi perfectionnent-ils leur outillage au lieu d'augmenter le nombre de leurs salariés ?

Si le travail humain non payé est le seul élément de profit, pourquoi le remplacent-ils par le travail mécanique ?

Comment n'ont-ils pas reconnu leur erreur depuis que Karl Marx leur a signalé le moyen d'acquérir des bénéfices indéfinis à la condition d'augmenter indéfiniment leur main-d'œuvre ?

Logiquement, pour faire fortune, le capitaliste n'a qu'à prendre le plus grand nombre d'ouvriers possible et les faire travailler non pas le plus utilement mais le plus longtemps possible. Jamais un industriel ne devrait acheter une machine et il devrait détruire les outils qu'il a. Si les ouvriers terrassiers n'avaient ni pioches, ni pelles, ni brouettes, ils devraient être, pour un travail donné, beaucoup plus nombreux qu'ils ne le sont aujourd'hui, et, en vertu de la loi de la plus-value, ils rapporteraient à l'entrepreneur des profits beaucoup plus grands s'ils grattaient la terre avec leurs ongles et la transportaient dans leurs mains.

Karl Marx a trouvé la réponse suivante. Pour augmenter le surtravail, le capitaliste a trois moyens :

réduire le salaire, c'est-à-dire la durée de travail nécessaire ; mais cette réduction est limitée par les moyens de subsistance; augmenter la durée du travail, mais le capitaliste y trouve des obstacles physiologiques, moraux et légaux. Alors il ne lui reste qu'un moyen : perfectionner les moyens de production.

Le capitaliste qui emploie le mode le plus perfectionné s'approprie sous forme de surtravail une plus grande partie de la journée de l'ouvrier que ses concurrents.
Le capital a donc une tendance constante à augmenter la forme productive du travail pour baisser le prix des marchandises et par suite celui du travailleur (T. I, ch. xii, p. 138).

Karl Marx explique ainsi la passion du capitaliste pour la machine. Mais cette explication est insuffisante, pour le motif suivant. Si la machine augmente le travail de l'individu, elle diminue le nombre des individus pour une production égale : donc elle détruit le surtravail humain qui est la source unique de la plus-value qui, seule, repaît le capital ; donc le capitaliste, en remplaçant la main-d'œuvre par la machine, se condamne à la famine et se voue au suicide : et tout progrès dans la production industrielle est la destruction même de la plus-value.

Un capitaliste a une machine de 10 chevaux-vapeur conduite par deux mécaniciens payés chacun 6 francs par jour. Voici le résultat :

$$\frac{6 \text{ heures de surtravail}}{6 \text{ heures de travail nécessaires}} = \frac{\text{plus value de 2 francs.}}{\text{capital variable 3 francs.}}$$

Si on multiplie par 2, on trouve que le capitaliste vampire a obtenu pour 6 francs de surtravail.
Si, au contraire, il avait employé les 210 hommes représentés par les 10 chevaux-vapeur, même en rédui-

sant la plus-value de 3 fr. à 1.50, à 0.50, à 0.25, il aurait eu respectivement 210 fr, 105 fr, 52 fr, au lieu de 6 francs que lui laissent les deux mécaniciens.

Ces vampires sont des imbéciles ; ils détruisent eux-mêmes la plus-value qui est leur seul bénéfice.

IV

Le sophisme de Karl Marx repose sur cette vérité : « Ce qui excède une grandeur ne peut pas en constituer une partie. Donc le profit ne peut pas constituer une fraction de l'avance du capitaliste. »

Karl Marx en conclut que le profit n'est que le résultat du travail humain non payé.

En réalité, il commet la vieille erreur de méthode de tous les protectionnistes : il ne voit que la production.

Or, la production est inutile sans la consommation.

Ce qui fait *le profit d'une affaire, c'est sa clientèle.*

La demande du produit ou du service rendu ; le prix de revient auquel il est obtenu ; l'habileté avec laquelle il est mis à la disposition des clients : tels sont les éléments constitutifs du profit.

Le capital est un des coefficients du prix de revient. Karl Marx prétend que « pour le capitaliste, le coût de la marchandise est déterminé exclusivement par le travail qu'il paye » (p. 18).

Le capitaliste sait fort bien que la rémunération du capital est un des éléments du prix de revient de la marchandise ; et dans l'exemple cité par Karl Marx, que nous avons reproduit, il fait entrer cette rémunération en ligne de compte.

Karl Marx peut s'indigner de ce que le propriétaire de ce capital en retire quelque rémunération, mais si ce propriétaire ne trouvait pas avantage à l'employer, il ne l'emploierait pas.

Karl Marx dit : « Mais le profit ne peut pas constituer une fraction de l'avance du capitaliste. »

Si Karl Marx s'était donné la peine d'observer les faits il serait arrivé aux constatations suivantes.

Un industriel achète un métier à filer, ce métier vaut une somme déterminée. Il est évident que s'il faisait tourner le métier à vide ou s'il le laissait tranquillement en place, il ne récupérerait aucun profit. Oh! par lui-même, ce métier confirmerait ce truisme : « ce qui excède une grandeur ne peut en constituer une partie. »

Mais l'industriel livre du coton en laine à ce métier qui en file une quantité, représentant une somme déterminée ; et c'est grâce à l'utilité qu'il donne pour transformer du coton brut en filés que le capitaliste peut récupérer des sommes assez élevées pour en amortir le prix ; quand ce prix aura été payé, le bénéfice, que retirera le fabricant du travail produit par ce métier, sera augmenté de la suppression de son prix d'achat.

Voilà donc un élément de profit ; entre deux manufactures, celle qui aura amorti le plus rapidement ses métiers obtiendra un profit supérieur à l'autre ; et son profit sera supérieur pendant la période qui suivra son amortissement à celui qu'elle obtenait pendant la période précédente.

Le capital fixe n'a point tiré de profit de lui-même. Un métier n'engendre point un métier et quart ou un métier et demi.

Mais c'est l'usage du métier qui produit de l'utilité ; et c'est l'utilité produite sous forme de produit fabriqué qui permet au fabricant d'amortir et de remplacer son outillage.

Dire que le métier ne contribue pas au profit, c'est dire qu'il ne contribue pas à la production.

V

Le sophisme de Karl Marx fait abstraction des matières premières.

Certainement, le truisme invoqué par Karl Marx : « Ce qui excède une grandeur ne peut en constituer une partie » s'applique à chacune des matières premières. Par elle-même, elle ne peut produire aucun profit.

Inutilisée, elle aurait même des chances de se détériorer. Le capital employé à l'acquérir perdrait son utilité.

Mais cette matière première, mise en contact avec d'autres matières premières, triturée par un outillage, devient produit ; et alors ce produit acquiert quelle valeur ? — Celle que lui donne le consommateur qui en a besoin et que Karl Marx supprime pour établir son sophisme.

Et maintenant, quel est le rôle du travail humain ? Le capitaliste commandite le travail humain en lui fournissant des matières premières et l'outillage nécessaire pour les mettre en œuvre.

Il reçoit de ce travail humain des services ou des produits qu'il paye. Ce payement s'appelle le salaire.

L'outillage, les matières premières, le salaire lui donnent comme résultat un produit, et la différence entre le prix de revient et le prix de vente de ce produit constitue *le profit*.

VI

Mais nous trouvons dans le chapitre vii (p. 140) la ruine du système de Karl Marx prononcée par lui-même.

Ce chapitre est intitulé : *Considérations complémentaires* :

En faisant abstraction de l'influence du crédit, des filouteries auxquelles se livrent les capitalistes entre eux et des avantages résultant du choix d'un marché avantageux, bien que le degré d'exploitation du travail soit le même, le taux du profit peut être très différent : *a*) suivant que la matière première est achetée plus ou moins cher, avec plus ou moins d'habileté et de compétence ; *b*) selon que l'outillage est plus ou moins productif, efficace et coûteux ; *c*) selon que l'ensemble des installations, pour les différents stades du prix de production, est plus ou moins perfectionné ; *d*) selon que le gaspillage de matières est plus ou moins supprimé, et que la direction et la surveillance sont plus ou moins simples et efficaces. En un mot, la plus-value correspondant à un capital travail étant donnée, la capacité technique, soit du capitaliste, soit de ses surveillants et de ses commis, intervient pour une large part pour décider si cette plus-value se traduira par un profit plus ou moins élevé, tant comme taux que comme valeur absolue. Une même plus-value de £1.000, produite par une même dépense en salaires de £1.000 peut avoir exigé, dans une entreprise A un capital constant de £9.0 0, et dans une entreprise B, un capital constant de £11.000 ; d'où :

Pour A, profit $= \dfrac{1.000}{10.000} =$ p. 100.

Et, pour B, profit $= \dfrac{2.000}{12.000} =$ 8 1/3 p. 100.

Une telle différence dans les expressions d'une même quantité de plus-value peut résulter uniquement d'une inégalité de capacité entre ceux qui dirigent les deux entreprises.

Engels avait fait suivre l'exemple des 1.307 p. 100 des restrictions suivantes :

Ce profit (33.28 p. 100 relativement à l'ensemble du capital) est anormalement élevé : il s'explique par une conjoncture exceptionnellement favorable, — des prix très bas pour le coton et très élevés pour le fil — qui n'a certainement pas duré pendant toute l'année.

Quelques lignes plus bas, confondant les mots « profit » et « plus-value », Engels parlant du taux de 1.307 p. 100 dit :

Pareil profit n'est pas rare dans les périodes de très grande prospérité, que nous n'avons plus traversées, il est vrai, depuis un certain temps.

Il nous semble que ces deux restrictions ruinent tout le calcul : si le prix du coton, matière première, et celui du fil, produit, jouent un certain rôle pour augmenter ou diminuer le profit, alors le profit n'est pas le simple produit du surtravail, et le taux de 1.307 p. 100 disparaît tandis qu'apparaissent d'autres éléments que le surtravail dans la valeur du produit.

Karl Marx reconnaît à plusieurs reprises que « la différence des profits d'une industrie à une autre dépend de la rapidité de la rotation du capital » (p. 156).

Donc, le profit de l'entreprise ne dépend pas exclusivement du travail non payé.

Donc, il ne suffit pas à un capitaliste de réunir beaucoup d'ouvriers, de les payer peu, de leur imposer un travail long et intensif pour acquérir les plus-values proportionnelles au nombre de ces ouvriers, au minimum de leurs salaires et au maximum de l'intensité et de la durée de leur travail.

Karl Marx le reconnaît lui-même quand il dit que « les expressions d'une même quantité de plus-value peuvent résulter uniquement d'une inégalité de capacité entre ceux qui dirigent des entreprises ».

D'où cette conclusion involontaire et forcée de la théorie de Karl Marx donnée par lui-même : — Les profits d'une entreprise sont indépendants de la quotité du capital engagé et ne sont pas proportionnels à la quantité de travail non payé.

Le profit est le résultat de la direction de l'entreprise.

CHAPITRE VII

Les découvertes de Karl Marx et les faits

I. — La définition de la valeur. — Werner Sombart. — Aveu d'Engels. — Éléments de la valeur. — Définition de la valeur.
II. — Le surtravail et les faits.
III. — La chute et la hausse des salaires. — Karl Marx contre le libre échange — Les socialistes allemands contre Karl Marx.
IV. — La hausse des salaires et les débouchés.

I

Le système de Karl Marx est tellement inconsistant que Werner Sombart, qui a essayé de l'expliquer, déclare que « la loi de la valeur n'est pas un fait empirique, mais un fait de la pensée ». C'est « un adjuvant pour notre esprit », par conséquent en dehors de toute réalité. Werner Sombart dit qu'il a essayé de faire concorder les parties si manifestement contradictoires de la théorie de la valeur de Marx. Il ajoute : « A cette époque, le vieil Engels pouvait encore certifier que j'étais « à peu de chose près » dans le vrai, mais il disait qu'il ne pouvait souscrire sans restriction à tout ce que je transportais dans la doctrine de Marx. D'autres critiques croyaient que ce n'était pas la théorie de la valeur de Marx. » Et M. Werner Sombart ajoute modestement : « Ils ont peut-être raison. » (*Ibid.*, p. 93.) Cependant Engels reconnaît que « si la loi de la valeur de Marx ne pouvait pas être considérée comme inexacte, elle était cependant trop vague et pouvait être exposée avec plus de précision¹ », mais il ne s'est pas chargé de cette besogne.

Si le fondement du socialisme scientifique, avec lequel les marxistes prétendent révolutionner le monde, n'est qu'une simple « conception subjective », dépourvue de toute réalité, on peut donc leur adresser les reproches qu'ils adressent aux utopistes et aux socialistes français de 1840.

Il est faux que le travail soit la mesure de la valeur : la valeur est mesurée par l'échange ; et elle a pour fondements deux éléments objectifs : le prix de revient du produit, dans lequel le travail n'est qu'un élément variable ; le pouvoir d'achat de celui à qui il peut convenir ; et un élément subjectif : le besoin.

Ce n'est pas le prix de revient qui fixe le cours, c'est le prix d'achat.

La valeur est le rapport de l'utilité possédée par un individu ou un groupe d'individus aux besoins et au pouvoir d'achat d'un ou plusieurs autres individus.

Le prix est l'expression de ce rapport en monnaie².

Celui qui offre ne considère le travail que comme un élément représentant 30, 40, 60, 70 p. 100 dans son prix de revient ; mais il y ajoute le prix des matières premières, l'intérêt et l'amortissement de son capital, tous éléments objectifs aussi indispensables que la part du travail. Il fixe son prix d'après l'intensité des besoins auxquels il a à pourvoir et d'après le pouvoir d'achat que représentent les ressources de ceux qui les éprouvent. Si le prix demandé excède ce pouvoir d'achat, les acheteurs prévus s'abstiennent, et si le vendeur est pressé de vendre, il fait d'abord porter sa réduction sur la part

1. *Die Neue Zeit*, 1895-96, trad. fr. *Le Devenir social*, nov. 1895.
2. V. Yves Guyot, *La Science économique*. 3ᵉ édit., livre V.

de profit qu'il voulait se réserver, et ensuite sur l'ensemble de son prix de revient. Dans ce cas, il vend à perte, mais cette perte porte aussi bien sur les autres éléments du prix de revient que sur la part du travail. Il ne touche même à celle-ci qu'en dernier lieu.

II

Mais reste l'autre grande découverte de Karl Marx : celle de « la plus-value » ou du « surtravail », qu'Engels a appelée « la clé de la production capitaliste ».

Elle n'est pas moins démentie par les faits que « la loi d'airain des salaires ».

Si tous les profits de l'industriel viennent du surtravail, l'industriel doit se livrer à deux opérations : 1° augmenter les heures de travail et diminuer les salaires; 2° augmenter le nombre de ses ouvriers et repousser tout progrès de l'outillage.

En raison de ces postulats, si les heures de travail diminuent et si les salaires augmentent, l'individu doit perdre ses bénéfices et tomber en déconfiture. Or, en Angleterre, pour ne prendre qu'un exemple, les salaires ont augmenté et les heures de travail ont diminué; cependant l'industrie anglaise, depuis un demi-siècle, a fait d'énormes progrès et d'énormes bénéfices. Il en a été de même dans tous les pays. D'où cette conclusion : la théorie de la plus-value de Karl Marx est démentie par les faits.

Si le bénéfice de l'industriel résulte du surtravail de l'ouvrier, l'industriel doit multiplier le nombre de ses ouvriers. Il doit refuser d'employer les machines qui ont pour résultat de le diminuer. Comment se fait-il donc que les industriels cherchent, au contraire, à diminuer le nombre de leurs ouvriers et à les remplacer par les

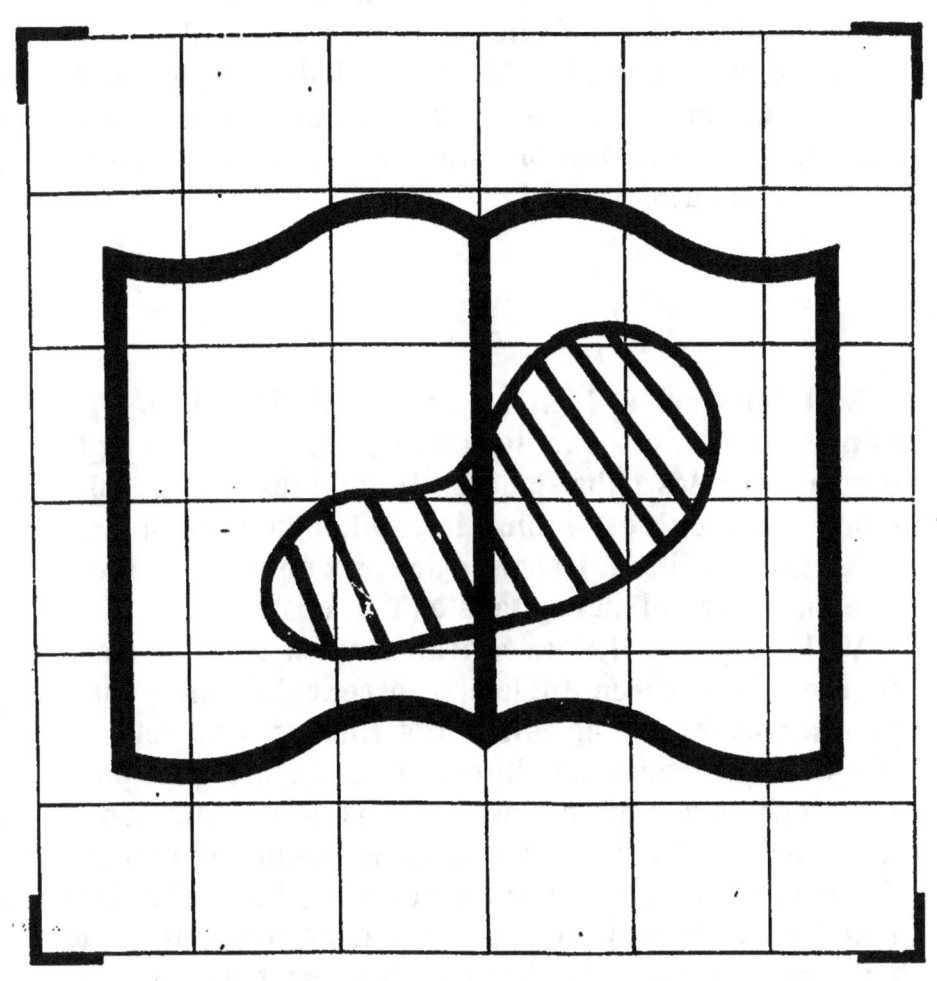

machines? Ils ne demandent pas l'augmentation de leurs profits à l'augmentation du nombre des salariés, mais au perfectionnement de leur outillage.

Que reste-t-il de la théorie de la plus-value de Karl Marx? Qu'est-ce que devient ce mot retentissant de « surtravail » et les malédictions contre l'exploitation de l'homme par l'homme! Et les socialistes qui continuent d'en parler ont-ils le droit de se réclamer de la science, quand la plus simple observation leur donne un démenti aussi flagrant?

III

Karl Marx est si bien un adepte de la « loi » d'airain » qu'il croit que le taux des salaires est réglé par le taux des subsistances. Donc plus les subsistances sont chères, moins le capitaliste a de surtravail à sa disposition. La baisse des prix ne peut procurer que du surtravail au capitaliste (T. I, chap. XII).

Voilà ce que Karl Marx écrivait vingt ans après l'abolition des *Corn laws* en Angleterre, et ce seul exemple suffit pour montrer son mépris des faits. Habitant l'Angleterre, il restait adversaire du libre échange, alors qu'il pouvait en percevoir directement les résultats. Mais quand les agrariens allemands ont proposé l'augmentation des droits sur la viande et sur les céréales, Bebel et autres marxistes allemands, qui se prétendent orthodoxes et qui ont condamné Bernstein, n'ont pas hésité à abandonner la doctrine du maître et à la combattre. Ils ont montré ainsi que s'ils professaient encore la foi dans la plus-value, cependant elle était assez atténuée pour leur permettre l'hérésie de réclamer la vie à bon marché contre la vie chère.

Quant à l'assertion C, « à mesure que les salaires haussent, les profits diminuent », les faits prouvent qu'un industriel peut augmenter presque indéfiniment le taux des salaires s'il peut augmenter indéfiniment ses débouchés. Une commission de la chambre de commerce de Manchester a comparé le produit de revient des cotons filés dans l'Inde et dans le Lancashire; en dépit des hauts salaires et du peu de durée du travail, la main-d'œuvre anglaise est meilleur marché que la main d'œuvre hindoue [1].

1. Enquête de la chambre de commerce de Manchester. S. Chapman, *Cotton trade*.

CHAPITRE VIII

Les deux classes

Tous les marxistes, y compris MM. Werner Sombart et Georges Sorel, considèrent que le *Manifeste communiste* de 1847, rédigé par Karl Marx et Engels, est « le point de départ d'une ère nouvelle ».

Le *Manifeste communiste* commence par cette affirmation : « Toute l'histoire de la société humaine jusqu'à ce jour est l'histoire des luttes de classes. »

Karl Marx, Engels, leur disciple Paul Lafargue font partir, de l'introduction de la propriété privée [1], l'histoire de la décadence de l'humanité. Les historiens ont, en général, manqué aux Fuégiens, Weiddahs, Vaalpens, Australiens primitifs et autres peuplades qui jouissent encore des bonheurs du communisme anarchique. Si Karl Marx, Engels et Paul Lafargue ont écrit qu'ils se considéraient, comme en état de décadence par rapport à eux, ils n'ont pas conformé leurs rites à leurs théories.

Trente-six ans après le *Manifeste communiste* [2]. Engels affirme encore que « depuis la dissolution de l'ancienne propriété commune du sol, l'histoire entière a été une lutte de classes. »

Werner Sombart reconnaît que, dans le passé, toutes

---

1. V. Paul Lafargue, *Préface de l'Évolution de la Propriété.*
2. Engels, Préface du *Manifeste communiste*, 288, 18, 13, p. 8.

les luttes, loin d'être des luttes des classes, ont été le plus souvent des conflits entre groupes ethniques ou entre populations habitant des contrées différentes[1] mais s'il juge la définition de l'histoire de Karl Marx fausse pour le passé, il la juge vraie pour l'avenir. Elle était anticipée. Le *Manifeste communiste* disait :

« Notre âge, l'âge de bourgeoisie, a simplifié les antagonismes de classe. De plus en plus, la société tout entière se partage en deux grands camps ennemis, en deux grandes classes directement opposées : la bourgeoisie et le prolétariat (§ 3).

« A mesure que le machinisme et la division du travail se développent, la masse du travail à fournir augmente : on augmente le nombre des heures de travail, on augmente le travail exigible dans un temps donné (§ 15).

« A leur tour, les classes moyennes d'autrefois, les petits industriels, les commerçants et rentiers, les artisans et paysans, tombent dans le prolétariat. Ainsi le prolétariat se recrute dans toutes les classes de la population (§ 18). »

Karl Marx, en 1847, employait le présent indicatif ; mais il vaticinait, en donnant pour fondement à l'avenir la suppression de toutes les luttes ethniques, de toutes les guerres nationales et religieuses.

Karl Marx établit, dans nos sociétés de plus en plus complexes, deux classes ; j'ai appelé ce système simpliste : la dichotomie sociale. « Mais, dit M. Werner Sombart, la société moderne se présente à nous comme un enchevêtrement complexe de nombreuses classes sociales : hobereaux, bourgeoisie, petite bourgeoisie, prolétaires, fonctionnaires, savants, artistes, etc. » Il y en a donc plus de deux.

1. *Le Socialisme et le Mouvement social au XIX° siècle*, trad. franç. 1-3.

S'il y a plus de deux classes, le processus prévû par Karl Marx, en vertu duquel la société actuelle doit forcément aboutir au communisme, n'existe pas.

La théorie de Karl Marx se résume dans cette formule donnée par Victor Modeste : les riches deviennent plus riches, les pauvres deviennent plus pauvres. Karl Marx y ajoute : moins nombreux « pour les riches » et « plus nombreux » pour les pauvres.

Il pose vis-à-vis l'un de l'autre deux groupes : le groupe bourgeois, composé d'un nombre de plus en plus restreint d'hommes, chacun de plus en plus enflé par le capitalisme ; de l'autre, le groupe des prolétaires, de plus en plus nombreux et affamés.

Tous les riches ne sont pas également riches ; tous ces bourgeois ne sont pas au même niveau capitalistes. Par conséquent, ils ne sont pas tous enflés au même point de ce que Karl Marx appelle « la plus-value » ; ils ne sont pas tous des unités de même ordre, tenant dans un bloc...

Aligner en face, avec la même symétrie, tous les autres êtres humains, comme s'ils étaient aussi des unités de même ordre, disposés à marcher d'un pas automatique contre « la bourgeoisie » qu'ils écraseraient sous leur masse, car la victoire appartient aux gros bataillons ; imaginer deux armées bien alignées, bien en ordre, dont l'une, augmentant toujours ses recrues, anéantit l'autre par son poids, c'est une conception de caporal prussien.

Mais contrairement à la question de Karl Marx les recrues ne vont pas grossir l'armée des prolétaires ; elles vont à l'armée capitaliste.

L'armée des « prolétaires », enfantée par Karl Marx, ne se compose que de candidats à l'autre armée. Dans les rangs des « prolétaires », les éléments les plus actifs, les plus solides, sont des transfuges résolus.

Parmi eux, il y en a beaucoup qui ont déjà des intérêts dans l'autre camp. Les cadres ne sont formés que par des déserteurs, à la tête desquels se trouvent la plupart des chefs mêmes du socialisme, les plus modestes devenant petits bourgeois, d'autres riches et gros bourgeois, comme Bebel.

Karl Marx et Engels avaient fondé leur théorie sur deux postulats : le nombre des intéressés à la propriété individuelle diminuerait rapidement et constamment ; les « prolétaires » de la grande industrie seraient dans une situation toujours plus misérable.

Pour que l'évolution socialiste se réalise, il faut la concentration des industries et des capitaux dans quelques mains, et d'un autre côté, une masse de salariés, de plus en plus misérables et dépourvus de toute propriété personnelle. Tel est le processus déterminé par le *Manifeste communiste* de Karl Marx et d'Engels, et confirmé par le congrès d'Erfurt de 1891.

Briefe Karl Marx, Ben[gels], von
Lassalle

LIVRE IV

LA RÉPARTITION DES CAPITAUX

CHAPITRE PREMIER

M. Bernstein et la concentration des capitaux et des industries

Augmentation du nombre des capitalistes en Angleterre, en Prusse. — Augmentation de la petite industrie en Allemagne.

Si les économistes faisaient quelques timides observations sur cette théorie, comme sur la loi d'airain des salaires, on les déclarait « ennemis des ouvriers ». Cet argument suffisait à tout, comme la tarte à la crème de Molière.

Mais un socialiste allemand, Bernstein, exécuteur testamentaire d'Engels, offrant par conséquent des garanties, eut le malheur d'être exilé d'Allemagne pour complicité dans une agitation illégale. Il est resté onze ans en Suisse, onze ans en Angleterre; et là, il a comparé les faits économiques avec les allégations de Marx et d'Engels. « C'est un malheur », a dit Bebel au Congrès de Lubeck.

En effet, c'est un malheur pour les socialistes qui

admettent comme des dogmes indiscutables les sophismes marxistes.

Bernstein, en observant ce qui se passait sous ses yeux, a acquis la conviction qu'ils étaient erronés. Il eut l'audace de publier cette découverte dans un volume qui a été traduit en français sous le titre : *Socialisme théorique et pratique.*

Tandis que Karl Marx avait fondé toute sa théorie de la révolution sociale sur la concentration des capitaux dans un nombre de mains de plus en plus limité et, l'augmentation du nombre des prolétaires de plus en plus misérables, Bernstein répondait que le nombre des capitalistes, loin de diminuer augmente et que tous les nouveaux capitalistes renoncent à la lutte de classes, même quand ils en restent théoriquement partisans.

Par conséquent, la révolution sociale n'est pas une conséquence fatale de la loi de l'histoire imaginée par Karl Marx : et la politique de la lutte de classes ne peut aboutir qu'à une déception.

Le nombre des capitalistes ne diminue pas, comme le prouvent les faits suivants [1].

La forme seule des sociétés anonymes s'oppose à la centralisation des fortunes, en permettant un fractionnement considérable des capitaux. C'est ainsi que le trust du fil à coudre anglais, fondé il y a un an, ne compte pas moins de 12.300 actionnaires. Le trust des filatures de fil fin a 5.454 actionnaires. Le nombre des actionnaires du grand canal de navigation de Manchester est de 40.000, ceux de la société de comestibles T. Lipton sont 74.262. L'entreprise Spiers et Pond à Londres — citée par des socialistes comme un exemple de la concentration du capital, — compte, avec un capital total de 31.200.000 francs, 4.030 actionnaires dont 550 ont des actions dont le montant dépasse 12.000 francs.

1. J'en emprunte ce résumé à une brochure de M. Abel, rédacteur en chef de *la Flandre libérale.*

Le nombre total des détenteurs d'actions est évalué en Angleterre à beaucoup plus d'un million, et ce nombre ne semble pas exagéré quand on sait que, dans la seule année 1896, le nombre des sociétés par actions du Royaume-Uni était de 21.223 avec un capital total de 26.748 millions de francs. Ne sont pas compris dans cette statistique les actions des entreprises étrangères, négociées en Angleterre, les titres de rentes sur l'État, etc. On évalue le capital anglais actuellement engagé hors d'Angleterre à 51,6 milliards de francs et son accroissement annuel moyen de 136.8 millions. Dans l'année financière 1893-94, le nombre de personnes jouissant d'un revenu de 3.600 francs et plus (revenus provenant de profits commerciaux, de fonctions supérieures, etc.) était dans le Royaume-Uni de 727.270. Il faut y ajouter les personnes qui tirent leur revenus de la terre (rentes, fermages), de maisons de rapport, etc. Respectivement ces revenus sont évalués à 7.200 et 8.400 millions de francs, de sorte que le nombre de personnes jouissant d'un revenu de plus de 3.600 fr. se trouve probablement doublé.

Donc le nombre des possédants ne diminue pas dans la Grande-Bretagne. En est-il autrement en Prusse ?

En Prusse, il y avait en 1854, comme le savent les lecteurs de Lassalle, sur une population de 16.300 000 habitants, 44.407 individus avec un revenu de 1.000 thalers (3.600 fr.). Dans l'année 1894-95, sur une population totale de 32 millions d'individus, on en comptait 321.296 jouissant d'un revenu au dessus de 3.600 francs. En 1897-98, leur nombre était de 347.328. Tandis que la population doublait, le nombre des individus jouissant d'une certaine aisance sextuplait. La proportion des personnes les plus aisées, comparée à celle de la population totale, indique une augmentation de plus de 2,1. Et si nous prenons une période ultérieure, nous trouvons que, dans les quatorze années en 1876 et 1890, à côté d'une augmentation totale de 20.56 p. 100 de contribuables, les revenus entre 2.400 et 24.000 francs (bourgeoisie aisée et petite bourgeoisie) ont augmenté de 3.52 p. 100 (582.024 contre 42.534). La classe des possédants proprement dits (7.200 francs de revenus et au-dessus) a augmenté durant la même période de 58. 47 p. 100 (109.095 contre 66.319). Cinq sixièmes de cette augmentation incombent à la partie moyenne des revenus entre 7.200 et 24.000 francs. Les proportions ne sont pas différentes dans l'État le plus industriel de l'Allemagne, la Saxe. Dans ce pays, le nombre de revenus entre 1.920 et 3.960 francs s'éleva de 62.140 en 1879 à 91.124 en 1890, et celui des revenus entre 3.960 francs et 11.520 francs de 24.414 à 38.811. Cette dernière classe augmenta encore de 2.400 unités de 1890 à 1892. Entre 1879 et 1892, le nombre des revenus entre 960 francs et 3.900 fr. a augmenté en Saxe de 227.839 à 439.948, c'est-à-dire de 20.94 p. 100 à 38.10 p. 100 des contribuables.

L'*Einkommenstueuer*, impôt gradué sur le revenu, fut établi en 1891 : les personnes qui touchent un revenu au-dessous de 900 marks (1.125 fr.) sont exemptées d'impôt. On peut donc supposer qu'il y en a un certain nombre qui dissimulent une partie de leur revenu pour rester au-dessous de cette limite. Cependant, en 1892, les contribuables, jouissant de plus de 900 marks, étaient au nombre, de 2.437.000, et leur revenu s'élevait à 5.961 millions de marks.

Il y en a eu, en 1906, 4.675.000, soit une augmentation de 91,8 p. 100, tandis que le revenu a passé de 5.961 millions de marks à 10.750 millions, soit une augmentation de 80 p. 100.

Cette différence entre l'augmentation du revenu et l'augmentation du nombre des contribuables démontre que la diffusion des richesses a été supérieure de 11 p. 100 à leur augmentation. L'augmentation du nombre des contribuables a été plus considérable que celle du revenu ; par conséquent il y a eu diffusion et non concentration de la richesse.

Donc, le progrès économique, loin de constituer une masse toujours de plus en plus nombreuse et de plus en plus pauvre, augmente le nombre de ceux qui ont un revenu de plus en plus élevé. La molécule, placée aujourd'hui en dessous, passe demain à la surface. La civilisation devient de plus en plus fluide. Ce « boy », qui vend des journaux dans un wagon américain, est peut-être le Carnegie ou l'Edison de demain. En France, le maçon limousin n'est pas seulement un candidat bourgeois : c'est un bourgeois arrivé qui, salarié à Paris, est capitaliste dans son pays.

La grande industrie détruit-elle la petite ? Voici ce qui s'est passé en Prusse, où le gouvernement résolument favorise la grande industrie contre la petite :

En 1895, la grande industrie occupait dans la production une place proportionnelle identique à celle de l'Angleterre en 1891. En Prusse, en 1895, 38 p. 100 des ouvriers appartenaient à la grande industrie. Le développement de celle-ci s'est donc effectué en d'assez fortes proportions. Cependant, l'énorme masse des personnes occupées dans l'industrie appartenait encore en Allemagne aux moyennes et petites entreprises. De 10 1/4 millions d'ouvriers industriels occupés en 1895, un peu plus de 3 millions appartenaient à la grande industrie, 2 1/2 millions à la moyenne (de 5 à 50 ouvriers) et 4 3/4 millions à la petite industrie. Il n'y avait que 1 1/4 million de petits patrons manuels.

De 1882 à 1895, les petites entreprises (1 à 5 ouvriers) en Allemagne ont passé de 2.457.950 à 3.056.318, soit 24.3 p. c. d'augmentation; les petites entreprises moyennes (6 à 10 ouvriers) de 500.097 à 833.409, soit 66,6 p. 100 d'augmentation; les plus grandes entreprises (11 à 52 ouvriers) de 891.623 à 1.620.848, soit 81.8 p. 100 d'augmentation. Pendant cette même période, la population n'augmenta que de 13,5 p. 100. « Si pendant la période en question, écrit M. Bernstein, la grande industrie a augmenté en des proportions plus considérables encore — 88.7 p. 100 — cet accroissement n'a concordé avec une absorption de petites industries que dans quelques cas isolés. »

Il faut se méfier des pourcentages, car il s'agit de savoir à quels chiffres ils s'appliquent. Si 1 devient 2, l'augmentation est de 100 pour 100. Si 6 devient 9, le pourcentage ne représente que 50 p. 100, mais le nombre absolu est plus élevé.

En Prusse, le nombre des personnes occupées dans le commerce et le trafic (sans compter les employés des chemins de fer et de la poste) a, entre 1885 et 1895, dans les entreprises comprenant deux salariés au moins, passé de 411.509 à 467.636, soit une augmentation de 13, 6 p. 100; dans les entreprises de 3 à 5 auxiliaires de 176.867 à 342.112, soit 93,4 p. 100; dans les entreprises de 6 à 50 auxiliaires, de 157.328 à 303.078, soit une augmentation de 142,2 p. 100.

C'est la petite entreprise moyenne qui accuse l'augmentation la plus importante, bien que proportionnellement l'augmentation soit la plus considérable dans les grandes entreprises. Mais celles-ci ne représentent pas beaucoup plus que 5 p. 100 de l'ensemble.

La conclusion de M. Bernstein est celle-ci et nous la croyons exacte en tous points : « La grande industrie n'absorbe pas continuellement les petites et moyennes entreprise, mais elle s'affirme et grandit à côté d'elles. »

On s'explique les cris de colère qui ont accueilli de la part des socialistes arrivistes les constatations de M. Bernstein.

Du moment que la loi de la concentration des capitaux ne se vérifie pas, le socialisme perd ses espérances.

Mais Van der Velde et Georges Sorel sont bien obligés de constater que le fait ne s'est pas produit. La grande industrie n'a cessé de diminuer les heures de travail et d'augmenter les salaires. Là où elle a atteint son plus haut degré de développement, les salaires sont le plus élevés. Les ouvriers des laminoirs de Pittsburg touchent 15 dollars, près de 78 francs par jour. La classe bourgeoise, au lieu de diminuer, ne cesse d'augmenter.

CHAPITRE II

Les pauvres deviennent plus pauvres

I. Pauvres réels et pauvres officiels — La formule de Victor Modeste. — Quantité des pauvres — Les bureaux de bienfaisance en trouvent toujours. — Nombre décroissant à Paris du Consulat à 1903. — Nombre des indigents secourus de 1857 à 1903. — L'assistance obligatoire. — Assistance médicale gratuite. — Abus. — Total 5 et demi à 6 p. 100 de la population.
II. Angleterre et Pays de Galles. — Diminution du nombre des pauvres. — La bourgeoisie et son esclave.

I

En vertu du processus prévu par Karl Marx, « la société se trouve subitement rejetée dans un état de barbarie momentanée et dans le paupérisme ». La barbarie a-t-elle augmenté depuis soixante ans ? J'en doute. Le paupérisme est-il plus grand maintenant qu'alors ? Examinons.

Les statistiques de l'Assistance publique signifient peu de chose : le pauvre réel et le pauvre officiel sont deux êtres très distincts : la loi, les mœurs, les traditions font le second pauvre.

La formule qui condense la théorie de Karl Marx sur les deux classes : « Les riches deviennent plus riches et les pauvres plus pauvres », est due à Victor Modeste, caractère morose.

Ayant dépouillé des registres de l'Assistance publique, il avait remarqué qu'on y trouvait toujours les mêmes familles, de générations en générations. Il en a conclu : « Les pauvres deviennent plus pauvres, les riches deviennent plus riches. » Telle n'est pas la conclusion qu'il faut tirer de ce fait ; elle est tout autre. Ce fait prouve que des gens protégés par l'Assistance, habitués à vivre par elle, avec un minimum d'effort, n'essaient pas de s'en dégager ni d'en dégager leurs descendants. Se considérant comme les rentiers de l'Assistance, ils estiment qu'elle a des devoirs à leur égard en échange de leur soumission et de leur assiduité quémandeuse.

Le nombre des assistés doit augmenter en France par ce fait très simple que le nombre des bureaux de bienfaisance a augmenté. Comme le disaient M. William Chance et sir Athelstane Baines : « un bureau d'assistance trouve toujours autant de pauvres qu'il consent à en secourir [1] ».

D'après les travaux de M. E. Chevallier, en l'an X, sous le Consulat, on comptait 20 Parisiens indigents sur cent habitants, 12 en 1818 ; 5 ou 6 vers 1880. En 1903, l'administration n'en comptait que 2 p. 100 parce qu'elle ne comprenait dans cette catégorie que les gens qui recevaient des secours annuels et non ceux qui avaient reçu un secours temporaire. De toutes manières, dit M. de Foville on n'arriverait pas à trouver à Paris 5 vrais pauvres sur 100 habitants. C'est la proportion du Consulat renversée.

M. de Villeneuve-Bargemont, en 1829, comptait en France 1.329.000 indigents, soit 4 p. 100 de la popula-

---

1. *Royal statistical society*, 20 mars 1906.
2. Le Paupérisme en France, et en Angleterre, *l'Economiste français*, août 1906.

tion. A partir de 1837, les chiffres des bureaux de bienfaisance donnent les résultats suivants :

Années.	Nombre des bureaux de bienfaisance existants.	Nombre des indigents secourus.
1837.	6,715	806,000
1860.	11,351	1,159,000
1883.	14,485	1,105,500
1903.	16,040	1,384,000

Malgré l'augmentation du nombre des bureaux de bienfaisance, de la population qui a passé de 27 millions et demi d'habitants à 39 millions, on retrouve à peu près le chiffre de 1829.

La loi du 14 juillet 1905 oblige, en 1907, les communes à alimenter « intégralement, l'assistance obligatoire aux vieillards, aux infirmes, aux incurables privés de ressources ». Le nombre des assistés augmentera certainement, mais le nombre des pauvres réels n'en sera pas plus grand.

La loi du 15 juillet 1893 a organisé l'assistance médicale gratuite non seulement pour tous les « Français malades privés de ressources », mais encore pour tous ceux qui, « en cas de maladie, se trouveront hors d'état de se faire soigner à leurs frais » (circulaire du 18 mai 1894). Cette clientèle est plus nombreuse que celle des bureaux de bienfaisance. On peut estimer qu'elle est appliquée dans des départements représentant 34 millions d'habitants. Le médecin qui n'a pas de confiance dans la reconnaissance pécuniaire d'un client l'engage à bénéficier de l'assistance médicale gratuite. De cette manière, il est sûr d'être payé.

Ces assistés ne sont donc pas tous des indigents. Le nombre des bénéficiaires éventuels de cette loi était en 1903 de 2 millions (1.957,000) sur lesquels 860.000 avaient reçu des soins effectifs dans l'année. La proportion se fixerait donc entre 5 et demi et 6 p. 100 relativement à l'ensemble de la population française. Ce chiffre est plutôt au-dessus qu'au-dessous de la vérité.

II

En Angleterre, la vieille loi des pauvres du temps d'Elisabeth fut complètement modifiée en 1834. L'époque antérieure n'est pas comparable à l'époque actuelle; mais on peut comparer les chiffres de 1850 et ceux de l'époque actuelle.

En 1849, en Angleterre et dans le Pays de Galles, il y avait plus d'un million de pauvres, soit de 5 et demi à 6 p. 100 de la population.

D'après un tableau présenté à l'Institut international de statistique, à la session du Congrès de Londres (août 1905), par M. C. S. Loch, professeur au *King's College* et secrétaire de la *Charity Organisation Society*, le taux du paupérisme a subi les variations suivantes :

Angleterre et Pays de Galles.

Années (Fin janvier)	Population. Milliers d'habitants.	Indigents secourus. Milliers d'indigents.	Taux du paupérisme. p. c.
1861	19,903	920	4.62
187.	22,501	1,066	4.74
188.	25,714	804	3.13
1891	28,764	714	2.48
1901	32,249	707	2.19
1903	32,998	743	2.25
1904	33,378	769	2.30
190.	33,763	824	2.44

LES PAUVRES DEVIENNENT PLUS PAUVRES.

Métropole.

Années	Population.	Indigents secourus.	Taux du paupérisme.
(Fin janvier).	Milliers d'habitants.	Milliers d'habitants.	p. c.
1861	2,770	114.5	4.13
1871	3,224	162.4	5.04
1881	3,771	105.6	2.80
1891	4,181	100.6	2.41
1901	4,511	106.4	2.36
1903	4,579	114.6	2.50
1904	4,614	117.1	2.54
1905	4,649	128.2	2.76

Depuis 1903, le taux se relève un peu; mais cela tient beaucoup au socialisme paternaliste et sensible qui est *Making the Poors*[1]. Malgré cet élément psychologique perturbateur, le nombre proportionnel des pauvres a diminué de plus de moitié depuis 1861.

Les riches peuvent devenir plus riches, mais les pauvres ne deviennent pas plus pauvres.

Les marxistes ont annoncé la perte de la bourgeoisie dans les termes suivants :

« La bourgeoisie est incapable de dominer parce qu'elle ne peut plus assurer l'existence de son esclave, même dans les conditions de son esclavage, parce qu'elle est obligée de le laisser tomber dans une situation telle qu'elle doit le nourrir au lieu de s'en faire nourrir[2]. »

Le prétendu esclave entend de plus en plus se nourrir lui-même par son travail, et même par son épargne.

---

1. Voir le livre de S. Joe Strachey portant ce titre.
2. Werner Sombart, p. 89.

CHAPITRE III

La Féodalité financière

M. Neymarck. — Le morcellement des valeurs mobilières. — Certificats nominatifs des actions de chemins de fer. — Des obligations. — De la rente. — La Banque de France. — Le crédit foncier. — Les dépôts des caisses d'épargne. — Les milliardaires américains et les seigneurs féodaux.

I

M. A. Neymarck a fait une série d'études en 1893, en 1896, en 1902 et en 1903 sur le *Morcellement des valeurs mobilières* [1]. Ces études ont porté sur les rentes, les actions et obligations du Crédit foncier, les actions et obligations de chemins de fer, représentant à peu près un capital de 55 milliards sur les 85 à 90 milliards appartenant aux capitalistes français.

En 1860, la moyenne des actions des compagnies de chemins de fer inscrites sur chaque certificat nominatif était de 28,33 ; au 31 décembre 1900, elle était de 12,49.

Le nombre des certificats nominatifs était de 40.846 en 1860 : il était de 112.026 en 1900. Le nombre des certificats d'actions nominatives a presque triplé ; le nombre des petits porteurs de titres a plus que doublé.

1. *Société de statistique de Paris* (séances du 19 mars 1902 et du 18 mars 1903).

LA FÉODALITÉ FINANCIÈRE.

Au cours de 1900, voici la valeur que représentaient ces certificats :

Est	12 60 actions à	1.000 fr. l'une		12.600
Lyon	13 » —	1.500	—	19.500
Midi.	10 52 —	1.270	—	13.360
Nord	13 60 —	1.930	••	26.210
Orléans. . .	13 » —	1.600	—	20.800
Ouest	9.938 —	1.015	—	10.087

26.000 francs au maximum; 10.000 au minimum. Sur 100 actionnaires, 75 possèdent de 1 à 10 actions seulement.

Voilà la « féodalité financière » dont on parle dans les discours socialistes.

Les certificats d'obligations de chemins de fer se répartissaient de la manière suivante :

351.731 de 1 à 24 soit un capital de	160 fr. à	11.040
137.681 de 25 à 100 — —	11.50, fr à	46.000
18.419 de 101 à 199 — —	46.463 fr. à	91.540
8.869 de 200 à 499 — —	92.000 fr. à	229.540
1.261 de 500 et au-dessus, soit de		230.000
520.961		

Près de 95 p. 100 des obligations sont la propriété de rentiers qui possèdent au maximum 100 titres. L'ensemble des rentes françaises est réparti entre plus de 5 millions d'inscriptions. La moyenne dépasse à peine 150 francs de rente, soit un capital de 5.000 francs. Plus de 80 p. 100 appartiennent à des rentiers qui possèdent de 2 à 50 francs de revenu. Le nombre des porteurs dépasse 2 millions.

La Banque de France est un placement d'hommes riches. En 1870, le nombre des actionnaires était de 16.062, se partageant 12 actions en moyenne; en 1900 il était de 27.136 se partageant 6 1/2.

En 1870, la moyenne par transfert était de 9; en 1900,

de 5. Les petits actionnaires de 1 à 5 actions, soit de 3.800 fr. à 19.000 fr. forment l'immense majorité.

Sur 39.000 actionnaires du Crédit foncier en 1900, 32.767 possédaient 10 actions et au-dessous.

A propos des caisses d'épargne, la *Revue socialiste* relevait le nombre des dépôts en 1904 :

Livrets.	Nombre.	Montant (en fr.)	Moyenne p. liv.
20 fr. et au-dessous. . . .	3.908.800	43.183.306	11
21 fr. à 100 fr..	2.191.189	108.632.470	49
101 fr. à 200 fr..	1.009.811	141.596.470	140
201 fr. à 500 fr..	1.405.036	499.950.898	320
501 fr. à 1.000 fr..	1.319.680	990.295.853	750
1.001 fr. à 1.500 fr..	915.434	1.161.876.307	1.228
1.500 fr. et au-dessus passibles de réduction.	980.302	1.507.858.170	1.538
1.501 fr. et au-dessus exemptes de réduction par la loi.	7.220	30.070.181	4.164
Totaux et moyennes. . .	11.767.772	4.433.465.059	378

« Il résulte de ces chiffres que ces 11.767.772 déposants possèdent un dépôt moyen de 376 francs, ce qui constitue une *propriété* passablement mince, et que sur ces 11.767.772 *propriétaires* ou *capitalistes*, — comme dirait volontiers M. Yves Guyot ou M. Paul Leroy Beaulieu, — il en est plus de la moitié (3.908.800 + 2.291.489) dont le « capital moyen » oscille entre 49 et 11 fr. Le revenu de la propriété de ces derniers oscille entre 2 fr. 47 et 33 centimes [1]. »

Qu'est-ce que cela prouve ? Que la caisse d'épargne ne représente pas une concentration de capitaux. Elle ne peut donc être invoquée comme argument en faveur de la thèse de Karl Marx ; mais ces petits dépôts n'en représentent pas moins une somme de 4 milliards et demi, et c'est un total qui n'est pas à dédaigner.

1. La *Revue socialiste*.

Il y a vingt-cinq ans, en 1882, les caisses d'épargne avaient :

	Nombre de livrets	Solde dû aux déposants au 31 décembre.
1882.	4.645.893	1.802.400.000
1892.	8.084.435	3.813.800.000
1900.	11.767.772	4.433.400.000
1905.	12.134.000	4.654.000.000

Pour cette dernière année, la moyenne par livret était de 383 francs. On sait que la Caisse d'épargne n'admet pas de livret au-dessus de 1.500 francs.

Cette progression indique l'augmentation des aspirants capitalistes. Loin de diminuer, ils deviennent de plus en plus nombreux, en dépit de la loi de concentration de Karl Marx, qui implique la « paupérisation » continue du plus grand nombre.

Mais Rockfeller, Carnegie, peut-être deux ou trois autres sont des milliardaires, soit ;

Mais ces milliardaires détiennent-ils une part proportionnelle plus grande de la richesse que les grands seigneurs féodaux et les rois du bon vieux temps?

C'est le contraire. Donc la loi de concentration des capitaux est en contradiction avec les faits.

CHAPITRE IV

Le Revenu apparent et le Revenu réel

Le revenu fixe varie. — Réduction du revenu par la baisse du titre. — La rente française. — Les obligations de chemins de fer. — L'action du Nord. — Baisse sur la propriété foncière. — L'augmentation du capital n'est pas automatique.

Parmi les promoteurs de divers impôts sur le revenu qui ont multiplié les projets, aucun ne s'est posé cette question si simple : Qu'est-ce que le revenu ? et comment se distingue-t-il du capital ?

On dit et on répète que le 3 p. 100 par exemple, que des obligations de la Ville de Paris, du Crédit foncier ou des chemins de fer sont des valeurs à revenu fixe. C'est le terme consacré. On conclut qu'en frappant un impôt de tant pour cent sur ce revenu, chacun sait la part exacte du prélèvement qu'il subit.

Cela paraît certain, et c'est faux, car la rente française ne rapporte pas toujours 3 p. 100 ; car les obligations de chemins de fer et autres valeurs à revenu fixe ont des revenus variables.

Ne criez pas au paradoxe, voici les faits.

J'ai acheté de la rente française 3 p. 100 fin décembre 1892 à 103 fr. 10 ; j'ai dû la revendre fin décembre 1901 à 95 fr. 25. C'est, en moins, une différence de 7 fr. 85, soit par an pour 9 ans une réduction de 0 fr. 87. Je dois donc déduire ces 87 centimes des

3 fr. de mon revenu, et mon revenu fixe n'a pas été de 3 francs, il a été de 2 fr. 13. Si le fisc me taxe à 4 pour 100 d'impôt sur 3 francs, je paye 0 fr. 12 qui, sur 2 fr. 13, représentent un taux réel de 12 p. 100.

Ce n'est pas le pis de ce qui peut m'arriver.

J'ai acheté du 3 p. 100 à 99 francs fin décembre 1905; je l'ai revendu fin décembre 1906 à 95 fr. 25, soit en moins 3 fr. 75. J'ai touché 3 francs de revenu; mais ils ont été absorbés par la perte que j'ai subie sur mon capital, et je dois y ajouter en plus 0 fr. 75.

Donc, si l'impôt sur le revenu avait été établi, il eût porté non seulement sur un revenu moindre que le revenu fixe prévu, mais il eût porté sur un déficit : j'ai 0 fr. 75 de perte et on m'eût fait payer 4 pour 100 sur 3 francs, soit 0 fr. 12 que je dois y ajouter; parce que j'aurais eu le malheur d'acheter 3 francs de rente fin décembre 1905, l'État m'obligerait de prendre 0 fr. 12 sur mon capital pour lui payer l'impôt sur le revenu, alors qu'au lieu de me donner un revenu, il m'a déjà infligé 0 fr. 75 de perte !

Si je passe en revue d'autres valeurs à revenu fixe, je trouve que le revenu n'est pas du tout le revenu nominal sur lequel est établi l'impôt. On recommande à ceux qui cherchent la sécurité des placements les obligations des compagnies de chemins de fer et, sous le rapport de la sécurité, on a raison : elles ont une double garantie, celle de l'État et celle de la valeur de la Compagnie.

Une femme, une veuve, un ouvrier ou un employé économe, a acheté une obligation 3 pour 100 du chemin de fer du Nord à la fin de décembre 1898, 478 francs. Il veut la revendre fin décembre 1906. Il n'en trouve que 456 francs. L'obligation a rapporté 15 fr. × 8 = 120 francs. Si on en retranche 22 francs, elle a rapporté 98 francs, soit 11 francs par an, ou 2 fr. 30 pour 100.

Pour simplifier la démonstration, je n'ai pas tenu compte des impôts actuels. Le possesseur d'une obligation au porteur n'a touché que 13 fr. 42, au lieu de 15 francs, soit en 8 ans 107 fr. 36 dont il faut retrancher 22 francs. Il a donc touché 85 fr. 26, soit 10 fr. 70 par an ou 2 fr. 24 pour 100. Je prends une autre valeur du même genre : une obligation du Crédit foncier de 1895 au taux de 2 fr. 80. Fin décembre 1897, elle valait 499 francs; fin décembre 1906, elle ne valait plus que 463 francs, soit un déficit de 35 francs. Le revenu brut est de 14 francs. En 9 ans, elle a rapporté 126 francs — 35 francs = 91 francs, soit 10 fr. 11 par an ou 2,02 pour 100. Cependant elle paye déjà un impôt; et si nous déduisons encore l'impôt actuel, le revenu du porteur d'une obligation du Crédit foncier 1895 est réduit à 12 fr. 46. En 9 ans, il a touché 112 fr. 14 — 35 = 77 fr. 14, ce qui lui a fait, par an, 1,54 pour 100!

Tel a été le revenu du porteur des obligations 1895 du Crédit foncier de la fin décembre 1899 à la fin décembre 1906.

Dans certaines réunions électorales et même à la Chambre des députés, on représente l'impôt sur le revenu comme un instrument destiné à faire rendre gorge aux actionnaires des chemins de fer, représentés comme des vampires qui reçoivent — aux dépens du public, — des dividendes énormes.

Parmi ceux qui sont désignés ainsi, se trouvent en première ligne les actionnaires de la Compagnie du Nord.

Mais si je recherche les prestigieux revenus qu'ils ont touchés dans les neuf dernières années, voici ce que je trouve.

Fin décembre 1898, les actions de la Compagnie du Nord étaient à 2.110 francs; fin décembre 1906, elles étaient tombées à 1.775 francs, soit en moins 335 francs.

Or, de 1899 à 1906 inclusivement, en 8 ans, le total des intérêts s'est élevé à 550 francs. Si on en déduit 335 francs, on a 215 francs. Celui qui a acheté une action du Nord fin décembre 1895, 2.110 francs a donc reçu en réalité 26.87 par an, soit par rapport au prix d'achat 1 fr. 27 pour 100.

L'impôt sur le revenu de 4 pour 100 sur 550 francs donne 22 francs; mais comme le revenu n'a été que de 215 francs, il s'élève en réalité à 10 pour 100.

L'actionnaire du Nord a encore pu faire une plus mauvaise affaire, s'il a acheté une action fin juin 1900 au cours de 2.400 et s'il a été obligé de la vendre le 30 mai 1907 au cours de 1 769 francs, soit en moins 631 francs. Or, en admettant qu'il ait touché la répartition complète de 1900 à 1906, il a reçu 472 francs d'intérêts et de dividende et son compte se solde par un déficit de 159 francs. Cependant il a dû payer 4 pour 100 sur cette somme de 472 francs, sans compter la taxe d'abonnement sur le capital nominal des titres et la taxe annuelle de 0 fr. 20 sur le capital des titres évalué d'après leur cours moyen pendant l'année précédente, de sorte qu'il faut encore ajouter 50 francs en chiffres ronds à son déficit. De ce placement en valeur de premier ordre, le résultat a été non un revenu, mais une perte de 28 fr. 50 par an.

S'agit-il d'un propriétaire foncier? Dans certains quartiers de Paris, la propriété foncière a perdu 20 ou 30 pour 100 depuis moins de dix ans. Cette perte est à déduire du revenu.

Et l'entretien, et les transformations? Est-ce qu'elles ne représentent pas, souvent, plusieurs années de revenu?

Propriétaire d'une exploitation rurale, est-ce que je ne suis pas continuellement obligé à des constructions, des réparations, des travaux de tous genres? Si j'ai une terre qui me rapporte 3 000 francs et si j'y construis une nouvelle écurie de 6 000 francs, me voilà sans revenu pendant deux ans.

Le revenu n'est qu'une tranche du capital, taillée pour la commodité des comptes, mais on ne peut l'en distraire; les bénéfices et les pertes ne s'arrêtent pas plus au bout de 360 jours que ne s'interrompt l'état physiologique du corps humain. Pour avoir le revenu exact, il faut tenir compte de la plus-value ou de la moins-value du capital et non pas du taux nominal du revenu. Les exemples que je viens de donner prouvent que le capital n'augmente pas automatiquement, en vertu des intérêts composés, comme aiment à le dire les socialistes qui, au lieu de regarder les faits, ne cherchent que des arguments à leur système.

CHAPITRE V

La répartition des successions en France

Répartition des successions d'après leur importance. — Analyse. — Les parts de successions comparées aux successions. — Diminution du nombre des plus élevées, augmentation du nombre des parts au-dessous de 100.001 fr. — Nombre des successions relativement aux décès. — Conclusions.

Depuis la loi de finances du 25 février 1901, on a le détail des successions, passif déduit. Parmi ceux qui ont préparé et voté cette loi se trouvaient des hommes qui, n'étant pas suffisamment avertis par les faits précédemment acquis, s'imaginaient que cet inventaire allait donner un formidable argument collectiviste en faveur de l'expropriation du sol, du sous-sol et de tous les moyens de production et d'échange.

L'administration de l'enregistrement classe les successions d'après l'importance de leur actif net, en treize séries graduées. Voici les chiffres pour 1905 :

	Nombre	Somme
De 1 à 500 fr.	116.802	29.202.974
De 501 à 2.000	101.710	127.689.240
De 2.001 à 10.000	107.733	520.218.818
De 10.001 à 50.000	44.036	944.048.868
De 50.001 à 100.000	7.118	492.986.679
De 100.001 à 250.000	4.638	723.135.840
A reporter	382.037	2.387.282.419

	Nombre	Sommes
Report....	382.057	2.837.282.419
De 250.001 à 500.000.....	1.619	576.962.821
De 500.001 à un million...	816	565.460.475
De 1 million à 2 millions.	328	163.766.691
De 2 millions à 5 millions.	150	112.003.981
De 5 millions à 10 millions.	31	234.935.717
De 10 millions à 50 millions.	3	252.610.182
Au-dessus de 50 millions...	12	373.610.482
	385.019	5.476.888.713

Il est à remarquer que celles des successions qui ont donné lieu à des perceptions multiples n'ont été dénombrées qu'une fois, à l'occasion de la déclaration initiale.

Les petites successions de 1 à 2.000 francs sont au nombre de 218.500, soit 50 pour cent et ont un actif de 158 millions, soit 2,50 pour 100 du total. Le nombre des gens qui ont de petits héritages est très grand : et leurs héritages accumulés forment un total restreint.

Mais 107.000, de 2.001 à 10.000 francs, ont à se partager 520 millions de francs. Voilà une nouvelle série qui représente 27 pour 100 du nombre des successions et 9.15 pour 100 de la valeur totale de l'actif successoral. Si on y tient, cette population nombreuse est celle de capitalistes, qui ont la ferme volonté d'augmenter leur capital. Les successions de 10.001 à 50.000 francs sont au nombre de 44.000, soit 11 pour 100 et représentent 944 millions. Voilà la richesse déjà constituée : et elle représente 16,4 pour 100 du total.

Arrivons maintenant aux grosses fortunes, au delà du million : nous trouvons 199 successions qui donnent un total de 1.303 millions, soit 22 pour 100 du total. Sur ce chiffre, il y en a 3 qui dépassent 50 millions.

Mais ces successions sont divisées : et si nous comparons le nombre des parts au nombre des successions, nous trouvons :

	Nombre successions	des parts
Au-dessus de 50 millions.	3	5
De 10 millions 1 à 50 millions. .	12	9
De 5 millions à 10 millions. . .	31	10
De 2 millions à 5 millions. . .	150	84
De 1 million à 2 millions. . .	328	224
De 500.001 à 1 million	816	620
De 250.001 à 501.000.	1.619	1.568

Le nombre des parts est pour chaque série, sauf pour la première, fait exceptionnel pour l'année 1905, inférieur au nombre des successions : les successions sont divisées, et les héritiers rétrogradent d'une ou deux séries. C'est un mouvement contraire à celui de la concentration.

A partir, au contraire, des successions ne dépassant pas 250.000 francs, le nombre des parts est plus élevé que celui des successions :

	Nombre successions	des parts
De 100.001 à 250.000 fr. . . .	4.638	5.148
De 50.001 à 100.000 f	7.118	8.565
De 10.001 à 50.000 f	44.056	53.602
De 2.001 à 10.000 f	107.733	164.260
De 501 à 2.000 f	101.710	231.876
De 1 à 500.	116.812	561.440

C'est la conséquence du même mouvement. La division des grosses fortunes a refoulé dans les séries inférieures les copartageants des successions; ils viennent augmenter le nombre des parts des successions les moins importantes. Ce mouvement est exactement le contraire du mouvement de concentration affirmé par Karl Marx et ses disciples..

La comparaison des sommes des successions et

de l'importance des parts confirme cette explication :

	Total des successions.	Total des parts.
Au-dessus de 50 millions...	318.610.000	315.016.000
De 10 à 50 millions....	252.923.000	147.780.000
De 5 à 10 millions.....	231.955.000	66.794.000
De 2 à 5 millions.....	112.005.000	211.719.000
De 1 à 2 millions.....	163.766.000	330.585.000
De 1 million à 500.000 fr..	565.460.000	438.120.000
De 250.001 à 500.000 fr...	576.962.000	559.628.000

Partout le montant des parts est inférieur au total des successions. Les partages ont provoqué la rétrogradation du capital par séries jusqu'à la série de 100.001 à 250.000 francs. A partir de ce point, le chiffre du capital augmente pour chaque série en même temps que le nombre des parts :

Séries des successions et des parts.	Total des successions.	Total des parts.
De 100.001 à 250.000...	723.135.000	780.121.000
De 50.000 à 100.000...	492.986.000	589.399.000
De 10.000 à 50.000...	944.248.000	1.104.221.000
De 2.001 à 10.000...	520.318.000	733.937.000
De 501 à 2.000...	127.689.000	279.848.000
De 1 à 500...	29.202.000	101.535.000

Dans le total des successions, les grosses fortunes supérieures au million donnent 22 pour 100 ; les parts représentent 19 pour 100.

Les parts inférieures à 100.000 francs représentent 63 p. 100. Celles de 100.000 francs à 1 million, 18 p. 100. La valeur des grosses fortunes est donc moins d'un cinquième de la valeur totale.

En 1854, pour 859.000 décès, on trouve 438.905 successions déclarées, soit 51, 11 p. 100. En 1894, pour 816.000 décès, on trouve 500.311 successions déclarées, soit 61.43 p. 100. En 1900, pour 854.000 décès, 534.000 successions sont déclarées, soit 62.60 p. 100. Depuis cette date, la mortalité a toujours été inférieure à 800.000.

Depuis la loi du 25 février 1901, il n'y a plus qu'une déclaration par succession, de sorte que les chiffres ne sont plus comparables; cependant, il y a 60.30 p. 100 de successions déclarées.

Or, il faut compter les enfants, les mineurs, les personnes qui ont fait des donations, soit par actes, soit manuelles.

M. Jaurès a dit, dans son discours du 14 juin 1906 : « 400.000 successions sont ouvertes; mais il meurt 8 à 900.000 personnes par an ». Or il, exagérait, car la moyenne des décès de 1903 à 1904 est de 758.000. Il conclut qu'il y a la moitié de ces décédés qui n'ont aucun actif, puisque leur décès n'a pas donné lieu à ouverture de succession.

Le chiffre des décès des mineurs de 0 à 20 ans est de 200.000, soit 26 p. 100, et la plupart ne donnent pas lieu à ouverture de succession.

Mais il y a des personnes qui, pour s'exonérer des droits d'enregistrement, dissimulent à l'aide de dons manuels les successions qu'elles peuvent laisser. Les dons qui demeurent inconnus, doivent être ajoutés à l'actif des petites successions, mais on ne sait pour quel chiffre.

Enfin, l'administration de l'enregistrement a donné, pour 1905, un total de 106.000 mutations entre vifs à titre gratuit, portant sur un total de 1.005 millions. Beaucoup de ces donations sont des legs anticipés; aussi les ajoute-t-on à la valeur des successions pour obtenir le chiffre de la fortune privée de la France.

En ajoutant 200.000 décès de mineurs, 105.000 mutations, aux 400.000 successions ouvertes, nous voici à 700.000. Bien loin qu'il y ait la moitié des décédés à ne pas laisser de succession, il y en aurait moins de

8 p. 100, et une partie de ceux-là ont pu laisser des successions non déclarées.

Peu importe : il y a 385.000 successions ouvertes sur 758.000 décès ; mais combien de parts représentent ces successions? 1.047.000. Il y a donc plus d'héritiers que de décédés, ce qui n'a rien d'étonnant.

Sur ce chiffre, il y a en a 93 p. 100 dont les parts ne dépassent pas 10.000 francs. Peut-être que si on proposait à chacun de leur remettre individuellement quelques dépouilles des 332 possesseurs de plus d'un million qui sont au haut de la pyramide, beaucoup les accepteraient sans se préoccuper de la légitimité de ce partage ou trouveraient des prétextes pour le justifier.

Mais, si on venait proposer aux mêmes personnes de verser dans la caisse commune, qui ses 500 francs, qui ses 2.000 francs, qui ses 5.000 francs, qui ses 10.000 francs, alors on se heurterait de leur part à une formidable résistance. Ils veulent bien recevoir, mais ils ne veulent pas donner.

Pour obtenir qu'ils paient l'impôt, on doit les tromper en le leur « faisant payer sans qu'ils s'en aperçoivent ».

Aussi ce profond sentiment de la propriété individuelle, qui s'étend chaque jour, puisque le nombre des propriétaires augmente, fait que le collectivisme est sans avenir.

Ce n'est qu'un mot qui sert à amuser une catégorie de naïfs et à en épouvanter une autre. Il joue à lui tout seul le même rôle que les mots de paradis et d'enfer.

D'où ces conclusions :

1° Les petits capitalistes et propriétaires, en France, sont le plus grand nombre ;

2° Les petites fortunes et les fortunes qui représentent l'aisance forment 70 p. 100 du total ;

3º Le collectivisme n'a aucun avenir, parce que, si tout propriétaire ou capitaliste veut bien recevoir, aucun ne voudra abandonner son héritage au fonds commun.

La question de la concentration des capitaux était posée par Karl Marx de la manière suivante : « Le capital se concentrera en quelques mains : les classes moyennes d'autrefois, les commerçants et les rentiers, les artisans et paysans, tous tombent dans le prolétariat. » (*Manifeste communiste*, art. 18.)

Cette affirmation serait exacte s'il y avait moins de parties prenantes dans les successions actuelles qu'il n'y en avait en 1847, date du manifeste de Karl Marx. Le morcellement des valeurs mobilières, les augmentations de petits dépôts dans les caisses d'épargne nous autorisent à dire, sans témérité, qu'il y a plus de parties prenantes qu'il n'y en avait il y a soixante ans ; et par conséquent, les faits sont en contradiction avec la prophétie de Karl Marx.

CHAPITRE VI

La Répartition de la Propriété foncière en France

I. — M. Jaurès. « La petite propriété est une légende ». — Nombre de cotes. — Nombre de propriétaires. — 8 personnes sur 10.
II. — Étendue des diverses catégories de propriétés. — La petite propriété, 36 p. 100 des terres labourables.
III. — L'*Enquête agricole de 1892*. — Vérifications confirmées. — La grande culture n'a de prépondérance que pour les bois.
IV. — Répartition du personnel agricole.
V. — Le petit propriétaire et le fermier. — M. Briand. — Avantages du fermier.

I

Le 21 novembre 1893, M. Jaurès s'écriait : « La petite propriété est une légende. » Parmi les 7 millions de travailleurs ruraux disséminés sur notre sol, il y en a à peine 1.500.000 ayant leur terre à eux, et, à côté d'eux, il y a 800.000 fermiers, il y a 400.000 métayers, 2 millions d'ouvriers de ferme, 2 millions de journaliers. »

Voilà les assertions puisées dans une statistique que M. Jaurès serait bien en peine de désigner ; voici les faits :

Le nombre des cotes foncières de la propriété non bâtie est :

1883.	14.233.000
1893.	14.009.000
1906.	13.498.000

Il a diminué de près de 4,9 p. 100. Cette diminution est due pour une bonne part au dégrèvement des petites cotes opéré par la loi de 1897 qui en a supprimé un certain nombre.

Le nombre des cotes des propriétés bâties a subi une diminution insignifiante :

```
1883. . . . . . . . . . . . . . .   6.558.000
1893. . . . . . . . . . . . . .    6.556.000
1906. . . . . . . . . . . . . .    6.452.000
```

Le nombre des cotes n'indique pas le nombre des propriétaires. Lors de l'enquête de 1851-53 sur les revenus territoriaux de la France, on avait trouvé, pour 12.445.000 cotes, 7.845.000 propriétaires, soit 63 p. 100.

Le travail le plus complet, sur l'évaluation des propriétés non bâties, fait de 1879 à 1883, sous l'habile direction de M. Boutin, a établi la répartition suivante :

```
Nombre des cotes . . . . . . . . . . .   11.231.000
Nombre des propriétaires. . . . . .    8.451.000
```

Soit la proportion suivante :

```
Par 1 000 habitants . . . . . . . . .   231
Par 1 000 feux. . . . . . . . . . . . .   849
Par 1 000 cotes. . . . . . . . . . . . .   591
```

Admettons que leur nombre ait été réduit de 5 p. 100, il en reste plus de 8 millions ; il en reste 800 par 1000 feux, soit 80 p. 100 de propriétaires fonciers.

La famille française se composant en moyenne de 4 personnes, nous avons donc 32 millions de propriétaires directs ou indirects de la propriété non bâtie. Nous n'ajoutons pas à ce nombre les propriétaires de la propriété bâtie, afin qu'on ne nous reproche pas de faire un double emploi. Il y en a bien cependant quelques-uns qui ne cumulent pas ; mais nous ne les comptons pas.

Il en résulte que, pour 8 personnes, 10 au moins sont propriétaires.

II

Sur les 52.857.000 hectares qui représentent le territoire total de la France, il faut défalquer le domaine public et communal, non imposable, routes, chemins, places publiques, cimetières, bâtiments d'utilité publique, rivières et lacs, et les forêts de l'État qui représentent 998.000 hectares, soit un total de 2.822.000 hectares. Il reste 50.035.000 hectares, dont il faut défalquer environ 200.000 hectares représentant le sol de la propriété bâtie, sur laquelle nous reviendrons, et 105.000 hectares pour les chemins de fer et canaux concédés. Mais l'administration des contributions directes n'a pas fait ce travail parce qu'elle impose ces propriétés comme terres labourables.

Quelle est la part du territoire qu'occupent les cotes? Voici la répartition des propriétés par nature de culture :

	Contenance imposable. Hectares.
Terrains de qualité supérieure (verger, chenevières et jardins)...	695.929
Terrains labourables et terrains évalués comme les terres (terres labourables, marcs, terres plantées, sol des propriétés bâties, pièces d'eau, canaux, pépinières, chemins de fer)....	26.173.657
Prés et herbages (prés, prés plantés)......	4.998.280
Vignes.................	2.320.533
Bois (bois, saussaies, etc.)...........	8.397.131
Landes, pâtis ou pâtures, ou autres terrains incultes (terres vagues, etc.)...	6.746.800
Cultures ne rentrant pas dans l'énumération ci-dessus..............	702.819
TOTAL....	50.035.159

Voici, d'après une enquête faite en 1884, la répartition

de la propriété d'après la contenance des cotes (moins Paris, 7.000 hectares et 364 autres communes non encore cadastrées, de la Corse, de la Savoie et de la Haute-Savoie, représentant environ 629.000 hectares) :

Catégories de contenances.	Nombre de cotes.	
	Nombres absolus.	Parts proportionnelles. pour 100.
Très petites cotes (0 à 2 hect.)	10.426.368	74,09
Petites cotes (2 à 6 hect.)	2.174.188	15,47
Moyennes cotes (6 à 50 hect.)	1.351.499	9,58
Grandes cotes (50 à 200 hect.)	105.070	0,74
Très grandes cotes (plus de 200 hect.)	17.676	0,12
Totaux	14.074.761	100,00

Les neuf dixièmes des cotes mesurent moins de 6 hectares, les trois quarts moins de 2.

Si on entre dans le détail, on trouve deux millions 670.000 cotes de 20 ares à 50 ares; 2.482.380 de 20 ares à 50 ares; 1.987.480 de 50 ares à un hectare, soit 8.853.000 cotes ou relativement au total, 61,14 p. 100 de cotes au-dessous d'un hectare.

Catégories et contenances.	Superficies en	
	Hectares.	Parts proportionnelles. pour 100.
Très petites cotes (0 à 2 hect.)	5.211.456	10,53
Petites cotes (2 à 6 hect.)	7.543.347	15,25
Moyennes cotes (6 à 50 hect.)	19.247.902	38,94
Grandes cotes (50 à 200 hect.)	9.398.057	19,04
Très grandes cotes (plus de 200 hect.)	8.017.542	16,23

Si on décompose les petites cotes au-dessous d'un hectare on trouve :

Les cotes au-dessus de 10 ares occupent.	108.331	0,22
Les cotes de 10 ares à 20 ares occupent.	213.789	0,43
Les cotes de 20 ares à 50 ares occupent.	825.784	1,66
Les cotes de 50 ares à 1 hectare occup.	1.426.785	2,88
Total	2.574.688	5,19

III

— Poussière de propriétés! beaucoup de petits propriétaires ; mais quelques gros propriétaires possédant la plus grande partie du sol! voilà l'argument socialiste. La grande propriété au-dessus de 50 hectares occupe 17.400.000 hectares sur 50 millions, soit 34 p. 100.

Après avoir récriminé pendant longtemps contre les dangers du morcellement de la propriété, on en est arrivé à récriminer contre les dangers de la grande propriété.

De cette grande propriété, il faut déduire :

1° Propriétés départementales et communales ;

2° Propriétés soumises en tout ou en partie à la taxe des biens de main-morte :

Propriétés départementales.		6.513 hect.
Propriétés communales.		4.621.450 —
Hospices.	190.122	
Fabriques, séminaires, couvents.	48.271	
Bureaux de bienfaisance et établissements de charités.	38.022	381.598 —
Congrégations religieuses.	20.423	
Chemins de fer (pour la part de leur domaine qui leur appartient en propre) et sociétés diverses.	84.760	
Total en chiffres ronds.		5.009.061 —
La répartition ci-dessus porte sur.		50.035.000 —
Si nous retranchons.		5.000.000 —
Il reste.		45.000.000 —

Cette diminution atteint à peu près exclusivement la grande propriété.

Or comme celle-ci représente.	17.400.000 hect.
Elle est réduite de.	5.000.000 —
Il reste.	12.400.000 —

Mais les bois, non compris le million d'hectares des forêts domaniales, représentent une surface de 8.397.000 hectares; les landes et autres terrains incultes 6.746.000, soit un total de 15.143.000 hectares.

Si on les déduit de 50 millions d'hectares imposables, nous arrivons à 35 millions d'hectares.

Les bois et les landes entrent pour une grande part dans la grande propriété, pour une part nulle dans la petite propriété.

Relativement aux 35 millions d'hectares réellement productifs, nous avons :

Très petites cotes (0 à 2 hectares). .	5.211.000
Petites cotes (2 à 6 hectares).	7.519.000
Il reste. . . .	12.700.000

La petite propriété représente donc 36 p. 100 des terres labourables, prairies, vignes, jardins, etc.

Nous pouvons contrôler ces chiffres par l'*Enquête agricole de 1892*, qui aurait dû être refaite en 1902 et qui ne l'a pas été parce qu'il y a nombre d'hommes d'état et de législateurs qui ont peur de la statistique comme les mauvais commerçants ont peur de la comptabilité.

Les petites exploitations au-dessous de 10 hectares sont au nombre de 4.852.000 sur 5.700.000. Elles représentent 11.626.000 hectares.

Les 711.000 exploitations de 10 à 40 hectares représentent 14.312.000 hectares, les 138.000 exploitations au-dessus de 40 hectares, 22.492.000.

Mais dans les exploitations au-dessus de 40 hectares, il y a 5.827.000 hectares de bois et de forêts; 3.913.000 hectares de landes; dans les exploitations de 10 à 40 hectares, 1.597.000 hectares de bois et forêts et 1.367.000 de landes, soit pour les deux un total de 7.324.000 hectares de bois et de 5.278.000 hectares de landes; les petites exploitations ne comptent que

1.107.000 hectares de bois et que 945.000 hectares de landes.

Il faut donc déduire des 36.800.000 hectares de la grande et moyenne propriété, 12.700.000 hectares; restent 23.800.000 hectares au-dessous de 10 hectares.

La valeur vénale des bois, d'après l'évaluation de 1879-81, était de 745 francs l'hectare; celle des landes était de 207 francs, tandis que la valeur des terres labourables était de 2.197 francs et celle des prairies 2.961 francs.

Or, d'après l'*Enquête agricole de 1892* (p. 359), la répartition proportionnelle par superficie de culture (y compris les bois mais non compris les landes), était de :

Grande culture (plus de 40 hectares) bois . . . . . 67.92 p. 100
Petite et moyenne culture au-dessous de 40 hect.
    Terres labourables. . . . . 60.82 —
Petite et moyenne cult. au-dessous de 40 hect. Prés. . 68.90 —
    —   —   Vignes. 68.96 —
    —   —   Jardins. 76.73 —

La grande culture n'avait de prépondérance que pour ses bois.

Le nombre des grandes exploitations, localisées dans certains départements, avait diminué de 1882 à 1892 de 142.000 à 138.000; le nombre des toutes petites exploitations, de 2.168.000, était élevé à 2.235.000, et de 1.083.000 hectares à 1.327.000. La surface de chaque exploitation avait passé en moyenne de 0.50 ares à 0.59 ares, soit une augmentation de près d'un cinquième : et cette augmentation s'était manifestée dans 60 départements sur 87.

Dans presque tous les départements au nord de la Loire et en descendant la rive gauche du Rhône jusqu'à l'Isère, la superficie de la petite et de la moyenne culture avait augmenté dans cette période décennale.

IV

L'*Enquête agricole de 1892* établissait le mode d'exploitation de la manière suivante :

	1882	1892
Propriétaires cultivant exclusivement leurs biens	2.150.000	2.199.000
Propriétaires en outre fermiers et métayers	1.374.000	1.203.000*
	3.525.000	3.387.000

Les fermiers et métayers propriétaires ont diminué, tandis que le nombre des propriétaires cultivant exclusivement leur bien a augmenté :

Fermiers non propriétaires	585.000
Métayers	220.000
Journaliers	626.000
Domestiques de fermes	1.832.000
	6.663.000

D'après les résultats statistiques du Recensement de 1901, les chefs d'établissements représentent les nombres suivant : 1896, 3.086.000 ; 1901, 3.169.000.

Ils auraient donc augmenté. L'*Enquête agricole de 1892* compte 7.200.000 exploitations : les fermiers, les métayers, qui sont à la fois propriétaires, cumulent deux ou plusieurs exploitations.

Un socialiste, auteur d'un livre sur *la Viticulture industrielle* du midi de la France, M. Augé Laribé, conclut [1] : « Sur tous les points, nous nous trouvons en présence de contradictions et d'incertitudes. » Nous devons le féliciter d'autant plus de cet aveu que les socialistes ne nous ont pas habitués à tant de modestie.

M. Briand dit [2] :

---

1. 1907. 1 vol. in-8, Giard et Brière, édit.
2. Discours de Roanne, 24 juin 1906.

« Il faut à l'agriculteur la possession de son champ, et c'est cette possession qui le mettra à l'abri des catastrophes. » Mais la conception socialiste est la suppression du champ, propriété de l'agriculteur. M. Briand y substitue la conception du paysan propriétaire, c'est une conception de politique conservatrice.

Toutefois il se trompe s'il croit que tous les cultivateurs désirent posséder « leur instrument de travail ».

M. Winfrey a raconté l'essai [1] d'une colonisation interne fait, en Angleterre, pendant quinze ans dans les comtés de Lincoln et de Norfolk. Il a mis des lots de terre, se montant en 1894 à 1.384 acres [2], à la disposition d'ouvriers agriculteurs. Il constate qu'afin de garder leur petit capital pour les faire valoir ils préfèrent les louer que de les acheter.

Arthur Young, fermier anglais, qui a étudié l'agriculture en France de 1787 à 1789, disait déjà de ses compatriotes que celui qui avait 5.000 francs « n'achetait pas une terre, mais la louait et montait une bonne ferme. »

Un paysan français qui a une terre de cette valeur a, sauf dans certaines contrées où la petite culture est imposée par la configuration du sol ou par la nature des produits, intérêt à la vendre et à consacrer le produit à acheter du cheptel, de l'outillage, des amendements et à louer une terre de 20 ou 30 hectares, au lieu de se contenter des deux ou trois hectares que représente cette somme.

Il trouve un propriétaire qui le commandite d'une terre valant dix fois son capital.

Dans aucune industrie, un petit capitaliste ne peut se procurer une commandite égale et avec aussi peu de garanties. Si ce fermier a de la méthode, une bonne

---

1. *Cinquième congrès de l'Alliance coopérative internationale*
2. L'acre = 40 ares. 2 acres 50 = 1 hectare.

santé et de la conduite, s'il épouse une femme ayant les mêmes qualités, il élèvera sa famille dans des conditions de beaucoup supérieures à celles qu'il aurait eues s'il s'était contenté de sa terre.

Malgré ces avantages pour les fermiers, il n'y a eu en France concentration ni de la propriété, ni des exploitations agricoles. Les socialistes allemands ont été obligés de reconnaître qu'il en était de même dans leur pays.

CHAPITRE VII

Le Principe marxiste et les petites Propriétés

L'idéal de la production collective et le paysan. — Lafargue et Guesde reniant le programme du congrès du Havre. — Protestation d'Engels. — Liebknecht et Bebel abjurent la doctrine collectiviste. — Réquisitoires de Schippel et Kautsky. — Transaction peu rassurante. — Les variations de M. Jaurès.

Les marxistes les plus purs ont montré le sans-gêne avec lequel ils mettent de côté leurs « doctrines scientifiques » quand elles les gênent.

M. Werner Sombart posait la question dans ces termes : « Doit-on faire subir à l'idéal de la production collective, qui repose sur la grande production, des altérations de principe à l'usage des paysans? (p. 148.) »

Le programme du congrès du Havre de 1880, rédigé par Karl Marx, proclame « le retour à la collectivité de tous les moyens de production ». Mais trois ans après, Guesde, qui avait fait adopter ce programme, Paul Lafargue, le gendre de Karl Marx qui l'avait présenté, l'abandonnèrent, le considérant comme gênant au point de vue politique et partirent à la conquête du petit propriétaire. « Le parti socialiste, disaient-ils, bien loin de lui enlever son champ, le lui garantira. » Oubliant que Karl Marx n'avait cessé de répéter que la « société ne peut être améliorée que par la destruction de la propriété privée », ils faisaient voter en 1892, au congrès de Marseille, un programme agraire, basé sur la petite propriété. Circonstance aggravante, Liebknecht assistait et prenait part à cette palinodie. Elle indigna Engels qui écrivit : « La petite propriété doit être nécessairement ruinée, anéantie par le développement du capital. Si on veut maintenir la petite propriété d'une façon permanente, on sacrifie le principe, on devient réactionnaire[1] ». Il reprochait aux socialistes français de se donner une apparence de déloyauté en ayant l'air de promettre aux paysans ce qu'ils ne pouvaient leur donner. Bebel proclamait que « si le paysan avait la prétention de demeurer propriétaire, il n'avait qu'à passer dans le camp des antisémites ». Cependant, le parti socialiste allemand avait décidé une grande enquête, à la suite de laquelle il publia, le 16 juillet 1895, un programme qui « n'avait rien de commun avec l'abolition de la propriété individuelle et aurait, au contraire, pour effet d'améliorer la condition des propriétaires ruraux ».

Au congrès de Breslau, la question se posa. Pour Bebel comme pour Liebknecht, les considérations politiques l'emportèrent : ils abandonnèrent la propriété collective en faveur de la petite propriété du paysan. Ils furent combattus par Kautsky et le Dr Schippel. Ceux-ci dirent : « Est-ce que le programme d'Erfurt ne déclare pas que la petite propriété est vouée à la ruine, et vous en promettez l'extension et la continuité à ceux qui la possèdent ! » Mme Zetkin s'écria : « L'intérêt du parti exige que les paysans se prolétarisent quelque douloureuse que soit l'opération pour eux. Puisque Marx a démontré que, d'après la loi fatale de l'évolution capitaliste, la destinée du paysan est de descendre les échelons de la misère, pourquoi lui donner des doses fortifiantes ? »

---

1. M. Bourdeau, *l'Évolution du socialisme*, p. 297.

Le Dr Schippel traitait de « danseurs de cordes », de « charlatans », de « dresseurs de pièges à paysans » les partisans du programme agraire. Mais il s'agissait de gagner des voix aux élections. Kautsky jugeait le programme de la commission agraire d'après l'évangile de Karl Marx. Tel article était en contradiction avec tel paragraphe du *Manifeste communiste* ou tel chapitre du *Capital*. Il fit voter par 158 voix contre 63 une déclaration contre le régime de la propriété foncière individuelle, mais il accepta une disposition additionnelle ainsi conçue : « Le congrès reconnaît que l'agriculture doit être régie par des lois spéciales différant de celles qui régissent l'industrie. » Il est nécessaire d'étudier et d'approfondir ces lois... mais cette transaction ne doit pas rassurer les petits propriétaires. La doctrine est communiste et toutes les atténuations qu'y apportent certains socialistes dans certaines circonstances ou à l'égard de tel et tel groupe, ne sont que des duperies politiques.

Presque partout les petits propriétaires ont de la méfiance. Ils ne refuseraient pas l'expropriation des autres à leur profit ; mais ils n'ont pas envie de jeter ce qu'ils possèdent dans un gouffre commun où ils seraient sûrs de ne pas le rattraper.

Quant à M. Jaurès, il disait en 1893 : « La petite propriété est une légende. » Puis il se montrait plein de tendresse pour la petite « propriété paysanne ». Mais en 1901 il la condamnait : « L'heure approche où nul ne pourra parler devant le pays du maintien de la propriété individuelle sans se couvrir de ridicule et sans se marquer soi-même d'un signe d'infériorité [1]. »

Le 14 juin 1906, il était obligé de reconnaître que « la propriété tient les démocrates par toutes les fibres », et non seulement les démocrates, mais les socialistes aussi.

---

1. *Études socialistes*, p. 161.

CHAPITRE VIII

Les sociétés par actions

Multiplient les capitalistes. — Deux avantages. — 31.799 porteurs d'actions privilégiées de l'*United States steel corporation*. — Les *Shirt sleeves*. — Les adversaires du socialisme aux États-Unis.

On a vu que M. Bernstein considérait que les sociétés par actions, loin d'être un instrument de confiscation, étaient des éléments de diffusion du capital.

M. Flint dit : « Autrefois les grandes industries étaient entre les mains de peu de gens, elles se maintenaient dans quelques familles; aujourd'hui elles sont largement réparties [1]. » M. Schwab, qui fut le directeur de l'*United States steel corporation*, ancien ouvrier, prouvait par son propre exemple que le capitalisme était accessible à tous. Les valeurs émises par les trusts associent à leur succès la foule des porteurs et, loin d'augmenter le nombre des prolétaires, augmentent le nombre des capitalistes.

Les sociétés par actions ont deux grands avantages : elles permettent à des individus de faire des entreprises qu'ils ne pourraient pas tenter avec leurs propres capitaux; elles limitent la perte de ceux qui y souscrivent. Elles représentent la démocratie industrielle.

1. *United states Industrial commission*, t. XIII, p. 32.

Il y a peu de métiers où un individu puisse faire un placement avantageux avec 100 francs. Il achète une action ou une obligation; et il peut en retirer un bon revenu avec des chances de plus-value, s'il a fait un bon choix.

Les grandes sociétés ne sont pas la confirmation de la concentration de Karl Marx; car loin de faire des prolétaires, elles multiplient les capitalistes. En 1903, il y avait 31.799 porteurs des actions privilégiées de l'*United States steel corporation*.

Bien loin que les Américains considèrent qu'elles empêchent l'accession de chacun à la fortune, ils disent : « Il y a trois générations entre les *Shirt sleeves*, (entre les manches de chemise,) et la fortune [1].

Le *Wall street journal*, examinant la forme du socialisme aux États-Unis, énumérait, après une soigneuse investigation, les personnes suivantes qui lui étaient opposées [2].

National bank stockholders	318.735
Stockholders in other banks (estimated)	300.000
Stockholders in railroads	327.000
Stsckholders in industrial companies (est.)	500.000
Owners of farms	5.739.657
Manufacturers	500.000
Wholesale merchants	42.000
Bankers and brokers	73.000
Savings bank depositors	7.696.229
TOTAL	15.496.621

Sans doute, disait le *Wall street journal*, il y a des doubles emplois dans cette liste. Te fermier peut être actionnaire d'une banque ou d'un chemin de fer. Soit. Qu'on fasse une déduction de 5 millions, il restera 10 mil-

[1]. *Socialism, being notes on a political Tour by* Sir Henry Wrixon, *late attorney general of Victoria.* 1896.
Reproduit par *the Journal of commerce of New York*, 30 janvier 1906.

lions de personnes ayant des intérêts, grands ou petits, dans ces différentes formes de propriété. Ces 10 millions d'individus représentent des familles, qu'il estimait de 5 personnes. Voilà donc 50 millions de personnes, soit 60 p. 100 de la population des États-Unis, qui sont forcément des adversaires du socialisme : et, parmi les réfractaires les plus irréductibles, se trouvent presque toutes les femmes.

CHAPITRE IX

Les Cartels et les Trusts.

I. — Les cartels ne s'appliquent qu'à certaines industries.
II. — Les trusts américains d'après M. Paul Lafargue. — « Suppriment la concurrence et substituent une organisation méthodique à l'anarchie. » — Définition du *trust*. — *L'anti-trust Law*. — Organisation financière du trust. — Le *preferred stock* et le *common stock*. — La majoration du capital et la concurrence. — La capitalisation des trusts apparente et réelle. — La dépréciation des trusts en 1903 et en 1904. — Le *goodwill*. — « Le tarif est le père des *trusts* ». — Le « tarif » et les bénéfices des *trusts*. — Les *trusts* n'ont pas détruit la concurrence. — La concurrence est leur frein. — La concurrence à l'intérieur des trusts. — Conclusions.

I

Les marxistes sont pleins d'admiration pour les cartels et les trusts ; ils déclarent qu'ils suppriment la concurrence et qu'ainsi, ils font de la politique socialiste ; qu'en concentrant les industries dans quelques grandes organisations, ils facilitent l'absorption du capital privé par la collectivité ; qu'ils enseignent enfin, par leur propre exemple, les méthodes que devra suivre la société collectiviste pour organiser sa production.

Ni le cartel ni le trust ne peuvent s'appliquer à toutes les industries[1]. Le 27 novembre 1907, M. Posadowski, établissait la liste des industries où ils exerçaient leur

---

1. Arthur Raffalovich. *Trusts et Cartels.* Voir aussi *la collection du Marlier financier*.

action : industrie minière et sidérurgique; industrie chimique; industrie du papier; raffinerie du sucre et vente de l'alcool; céramique; ciment; verreries du Rhin et de la Westphalie, fabriques de glace. La plupart de ces industries ne fournissent que des matières premières ou des objets d'alimentation. On ne trouve guère de cartels ni de trusts qui vendent directement au consommateur des produits finis.

II

Les socialistes ont naturellement dit que les trusts américains justifiaient la prophétie du *Manifeste communiste*. M. Paul Lafargue est rempli d'enthousiasme pour eux, non seulement pour ce motif, mais surtout « parce qu'ils suppriment la concurrence et substituent une organisation méthodique à l'anarchie qui règne dans la production capitaliste »[1].

Or, les faits nous montrent exactement le contraire. *L'antitrust Law* de 1890 donne des trusts la définition suivante :

« Tout contrat, combinaison en forme de trust ou autrement ou corporation pour restreindre l'industrie ou le commerce entre divers Etats ou avec les nations étrangères, est déclaré illégal [2]. »

Mais *l'antitrust Law* est difficilement applicable parce que la plupart des *trusts*, bien loin de restreindre l'industrie ou le commerce entre divers Etats, l'ont développé. Quant à la seconde partie, ce ne sont pas les trusts qui restreignent le commerce avec les nations étrangères, c'est le tarif douanier.

1. *Les Trusts américains*, broch. in-8, 1903.
2. Voir la jurisprudence dans *Trusts, Pools and Corporations*, édité *by* William Ripley, 1906.

Devant *l'Industrial commission*, M. James Lee, président de la *Pure oil C°*, avait donné du trust la définition suivante : « Un trust est une société ou une combinaison de sociétés ayant pour but de créer ou de conserver un monopole dans une industrie quelconque. » (T. XIII, p. 668.) M. Archibald, vice-président de la *Standard oil C°*, répond : « D'après cette définition, il n'y a pas de trust. »

L'établissement d'un trust se fait entre deux groupes : 1° un établissement promoteur plus ou moins suggéré ; 2° un établissement financier qui fournit le prix d'achat de cet établissement et des autres, en échange des actions privilégiées (*preferred shares*) et des actions ordinaires (*common stock*). Le bonus est au moins égal aux actions privilégiées. (T. XIII, p. 8.) Les porteurs du *common stock* n'ont aucun droit, et ils ne reçoivent d'intérêts que quand les porteurs des actions privilégiées y consentent.

Le *common stock* représente *l'intangible asset*, le fonds intangible, le *goodwill*, la capacité de gagner du trust. On ne dissimule nullement que c'est du *watered capital*, du capital dilué, du capital aquatique. Quoique, depuis quelques mois, il y ait eu une prospérité sans précédent aux Etats-Unis, avec des prix élevés, presque toujours les actions ordinaires ont fourni plus de déceptions que de dividendes. Sur sept ou huit *combinations*, il y en a une qui donne de temps en temps quelque chose au *common stock* pour en maintenir ou élever le cours [1].

Tous les déposants, organisateurs ou administrateurs de trusts, considèrent que la majoration du capital n'intéresse pas l'actionnaire ; ce qui lui importe, ce sont les revenus. Or, la majoration signifie une dimi-

---

[1]. Société d'Economie politique, 5 novembre 1902. Communication de M. Yves Guyot sur les *Trusts*, d'après l'*Industrial Commission*.

nution du revenu du capital ou une augmentation du débouché. M. Flint déclare que les majorations ont donné de l'expérience au public et qu'elles ont empêché les banques qui en ont abusé, de continuer leurs opérations. (T. XIII, p. 92.)

Voilà l'intervention économique de la concurrence qui se produit. Le capitaliste établit une comparaison entre les divers placements qu'il peut faire, et il se décide pour celui qu'il considère comme le plus avantageux.

Toute la partie de la capitalisation des trusts, fondée sur l'espérance, n'a d'autre limite que la prudence des capitalistes. Par conséquent, quand on essaye de comparer la capitalisation des trusts à la richesse totale des États-Unis, on commet une erreur. Naturellement, M. Paul Lafargue n'y échappe pas.

Le *Census* a fait une évaluation des « trusts » qu'il appelle des « combinations » et dont il donne la définition suivante : « Elles représentent un certain nombre d'établissements qui, auparavant indépendants, se sont réunis, par un acte, en société. »

Au 30 juin 1900, il y avait 185 « combinations » dont le capital autorisé se montait à $ 3.619.039.000, réparti ainsi :

Obligations.	270.127.000
Actions privilégiées.	1.259.540.000
Stock ordinaire.	2.089.371.000

Le total émis était de $ 2.876.683.000 :

Obligations.	216.412.000
Actions privilégiées.	1.066.523.000
Stock ordinaire.	1.810.157.000

Dans les années suivantes, jusqu'en 1903, il y a eu un grand développement des trusts : la fondation de *l'United States Steel corporation*, *l'International Mercantile Marine Company*, qui n'a pas réussi, etc.

M. Paul Lafargue a pris les chiffres de sa brochure dans une petite publication de M. Moody parue en 1903. Je prends les miens également dans un ouvrage postérieur de M. Moody intitulé *The truth about the Trusts* (La vérité sur les trusts). Il en est grand admirateur [1].

> Nombre de trusts industriels, 318
> Nombre d'établissements, 5,300
> Capital, 7.216.000 dollars,

Les trusts industriels qui avaient été formés avant le 12 janvier 1898 représentaient un capital de $ 1.196.000.000 ; ceux qui avaient été formés ensuite représentaient un capital de $ 6.049.000.000.

Dix trusts industriels ont chacun un capital nominal de $ 100.000.000 et plus. Les sept plus grands trusts ont un total de $ 2.662.000.000, dont l'*United States steel corporation* représente $ 1.370.000.000, soit la moitié.

> 30 trusts ont un capital de. . . . $ 50.000.000
> 129 trusts ont un capital de. 10.000.000

Mais les actions ordinaires représentaient, d'après le *Census* de 1900, 65 0/0. Leur proportion n'a certainement pas diminué. Il faut donc retrancher $ 4.700.000.000 de ce capital de $ 7.216.000.000.

M. Moody ajoute :

> Local, franchises, consolidations, gaz, tramways, eaux, au nombre de 103 . . . . $ 3.105.755.000
> Chemins de fer (comprenant 1.010 compagnies originales) 9.397.363.000

Il arrive à cette conclusion :

> Toutes ces « combinaisons » représentent 8.604
> Compagnies originales et un capital de 20.379.000.000

soit 105.970 millions de francs.

Mais M. Moody écrit lui-même (p. 485), au sujet de

---

[1] Un vol. grand in-8, de 511 pages. New-York, 1904.

la capitalisation des sept plus grands trusts : Leur capitalisation est de $ 2.662.000.000; leur valeur sur le marché (1904) est de $ 2.278.000.000, soit une perte de 384 millions de dollars ou de 1.996 millions de francs.

Les combinaisons de Pierpont Morgan représentaient $ 1.540.000.000 ou 60 0/0 sur le capital de $ 2.662.000.000. Au cours du marché, elles ne valaient plus que $ 820.000.000, ou moins de 37 0/0 de $ 2.278.000.000, valeur du marché.

Le *Shipbuilding* avait ouvert avec un capital de $ 3.278,000 ; quand il fut soumis à une révision, il fut réduit à $ 1.450.000, soit de 55 0/0.

Le *Wall street journal* du 23 octobre 1903 publiait une liste de cent trusts, dont la capitalisation était de $ 3.693.000.000, qui auraient atteint, sur le marché, une valeur de $ 490.000.000 et qui avaient été ramené à $ 2.336.000.000, soit une perte de $ 1.753.000.000 ou de 43.4 0/0 sur le prix du *Boom* [1]. Pour aucun des trusts énumérés, la dépréciation n'avait été moindre de un million de dollars.

La capitalisation de l'*United States steel corporation* fut de $ 1.370.000.000. M. Carnegie se fit payer, en obligations, ses établissements $ 447.116.000, alors qu'ils avaient rapporté, en 1896, $ 6.000.000, en 1897, $ 7.000.000; en 1898, $ 11.500.000; en 1899, année exceptionnelle, $ 21.000.000.

La *Steel corporation* émit $ 1.297.000.000 actions et obligations, en échange des actions et obligations valant $ 894.988.000, qu'elle achetait, soit une majoration de 45 p. 100. Les valeurs apparentes représentaient 25 p 100, les valeurs mystérieuses; 75 p. 100. D'après le *Census* de 1890, $ 414.000.000 étaient engagés dans la sidérurgie. Le capital a pu augmenter régulièrement de

---

[1]. Cité par Moody, page 179.

46 0/0, il aurait été en 1900 de $ 600.000.000. Le trust qui ne représente pas plus de 40 0/0 du capital total s'est constitué avec un capital de plus de 100 pour 100 supérieur au capital total de ce qu'aurait exigé normalement l'industrie métallurgique.

On se fait de grandes illusions sur la fortune des trusts. Toute une partie de leur capitalisation est fondée sur l'espérance et n'a d'autre mérite que la prudence des capitalistes. Par conséquent, quand on essaye de comparer la capitalisation des trusts à la richesse totale des Etats-Unis, on commet une erreur.

Dans un affidavit que fit M. Schwab, dans l'été de 1902, il estimait à $ 1.100.000.000 la valeur du minerai, de la houille, du gaz naturel et du calcaire appartenant à la société. Quelle est la valeur du minerai ? S'il représente le total du minerai américain, sa valeur est énorme ; s'il représente 65 p. 100, comme on le dit, sa valeur est moins grande ; et s'il ne représente que 30 p. 100, sa valeur est encore moindre.

Malgré une activité industrielle, sans précédent, le capital de *Steel Corporation*, de $ 1 milliard 380.000.000 était tombé à $ 760.000.000 en 1904.

L'année 1906 a été partout une année exceptionnelle. Les actions privilégiées émises en mars 1902 à $ 92 3/4 ont varié de $ 102 a 117 ; les actions ordinaires émises à $ 42,3 sont tombées jusqu'à $ 33 3/8 et sont remontées à $ 52 1/8.

Au mois d'août 1907, il y a eu une forte baisse sur les commandes. Les chemins de fer ont toujours besoin de rails, mais n'ont pas de capitaux pour les payer. L'affaire a donc passé et passera par différentes péripéties. Le 30 septembre 1907 les actions privilégiées étaient à 90 7/8 et les actions ordinaires à 27 1/2.

Cette concentration dérive-t-elle fatalement de l'évolution économique ? N'a-t-elle pas été provoquée et hâtée par une intervention de l'État? Elle existe si bien que M. Hamevayer, président du *Sunar trust*, dit franchement : « Sans le tarif, je doute que nous eussions osé former le trust. Le tarif est le père de tous les trusts. » (T. I, p. 59.) M. Carnegie, Écossais d'origine, s'écriait, dans un moment de sincérité enthousiaste : « La protection est la revanche des Américains contre les hauts faits de l'Alabama. Ils nous ont donné trente ans de protection à 30 pour 100. Sans la protection, nous ne pouvions rien ! » Devant l'*Industrial commission*, M. Schwab, alors directeur de la *Steel corporation*, dit : « Si vous réduisez ou supprimez le tarif, il faudra réduire les salaires ou abandonner la production pour tous les objets où le travail joue un rôle important, pour les rails, le fer en feuilles, les articles finis. » (T. XIII, p. 456) [1].

D'après M. David Wells en 1880, le capital engagé dans l'industrie du fer et de l'acier était de $ 341.000.000.

De 1878 à 1887, les consommateurs des États-Unis ont payé $ 560.000.000 le fer et l'acier plus cher qu'ils ne les auraient payés sans les droits protecteurs.

Par conséquent, ils ont payé aux métallurgistes 65 p. 100 de plus que le capital qui y était engagé.

M. Byron W. Holt, de Boston, assignait, en 1902, à $ 76 millions, la part du tarif dans les $ 111 millions de bénéfices [2] de l'*United States steel corporation*. Autrement, ils n'auraient pas dépassé 35 millions de dollars dont le service des obligations, après la conversion de $ 200 millions d'actions privilégiées en obligations, aurait absorbé 25 millions. Il ne serait donc resté que $ 10 millions pour rémunérer 600 millions de capital actions.

Les trusts ont-ils détruit la concurrence? Pas un seul n'absorbe le total de la production. D'après M. J. Moody,

1. Voir *The Tariff and the trusts by Franklin Pierre* (1907).
2. Pour les détails, Yves Guyot : l'*United States Steel Corporation. Journal des Économistes*, novembre 1902.

sur les 92 grands trusts, 78 absorbent 50 pour 100 et plus de la production, 57, 60 p. 100 et plus, 26, 80 p. 100 et plus (n° 487). La *Standard oil* elle-même ne contrôle que 84 0/0 de la consommation intérieure et 90 0/0 de l'exportation.

La *United States Steel Corporation* n'a pas supprimé les établissements sidérurgiques aux États-Unis : loin de là. Jamais ils se sont multipliés.

Des établissements, chargés du poids mort financier que traînent la plupart des trusts, peuvent leur faire concurrence.

Au commencement de 1892, le trust du plomb possédait tous les établissements des États-Unis excepté deux. En 1894, les établissements indépendants produisaient autant de plomb que le trust et ils avaient $ 2 millions de capital tandis que le trust avait un capital de $ 30.000.000.

La concurrence est le frein des trusts. Un banquier, M. Chapman, donnait cette règle de leur politique : « Maintenir des prix qui ne provoquent pas la concurrence. » (T. XIII, p. 469).

On répète volontiers : « Un trust peut vendre à perte pour ruiner un concurrent. » Mais si son action est étendue, peut-il vendre à perte sur tous les marchés pour écraser partout un concurrent? Ses pertes seraient proportionnées au chiffre de ses affaires. Non seulement les trusts ne suppriment pas la concurrence sur le marché, mais ils en font la force motrice de leur organisation intérieure. Quand M. Hadley dit qu'il y aurait peu de différence entre la manière dont sont administrés les trusts et les affaires publiques, il commet une erreur de fait. D'abord, dans le *trust*, il n'y a qu'une politique : augmenter les affaires pour augmenter le gain. Or, un gouvernement, une municipalité ont d'autres préoccupations : il y a donc intérêts politiques à satisfaire des électeurs influents, des compétitions de parts, dont il faut tenir compte et qui souvent obligent l'administration, si intelligente et bien intentionnée qu'elle soit, à faire exactement le contraire de ce qui serait nécessaire pour le but à atteindre. Voilà une distinction fondamentale.

Mais aucun État n'est encore arrivé à instituer, dans ses services, un mode d'avancement qui assure la prééminence du plus capable et excite l'émulation de chacun. Au contraire, tous les trusts sont organisés sur le principe de la concurrence. Dans l'*United States steel corporation*, chacun des établissements est autonome. Les directeurs sont souvent animés d'un esprit particulariste. C'est à qui fera les meilleures affaires. S'ils doivent céder certains produits de leur fabrication à un établissement du même trust, loin de lui en faire cadeau ils tiennent à le lui vendre le plus cher possible. Le trust actuel est une fédération de sociétés : son conseil d'administration est un *clearing house* d'informations.

Il n'y a nulle comparaison avec l'administration figée et centralisée qui existe dans un monopole d'État.

1° Le trust est une concentration artificielle, résultant de combinaisons financières, et rendue possible seulement, dans presque chaque cas, par le tarif des douanes.

2° Les maisons solides ne sont entrées dans les trusts que par l'offre de prix excessifs.

3° La capitalisation des trusts, en partie factice, est loin de représenter la part que M. Paul Lafargue lui attribue dans la richesse des États-Unis.

4° La majoration du capital des trusts est limitée par la concurrence du marché.

5° Le prix de leurs produits est limité par les prix des concurrents : car aucun trust n'a acquis un monopole complet.

6° L'organisation des trusts a pour principe la concurrence de leurs diverses organisations.

7° Pour ces motifs, il n'y a aucune similitude entre les trusts et les monopoles d'État ou des municipalités.

Je n'examine ici les trusts qu'au point de vue de la théorie de Karl Marx sur la concentration des capitaux. Ils ne la ratifient pas.

En admettant l'existence de tarifs privés, obtenus par la *Standard oil* des compagnies de chemins de fer, cela prouve qu'elle a commis des actes qui peuvent tomber sous le coup d'une législation individualiste et non communiste.

LIVRE V

LA RÉPARTITION DES INDUSTRIES

CHAPITRE PREMIER

La théorie marxiste de la concentration des industries

Karl Marx et Engels, dans le *Manifeste communiste* de 1847 que les socialistes donnent comme une ère nouvelle, disaient :

« De plus en plus, la société tout entière se partage en deux camps ennemis, en deux grandes classes directement opposées : la bourgeoisie et le prolétariat.

« § 18. Les classes moyennes d'autrefois, les petits industriels, les commerçants et les rentiers, les artisans et paysans, tous tombent dans le prolétariat. Leur petit capital succombe dans le commerce avec les grands capitalistes.

« § 25. Le progrès de l'industrie jette dans le prolétariat des fractions considérables de la classe dominante ou du moins les menace dans leur existence.

« § 31. L'ouvrier moderne, au lieu de s'élever par le progrès de l'industrie, descend de plus en plus au-dessous de la condition de sa propre classe. »

En un mot, les industries et le capital se concentrent de plus en plus en quelques mains, tandis que le nombre des prolétaires ne cesse d'augmenter, les salaires de diminuer et le nombre des heures de s'accroître.

Cette dernière assertion a déjà été réfutée; j'examine maintenant si, aux États-Unis, en France et en Belgique se produit le phénomène de la concentration des industries et des capitaux, annoncé par le *Manifeste communiste* de 1847. J'ai cité les chiffres que Bernstein donne pour l'Allemagne d'après le recensement industriel de 1896.

Si trois établissements, occupant chacun cent ouvriers, ne forment plus qu'un établissement au bout de dix ans, il y a concentration; mais si chacun d'eux continue d'exister en occupant un quart ou un tiers en plus d'ouvriers, en faisant le double d'affaires, il n'y a pas concentration, il y a développement et expansion de l'industrie.

CHAPITRE II

La Répartition des industries aux États-Unis

I. — Difficultés du *Census* industriel. — Les *Manufactures* et les *Hand trades*. — Difficultés des comparaisons avec les *Census* précédents. — L'exclusion des établissements produisant moins de $ 500.
II. — Répartition des établissements industriels. — Nombre des établissements industriels de 1859 à 1900. — Nombre des établissements existants et nombre des établissements fondés en 1900. — Répartition des établissements par nature de propriété, individus, *firms* et sociétés par actions. — La sidérurgie. — L'industrie du bois. — Le cuir. — Le papier et l'imprimerie. — La métallurgie autre que celle du fer. — Le tabac. — L'industrie des liqueurs et boissons. — Les produits chimiques. — La céramique et la verrerie. — La carrosserie et le charronnage. — Les *Hand trades*.
III. — Dix-sept groupes industriels en 1850 et en 1900. — Dans douze, le nombre des établissements a augmenté.
IV. — Nombre des employés et ouvriers par établissement. — Catégories d'établissements par nombre de salariés.
V. — Edward Atkinson. — Tendance vers l'Individualisme. — Le Massachusetts. — Travail individuel. — Conclusion.

I

La direction du recensement de l'industrie aux États-Unis avait été confiée à M. S. N. O. North, aujourd'hui directeur général du *Census* : et elle a été faite avec tout le soin possible. Mais loyalement, en homme convaincu que la vertu professionnelle du statisticien est, comme celle de tout homme qui s'adonne à des recherches scientifiques, la découverte de la vérité, il indique dans l'important document intitulé : *Plan, method and scope of the Twelfth census of manufactures*, les difficultés et les incertitudes que présente ce travail (vol. VII).

Dans les recensements précédents, la définition de l'établissement était laissée à la discrétion de l'agent de recensement. Le *Census* de 1900 fait une distinction entre les *Manufactures* et les *Hand trades*. M. North établit le critérium suivant pour les distinguer : il considère comme appartenant à l'industrie manufacturière tout établissement qui produit des types uniformes, et il considère comme appartenant aux *Hand trades* (travail individuel) tout établissement dans lequel chaque objet a un caractère spécial. La confection des vêtements appartient à l'industrie manufacturière ; le tailleur sur mesure appartient au travail individuel ou à façon.

La fabrication des roues, des essieux, des capotes de voitures appartient à la catégorie des manufactures ; leur assemblage qui est fait, sur les lieux de consommation, dans de petits ateliers, selon les convenances de l'acheteur, rentre dans la catégorie des métiers à façon.

La construction a été rangée parmi les *Hand trades*, parce qu'elle produit pour la consommation locale, selon le goût du propriétaire, et qu'elle est répartie entre beaucoup de métiers divers.

Un terme susceptible de tant d'exceptions est difficile à traduire exactement : je lui donne comme équivalent le mot « atelier ».

Les dentistes, au nombre de 3 214, qui fabriquent des râteliers et des dents artificielles, avaient d'abord été rangés par le *Census* de 1890 dans la classe des manufacturiers, mais ils protestèrent vivement que leur travail n'était pas mécanique, mais personnel, et ils demandèrent à être rangés dans les « professionnels », catégorie que nous appelons les « professions libérales ».

Il y a d'intimes relations entre les *Hand trades*, les ateliers et le commerce de détail. En 1900, on donna des instructions aux agents de ne pas s'occuper des restaurants et cafés, des entrepreneurs de pompes funèbres, des droguistes au détail, des bouchers, des blanchisseurs, des marchands de peaux salées, des nettoyeurs de tapis, des dentistes, des tailleurs, des modistes, des couturiers, des coiffeurs, etc. Certains agents se conformèrent à ces instructions, d'autres les interprétèrent de diverses manières. Il en résulte que, si le nombre des *Hand trades*, ateliers mentionnés dans le *Census*, est très incertain, il est certainement très inférieur à la réalité (t. VII, p. xxxviii).

On ne sait pas exactement comment ils étaient comptés dans les *Census* précédents. Leur classification à part, dans le *Census* de 1900, leur assigne un chiffre de 215 800 établissements.

Pour les *Census* de 1840, 1850, 1860 et 1870, les agents ne devaient mentionner aucun établissement dont le total des produits ne dépasserait pas $ 500 (2 500 fr.). En 1890, on ne tint pas compte des fiches qui indiquaient des revenus inférieurs; mais quelle certitude présente cette limite? Comment a-t-elle été tracée? Chaque petit industriel établi donne le chiffre qu'il veut, en général moins que plus, par peur du fisc.

En 1900, sur les listes mentionnant 640 194 établissements industriels, 127 419 s'appliquaient à des établissements rapportant moins de $ 500. Pour maintenir la comparaison avec les *Census* précédents, on les a comptés à part. Mais le mot « établissement » ne représente pas des unités de même ordre : une fabrique qui comprend 7 000 ouvriers compte pour un établissement comme une manufacture qui en emploie cinq.

II

Voici, d'après le *Census* de 1900, la répartition des établissements industriels :

Total.	640.191
Ateliers (*Hand trades*).	215.814
Établissements avec un produit de moins de $ 500.	127.419
Autres établissements.	296.440
Établissements de l'État.	138
Établissements scolaires et pénitentiaires.	383

En ne tenant pas compte des établissements dont les produits sont au-dessous de $ 500, ni des établissements du gouvernement, ni des établissements scolaires et pénitentiaires, voici le nombre des établissements industriels aux États-Unis de 1850 à 1900 :

Années.	Nombre des établissem.	Accroissements p.-100.	Années.	Nombre des établissem.	Accroissements p. 100.
1850.	123 025	»	1880.	253 852	0,7
1860.	140 433	14,1	1890.	355 415	40,0
1870.	252 148	79,6	1900.	512 224	44,1

Mais il est évident que le nombre des petits établissements, dont les produits sont au-dessous de $ 500, et des ateliers (*Hand trades*) est inférieur à ce qu'il est réellement, et que le coût et la difficulté de leur recensement le feront abandonner. M. North propose formellement cette mesure.

Dans son analyse du *Census*, M. North dit[1] : « Il est

---

[1]. Il l'a appliquée dans le *Census* de 1905 (*Bulletin* n° 57); il trouve 533 000 établissements; mais, en 1905, il n'a pris qu'un nombre d'établissements se montant à 216 000, comparables à 207 000 établissements du *Census* de 1900.

évident qu'il est impossible de déterminer, d'après les chiffres du *Census*, combien le nombre actuel des établissements industriels des États-Unis a été affecté par la consolidation des industries et leur concentration dans de larges manufactures ou usines. »

Sans doute, de petits établissements se ferment : on voit des moulins abandonnés sur les rivières. Les changements dans les lieux de production et de destination entraînent des déplacements au détriment ou au profit de telle ou telle localité. De nouveaux établissements pour la même industrie éclosent chaque jour. Nombre d'industriels, au lieu de réparer leurs vieilles installations, en font de complètement nouvelles. *Mais, dans tous les États de l'Union, le nombre des établissements augmente. Voilà le fait.*

Le tableau XI nous donne le nombre des établissements restants et le nombre total des nouveaux installés durant l'année 1900.

Groupes d'industries	Nombre total des établissements.	Établissements ouverts dans l'année.	P. 100.
ÉTATS-UNIS.	512251	44705	8,7
1. Alimentation.	61302	5008	8,2
2. Textiles.	30018	2451	8,2
3. Sidérurgie.	13896	1103	7,9
4. Bois et travail du bois.	47079	8811	18,7
5. Cuirs et produits fins.	16989	1228	7,2
6. Papier et imprimerie.	26747	1742	6,5
7. Liqueurs et boissons.	7867	627	8,0
8. Produits chimiques.	5444	459	8,4
9. Céramique, verrerie	14809	1095	7,4
10. Métallurgie (autre que celle du fer).	16305	1098	6,7
11. Tabac.	15216	1460	9,6
12. Carrosserie et charronnage.	10113	463	4,6
13. Construction navale	1116	100	9,0
14. Industries diverses.	29479	2875	9,8
15. *Hand Trades*.	215814	16185	7,5

1. T. VII, p. LXIV.

M. North, en produisant ce tableau, déclare du reste qu'un certain nombre des agents du recensement n'ont pas pris leurs renseignements avec un soin suffisant. Cependant on peut en retenir que les *établissements nouveaux installés dans l'année représentent de 8 à 9 p. 100 des établissements existants; qu'il y a augmentation, sans exception, dans toutes les industries, comme il y a augmentation dans tous les États.*

Le tableau XII nous donne le nombre des établissements et leur production d'après le caractère de leur organisation.

Sur les 512 254 établissements, on trouve :

		Valeur des produits.
Appartenant à des individus.	372 703	$ 2 674 000 000
— à des *firms* ou sociétés en participation	96 715	2 565 000 000
— à des sociétés par actions. .	40 743	7 133 000 000
— à des sociétés coopératives et diverses.	2 093	30 000 000

Le nombre des établissements appartenant à des individus représente 72,8 du total, soit près des trois quarts; sur ce chiffre, 183 500, ou près de la moitié, étaient engagés dans les *Hand trades*.

Leurs produits représentent 20,6 p. 100 du total. Leur production moyenne est de $ 7176 (37 315 fr.) par établissement.

Les établissements en société en participation, comptant deux ou trois associés, représentent 18,9 du total. Leurs produits valent 19.7 du total.

Ces deux formes d'établissements donnent donc 91,7 du total des établissements, et leur production donne 40,3.

Nous laissons de côté les sociétés coopératives dont le nombre et la production sont insignifiants.

Les sociétés par actions, qui représentent 8 p. 100 des établissements, donnent 59,5 des produits.

Les quatre grandes industries de l'alimentation, des textiles, du fer et de l'acier et du bois sont représentées surtout par des sociétés par actions. Toutefois, il y a, dans l'industrie du coton, 72,8 p. 100 des établissements qui appartiennent à des individus ou à des sociétés en participation, *firms*; dans l'industrie de la soie, 27,3 p. 100 des établissements appartiennent à des individus, 31,9 à des *firms*; il n'y en a que 40,8 p. 100 appartenant à des sociétés par actions; de même, dans la bonneterie et passementerie, 38,3 p. 100 appartiennent à des individus, 27,4 p. 100 à des *firms*.

Dans l'industrie sidérurgique, sur les 13896 établissements, il n'y en a que 4843 qui appartiennent à des sociétés par actions, soit 34,9 p. 100. Ils donnent, il est vrai, $ 1 508 493 000 sur $ 1 793 490 000, soit 84 p. 100 de la valeur de la production.

Dans l'industrie du bois, 28 470 établissements appartiennent à des individus, 13 906 à des *firms*, 4675 seulement à des sociétés par actions : et la valeur des produits des deux premières catégories est de $ 521 millions, celle des produits de la troisième de $ 508 383 000.

Sur les 16 989 établissements travaillant le cuir, 12 906 sont individuels, 2 990 appartiennent à des *firms*, 1 091 appartiennent à des sociétés; ces derniers ont une production d'une valeur de $ 257 808 000; celle des *firms* est de $ 208 571 000. Le *Census* ne donne pas la valeur des produits de la première catégorie.

L'industrie du papier et de l'imprimerie comprend 26 747 établissements, dont 16 332 appartiennent à des individus, 5682 à des *firms*, et seulement 4 490 à des sociétés par actions. Les deux premières catégories ont une production de $ 233 millions sur $ 606 millions, soit de 38 p. 100.

La fabrication de la pâte de bois appartient presque exclusivement à des sociétés; il en est autrement pour les établissement d'imprimerie et pour les publications périodiques.

L'industrie des liqueurs et boissons compte 7 861 établissements, dont 1 333 appartiennent à des sociétés par actions qui produisent $ 305 millions sur $ 425 millions, soit 81 p. 100.

La production des produits chimiques compte 2 206 sociétés par actions sur 5 444 établissements ; elles produisent $ 450 millions sur environ $ 553 millions.

Dans la céramique et la verrerie, la petite industrie domine : sur les 14 800 établissements, 8 760 appartiennent à des individus, 3 890 à des *firms* et seulement 2 200 à des sociétés par actions ; celles-ci produisent $ 157 336 000 sur $ 293 564 000, soit 53 p. 100.

Dans les établissements métallurgiques autres que les sidérurgiques, sur 16 300 établissements, il y en a 10 060 qui appartiennent à des particuliers, 4 167 à des *firms*. Le *Census* ne donne pas la production des établissements personnels : sur une production estimée $ 749 millions, les 1 470 sociétés par actions produisent $ 578 millions.

Sur les 15 250 établissements traitant le tabac, 12 800 appartiennent à des individus, 2 080 à des *firms*, 358 à des sociétés qui produisent $ 128 millions sur $ 283 millions, soit 45 p.100.

La carrosserie, le charronnage comprenant la construction des wagons comptent 10 113 établissements, sur lesquels 2 283 sociétés par actions produisent $ 430 855 000 sur 508 millions. Ce qui est étonnant, ce n'est pas que ces 2 283 sociétés par actions aient une production de 84 p. 100 du total, c'est qu'il y ait encore plus de 7 000 établissements appartenant à des individus ou à des *firms*. Pour quelqu'un imbu de l'idée de la concentration, il n'y a aux Etats-Unis qu'un constructeur de wagons, c'est Pullmann. On voit qu'il a des concurrents. La construction navale comprend 1 116 établissements, sur lesquels 151 sociétés par actions qui ont produit, en 1 900, $ 55 571 000 sur $ 74 578 000.

Quant aux industries diverses qui comptent 29 479 établissements, 4 750 appartiennent à des sociétés qui produisent $ 641 millions sur un total de $ 1 004 millions.

Les *Hand trades*, les ateliers, ne comptent, sur 215 800 établissements, que 2 690 établissements appartenant à des sociétés par actions qui ont produit $ 100 646 000 sur $ 1 183 615 000 ; mais d'après les explications données par M. North, il y a bon nombre de ces établissements qui ne sont pas connus : à plus forte raison, connaît-on encore moins leur production.

M. North dresse un tableau (p. LXXII) de seize industries. Je prends les deux périodes extrêmes, 1850 et 1900. Voici ce que nous trouvons (voir tableau p. 184).

La thèse marxiste de la concentration comporte la diminution des établissements. Or, sur dix-sept groupes industriels, sans chicaner sur le caractère que pouvait avoir un établissement en 1850 et sur celui qu'il a aujourd'hui, nous constatons qu'il n'y a eu diminution que dans cinq groupes : machines agricoles, chaussures, tabac, tissus de laine et laines peignées, pour un chiffre insignifiant le coton ; partout ailleurs, il y a eu augmentation du nombre des établissements en même temps que de la production par établissement, sauf pour l'industrie de la laine peignée.

D'après Karl Marx et ses disciples, toute industrie doit se concentrer dans quelques établissements. L'industrie de la laine peignée présente un phénomène exactement contraire. Le nombre des établissements augmente, mais le nombre des salariés par établissement diminue. Elle n'en comptait que trois en 1850 ayant chacun un capital de 35 p. 100 supérieur au capital de chacun des établissements actuels et un personnel de 60 p. 100 plus élevé.

GROUPES D'INDUSTRIES	PÉRIODES	NOMBRE des établissements	CAPITAL	NOMBRE de salariés	PRODUCTION — Valeur en dollars
Instruments agricoles..	1900	715	220.571	65	141.549
	1850	1.333	2.074	5	5.133
Chaussures.......	1900	1.600	63.622	89	»
	1850	1.959	21.917	57	»
Tapis et couvertures..	1900	133	334.205	211	362.319
	1850	116	33.215	53	46.574
Cotons.........	1900	1.055	412.882	287	321.517
	1850	1.094	68.100	84	56.553
Verrerie........	1900	355	173.025	149	159.267
	1850	94	36.195	60	49.380
Broderie et passementerie	1900	921	88.882	91	103.673
	1850	85	6.409	27	12.095
Sidérurgie.......	1900	668	858.371	333	1.203.515
	1850	468	16.710	53	43.650
Cuir tanné, etc.....	1900	1.306	133.214	40	156.231
	1850	0.686	3.406	4	6.500
Liqueurs, malt.....	1900	1.509	275.205	26	157.236
	1850	431	9.419	5	13.291
Papier et pâte de bois..	1900	763	219.533	65	166.876
	1850	443	16.390	15	22.993
Construction navale...	1900	1.116	69.321	12	66.826
	1850	953	5.638	14	17.773
Soie et soieries.....	1900	483	167.872	135	222.063
	1850	67	10.124	26	27.007
Abattoirs et conserves..	1900	1.134	168.172	61	696.872
	1850	185	18.824	18	64.766
Tabac..........	1900	437	100.358	67	237.424
	1850	626	15.167	30	31.857
Tissus de laine.....	1900	1.035	120.180	67	114.425
	1850	1.559	18.036	25	27.715
Laines peignées.....	1900	186	710.581	306	616.851
	1850	3	1.076.667	793	1.233.793

Pour les douze autres groupes industriels, nous voyons l'importance des établissements grandir, leur capital et le nombre des ouvriers et employés augmenter, ainsi que leur production : mais bien loin que *les établissements existants en 1850 aient monopolisé la production, ils ont provoqué des concurrents, puisqu'on trouve en 1900 un plus grand nombre d'établissements qu'en 1850.*

Les industries qui ont le plus grand nombre d'ouvriers par établissement sont les industries qui en avaient déjà le plus grand nombre en 1850 : ainsi l'industrie de la laine peignée, la sidérurgie, les fabriques de coton et de tapis.

D'après le tableau XXXIV (p. civ), le nombre total des salariés est de :

Employés	396 700	7 p. 100
Ouvriers.	5 308 400	93 p. 100
	5 705 100	

Si on divise ce total par le nombre des établissements, 640 000, on a, par établissement : 8,90. Si on fait la déduction des 127 000 établissements qui donnent moins de $ 500 de produits, nous avons :

$$\frac{5\,705\,100}{513\,500} = 11 \text{ ouvriers et employés par établissement.}$$

Tandis que, aux yeux de ceux qui ne jugent que sur les apparences, toute l'industrie des États-Unis serait concentrée dans quelques gigantesques établissements, la moyenne des salariés, employés et ouvriers, est de 11 par établissement, les tout petits éliminés et les trusts compris.

Le total des salariés, ouvriers et employés, se répartit ainsi entre les divers établissements :

Pas de salariés . . .	110 510	De 101 à 250 salariés.		8 494
Moins de 5 salariés.	232 726	De 251 à 500 —		2 809
De 5 à 20 — .	112 132	De 501 à 1000 —		1 063
De 21 à 50 — .	32 408	Au-dessus de 1 000 —		443
De 51 à 100 — .	11 663			

Sur les 215 814 ateliers, 68 800 n'emploient pas d'ouvriers ; 106 000 employaient de 1 à 5 ouvriers, 32 000 employaient 5 à 20 personnes et 7 700 plus de 20. Parmi ces derniers étaient les métiers engagés dans la construction.

Dans l'industrie manufacturière proprement dite, sur 216 400 établissements, il y en avait 41 700 dont le propriétaire n'avait pas de salariés.

Sur les 443 établissements employant plus de 1 000 salariés, le groupe des textiles contient 120 établissements ; l'établissement qui présente le plus grand nombre d'ouvriers est une filature de coton de New-Hampshire qui en compte 7 268.

Le second groupe dont chaque établissement contient le plus grand nombre d'ouvriers est celui de la sidérurgie : 103 établissements ont plus de 1 000 ouvriers. Un établissement, dans l'Ohio, contient plus de 7 400 ouvriers ; deux dans la Pensylvanie, dont fait partie Pittsburg, ont respectivement plus de 5 800 et plus de 4 537 ; un dans le Massachusetts a 5 190 ouvriers et un autre dans l'Illinois 5 119.

Si on ajoute à ces établissements ayant plus de 1 000 ouvriers les 245 autres répartis dans divers groupes, on trouve un total de 468 établissements employant plus de 1 000 ouvriers. On compte par unités ceux qui dépassent 7 000.

III

On peut tirer si peu du *Census* de l'industrie des États-Unis des arguments en faveur de la concentration des industries, que le regretté Edward Atkinson y a trouvé une tendance vers l'individualisme [1]. Il arriva à ce résultat en complétant les résultats du *Census* par ceux du census industriel que fait l'État de Massachusetts entre les deux census généraux. C'est l'État qui contient le plus grand nombre d'établissements industriels appartenant à des sociétés par actions.

1. Voir l'étude qui porte ce titre : *Facts and figures, the Basis of Economic Science*, 1904, in-8.

On y trouve une beaucoup plus grande proportion d'établissements textiles que dans les autres États : ils sont au nombre de 438 et ils comprennent chacun 322 personnes. Ce chiffre relève la moyenne. Cependant l'ensemble des 250 genres d'industrie du Massachusetts comprend 29 180 établissements : chacun d'eux n'occupe que 17 personnes, y compris les femmes et les enfants.

Dans l'État de Pensylvanie, qui compte les établissements de construction de locomotives de Baldwin, avec 18 000 ouvriers en moyenne, Pittsburg, avec ses hauts fourneaux et ses aciéries, la moyenne est de 14,06; dans l'État de New-York, la moyenne n'est que de 10,79, et nous avons vu que, pour l'ensemble des États-Unis, elle est de 10,50 pour les ouvriers, 11 pour les ouvriers et les employés compris.

Cependant, les émigrants, simples manœuvres qui arrivent au nombre d'un million par an, offrent de la main-d'œuvre toute prête à la grande industrie : et en effet, dit M. Atkinson, dans une filature de coton du Massachusetts qu'il connaissait bien, les 2 000 ouvriers et ouvrières qu'elle employait appartenaient à seize nationalités différentes. Mais avaient-ils enlevé de l'ouvrage aux ouvriers du pays? Pas du tout, les jeunes filles des cultivateurs, autrefois employées dans les manufactures de coton, choisissent des professions supérieures, et laissent celle-là aux nouveaux venus. Elles ont fait une ascension dans l'échelle des professions.

Il est possible qu'il y en ait qui aient monté un atelier à leur compte : car, que livrent presque tous les grands établissements industriels? Des produits fabriqués qui doivent d'abord passer par l'atelier avant d'arriver directement au consommateur.

Le tanneur ne travaille pas pour le public, mais pour le cordonnier, le sellier; le fabricant de draps travaille pour le tailleur et le tapissier. La part du travail individuel, exigeant des hommes et des femmes à l'esprit éveillé, à l'œil observateur et exact, à la main habile, ne cessera de s'agrandir au fur et à mesure que les goûts du consommateur s'affineront et que son pouvoir d'achat augmentera.

Nous pouvons donc conclure :

1° Le recensement industriel fait, en 1900, aux États-Unis n'indique pas *une concentration d'industries. Si chaque établissement industriel a un capital, un personnel et une production plus élevés que dans les recensements précédents, c'est en vertu de son développement normal* et non pas en supprimant des concurrents, puisque presque dans chaque branche d'industrie, le nombre des établissements augmente et que, *dans tous les États, ils ont augmenté.*

2° Le recensement est loin d'indiquer toute la part de la petite industrie dans la vie économique des Etats-Unis, car il laisse de côté les établissements ayant une production inférieure à $ 500, et les renseignements concernant les ateliers sont incomplets.

Malgré ces lacunes, de nature à restreindre l'importance apparente de la petite industrie, elle est répartie en un nombre d'établissements assez considérable pour que chacun des établissements de la grande et de la petite industrie réunie ne compte en moyenne que 11 salariés, ouvriers et employés compris.

IV

Le Bulletin n° 57 du *Census* américain ayant pour titre : *Census of Manufactures : 1905* a été distribué en 1907. Il porte en réalité sur l'année 1904. De 1899 à 1904, il y a une étonnante explosion d'activité aux États-Unis.

Cette période a vu éclore les grands trusts. Le nouveau *Census* était-il de nature à infirmer les conclusions précédentes?

Je me suis livré à cet examen avec curiosité.

Tout d'abord, dans le tableau n° 2, je relève :

	1905	1900
Nombre des établissements...	533 000	512 000

Le nombre des établissements, au lieu de diminuer, a augmenté. Ce premier indice n'est pas un indice de concentration.

Mais, en 1900, le directeur du *Census*, M. S. D. North, avait expliqué que le recensement des petits établissements présentait de grandes difficultés. En 1900, on avait déjà donné ordre aux agents de ne pas relever les bouchers, les blanchisseurs, les tailleurs, les modistes, les couturières, les coiffeurs, etc. On avait rejeté les établissements dont on avait estimé la production au-dessous de $ 500, soit 2 500 fr. Je prévoyais que, dans le *Census*, on supprimerait tous les petits établissements dont le recensement prend beaucoup de temps, est onéreux, difficile à contrôler ; et, en effet, dans le *Census* de 1905, si on mentionne une fois le chiffre de 533 000 établissements, il n'est en réalité question que de 216 000 établissements. (Tableau I.)

M. North dit que la comparaison de ces établissements avec les établissements semblables recensés en 1900 donne les résultats suivants :

	1905	1900
Nombre des établissements.....	216 200	207 500

Le nombre des établissements des catégories recensées a donc augmenté de 4,2 p. 100. C'est un fait contraire au prétendu phénomène de la concentration.

Le tableau IX nous donne, pour quatorze groupes

d'industries, la situation des établissements industriels en 1900 et 1905.

Pour huit groupes, le nombre s'en est accru :

	1905	1900
1. Alimentation.	45 800	41 000
2. Fer et acier.	14 200	13 800
3. Papier et imprimerie.	30 800	26 000
4. Liqueurs et boissons.	6 400	5 700
5. Produits chimiques.	9 700	8 800
6. Autres métaux que le fer et l'acier.	6 300	5 500
7. Tabac.	16 800	15 000
8. Divers.	12 300	11 400
	142 300	127 800

Soit, en plus, 14 500.

Dans six groupes d'industries, le nombre des établissements a diminué :

	1905	1900
1. Textiles.	17 000	17 600
2. Bois.	32 700	35 200
3. Cuirs et produits finis.	4 900	5 300
4. Céramiques et verreries.	10 700	11 500
5. Véhicules pour transport par terre.	7 300	8 700
6. Construction de navires.	1 097	1 107
	73 900	79 400

Soit, en moins, 5 500. Restent donc 9 000 en plus.

Nous avons compté, parmi les groupes industriels qui ont perdu des établissements, les constructions de navires : et il ne s'agit là que de dix unités dont nous ne connaissons pas l'importance.

Ces chiffres prouvent donc que, pas plus qu'antérieurement, le développement de l'industrie aux États-Unis, de 1900 à 1905, n'a resserré l'industrie dans un petit nombre d'établissements.

J'ajoute que le tableau n° 16 de l'industrie textile donne, pour les manufactures de coton, de laine, de soie, de bonneterie, de lin, de chanvre, de jute, un plus grand chiffre de manufactures en 1905 qu'en 1900.

	1905	1900
Textiles.	4 563	4 312

Les hauts fourneaux ont subi une petite diminution de 668 à 605, mais d'autres établissements métallurgiques ont passé de 215 à 443. Les fabriques d'appareils électriques ont passé de 581 à 784.

Le nombre des établissements industriels n'a pas diminué. Donc le phénomène de la concentration des industries ne s'est pas manifesté aux États-Unis de 1900 à 1905.

V

L'industrie métallurgique est une des plus concentrées.

Dans l'industrie des hauts fourneaux et laminoirs, il y avait, en 1890 :

		Dollars.
Nombre des établissements.	668	
Capital		372.600.000
Valeur des produits.		431.000.000
		Appointements et salaires.
Nombre d'employés.	3.800	5.687.000
Nombre d'ouvriers.	148.730	78.977.000
Coût des matières premières.		295.777.000
Dépenses diverses.		16.918.000

En 1905, nous trouvons :

		Dollars.
Nombre des établissements.	605	
Capital		936.327.000
Valeur des produits.		905.800.000
		Appointements et salaires.
Nombre d'employés.	16.500	20.751.000
Nombre d'ouvriers.	242.300	141.400.000
Coût des matières premières.		620.146.000
Dépenses diverses.		47.160.000

Maintenant, comparons ces divers éléments en 1890 et 1905.

La valeur du capital a augmenté de 125 p. 100; la valeur des produits de 10 p. 100.

En 1890, la valeur des produits dépassait de 19 p. 100 le chiffre du capital; en 1905, elle était de 3 p. 100 au-dessous.

La valeur des matières premières relativement à celle des produits n'a pas varié : 68 p. 100.

Relativement à la valeur des produits, les salaires des ouvriers comptaient en 1890 pour 18 p. 100 et en 1905 pour 15 p. 100. Le nombre des ouvriers a augmenté de 63 p. 100 et le chiffre des salaires de 78 p. 100. Comparé avec le nombre des ouvriers, ce dernier chiffre montre une augmentation de 15 p. 100.

Si on réunit les employés et les ouvriers ensemble, on trouve que leur rémunération comptait dans la production en 1890 pour 19 p. 100 et en 1905 pour 17 p. 100. Leur nombre a augmenté de 70 p. 100 et le chiffre de leurs salaires de 93 p. 100.

Malgré l'*United States Steel Corporation* de Carnegie, le nombre des établissements est resté à peu près le même. Ses fondateurs prétendaient qu'il « contrôlait » 82 p. 100 de la production sidérurgique des États-Unis. Maintenant il n'en représente pas plus de la moitié.

CONCLUSION

Le nombre des établissements industriels aux États-Unis n'a pas diminué : donc le *phénomène de la concentration* des industries, selon la formule de Karl Marx, *ne s'y est pas manifesté.*

CHAPITRE III

La Répartition des industries en France

Répartition de la population active. — Chefs d'établissements et établissements. — Répartition des établissements industriels d'après leur personnel. — Nombre des ouvriers par établissement. — La grande industrie en France. — Conclusion. Le nombre des patentes.

I

J'ai déjà montré, dans les observations que j'ai faites sur la répartition des industries d'après le *Census* des États-Unis, l'importance qu'avait le mode de compter les établissements.

Les *Résultats statistiques du Recensement de la population en France* de 1901 les confirment.

Le recensement du 24 mars 1901 indique 19 700 000 personnes comme exerçant une profession, soit 50,7 p. 100 de la population totale qui est de 38 961 900. En 1896, la proportion ne s'élevait qu'à 49,3 p. 100.

Pour le sexe masculin, le chiffre est de 12 911 000, soit 65 p. 100 en 1901 au lieu de 67 p. 100 en 1896; pour le sexe féminin, le chiffre est de 6 805 000, soit 35 p. 100 au lieu de 33 p. 100. Le rapport suppose que cet écart provient de ce qu' « un certain nombre de bulletins avaient échappé au dépouillement » dans le recensement de 1896.

Si on se contente du chiffre total, on trouve le résultat suivant :

Chefs d'établissements	4 865 700
Employés et ouvriers	10 655 800
Travailleurs isolés	4 121 200

Les chefs d'établissements et les travailleurs isolés seraient au nombre de 8 996 900. Ils représenteraient donc 45 p. 100 du total.

Mais dans le chiffre de 10 655 800 ouvriers et employés sont comprises les personnes qui font partie de la section 7, intitulée : Professions libérales, et du groupe 9 a, Services de l'État, des départements et des communes. Le président de la République, les sénateurs, les députés, les préfets, directeurs des ministères, des administrations, les ambassadeurs, les magistrats, etc., viennent tous grossir ce chiffre des employés et ouvriers mis en regard du chiffre des chefs d'établissements. Ce tableau comprend les instituteurs et les postiers, dont certains se prétendent de simples salariés. Cependant, leur nombre ne peut être mis en regard de celui des chefs d'établissements, puisqu'ils n'ont de rapport qu'avec l'État.

Il est donc inexact de dire qu'il y a, sur 100 personnes occupées à la date du recensement, 26 chefs d'établissements, 52 employés ou ouvriers, 22 travailleurs isolés. Le chiffre des professions libérales comprend 400 000 personnes. Le tableau de la page 181 indique que le nombre des travailleurs isolés y est de 36,51 p. 100. Un médecin, un avocat, un peintre, sont considérés comme des travailleurs isolés ; mais je vois (p. 183), dans le tableau du personnel des établissements, que les professions libérales représentent 246 800 personnes, dont 44 800 chefs d'établissements, 167 000 employés, 35 000 ouvriers. Ces chiffres auraient besoin d'explications.

Or, je trouve (t. IV, p. 124) les chiffres suivants :

Professions libérales.	399 800
Services de l'État, des départements et des communes.	1 297 500
Total.	1 697 300

Si je déduis ces 1 697 300 personnes des 10 655 800 employés et ouvriers de l'agriculture et de l'industrie, je trouve qu'ils sont ramenés au chiffre de 8 958 500, c'est-à-dire qu'ils sont 38 600 de moins que les chefs d'établissements et les travailleurs isolés. La proportion est renversée. Au lieu d'être en minorité, ils sont en majorité. Veut-on déduire des 400 000 personnes appartenant aux professions libérales les 200 000 classées comme employés et ouvriers : nous avons en chiffres ronds un total de 1 500 000, et alors nous aurions, du côté des employés et ouvriers 9 155 000, et du côté des chefs d'établissements et des travailleurs isolés, 9 158 000. On peut donc en conclure que ces deux grandes catégories sont à égalité.

II

Le tableau de la page xix (t. IV) donne un chiffre de de 1 865 700 pour les chefs d'établissements; c'est à ce chiffre qu'il faut comparer le nombre des salariés et employés, si on veut se rendre compte du rapport de quantité qu'il y a entre eux. Il n'y a pas autant d'établissements qu'il y a de chefs d'établissements. C'est exact. Mais l'économiste et l'homme politique ont besoin d'avoir le chiffre exact des deux groupes :

D'un côté. . . .	1 865 700	chefs d'établissements.
D'un autre. . .	9 155 000	ouvriers et employés.

Il y a donc moins de 2 ouvriers et employés relativement à 1 chef d'établissement.

Il y a 65 p. 100 d'ouvriers et d'employés, 35 p. 100 de chefs d'établissements.

En 1896, on avait relevé 2 983 000 établissements où deux ou plusieurs personnes travaillent en commun. En 1901, ce chiffre a été porté à 3 185 000. Cette augmentation indiquerait le contraire d'une concentration d'industries ; mais le rapport nous dit qu'elle provient des « conditions nouvelles du dépouillement qui ont permis de compter beaucoup d'établissements familiaux qui n'avait point été enregistrés en 1896 ». Soit.

Le rapport ajoute : « Si on laisse de côté les établissements composés uniquement du mari et de la femme ou d'associés travaillant sans aides, le sens du mouvement se trouve renversé : le chiffre des établissements occupant au moins 1 ouvrier ressort au chiffre de 2 256 000 en 1901 au lieu de 2 390 000 en 1896 ; mais cette diminution porte sur les établissements de l'agriculture. En 1896, on avait compté, dans les exploitations agricoles, un grand nombre d'enfants de cultivateurs qui, en 1901, ont été laissés en dehors de la population active.

« Dans l'industrie, au contraire, dit le rapport, le nombre des établissements a augmenté. »

Mais, dans ce nouveau tableau (p. xiv), le rapport supprime tous les établissements qui n'occupent pas d'ouvriers. Or, dans le tableau de la page xvii, le nombre des chefs d'établissements a augmenté aussi bien dans l'agriculture que dans l'industrie.

	Chefs d'établissements.	
	1901.	1896.
Agriculture..	3 469 200	3 086 200
Industrie.	813 110	715 000
Commerce.	538 800	411 300

Donc, dans chacune des trois grandes classes, il y a eu augmentation du nombre des chefs d'établissements.

C'est un phénomène de diffusion et non de concentration.

Les petits établissements qui ne comptent habituellement que les membres de la famille sont un facteur trop important dans la production pour que, si on le supprime, on ait une idée nette de ce phénomène; et de même que pour le *Census* américain, je signale ici la tendance des services publics de statistique à éliminer les petits établissements. C'est tout naturel. Ils exigent beaucoup de travail.

Le tableau de la page xix ne contient que les établissements occupant des ouvriers. Il présente un léger recul pour le nombre des établissements agricoles.

	Nombre d'établissements occupant des ouvriers et employés.	
	1901	1896
Agriculture.	1 340 000	1 484 000
Industrie.	616 000	592 600
Commerce.	249 000	233 000

Ce mouvement est donc le contraire d'un mouvement de concentration. Le rapport dit : 573 000 établissements occupaient de 1 à 20 ouvriers ou employés en 1896, on en compte 594 000 en 1901; le nombre des établissements de 21 à 100 ouvriers s'est élevé de 15 583 à 17 570, et celui des grands établissements occupant plus de 100 ouvriers s'est accru de 600 unités, passant de 3 668 à 4 268. Sur 100 000 établissements, on en comptait 619 de plus de 100 ouvriers en 1896, on en trouve 693 en 1901.

Dans le commerce, même mouvement : le nombre des petits établissements a augmenté de 231 000 à 246 000, celui des moyens de 1 953 à 2 279, celui des grands de 113 à 192. Sur 100 000 établissements ayant des employés, 61 en occupaient plus de 100 en 1896. On en compte 77 en 1901.

Si le nombre des petits établissements avait diminué, on aurait pu en conclure au phénomène de concentration, dans les industries, selon la formule marxiste. Mais, du moment que le nombre des petits établissements a augmenté aussi, on ne doit pas donner à ce phénomène le nom de concentration des industries, mais le nom exact de développement des industries.

Si maintenant nous entrons dans des détails, nous trouvons pour l'agriculture (p. 131) :

	Chefs d'exploitation.	
	1901	1896
Chefs d'établissements du sexe masculin. . .	2 008 000	1 822 000
Chefs d'établiss. du sexe féminin (non mariées)	125 000	134 000
Travailleurs isolés (sauf les journaliers). . .	1 096 000	1 293 000
	3 229 000	3 249 000

Le nombre des chefs d'établissements a augmenté ; celui des ouvriers isolés a diminué. On peut admettre qu'un certain nombre d'ouvriers isolés ont passé dans la première catégorie. C'est « le contraire de la prolétarisation constante des petits propriétaires », qui est un des actes de foi du socialisme dit scientifique.

III

Au tome IV des *Résultats statistiques du Recensement de 1901* on trouve (p. 191) la répartition des établissements industriels (non compris les entreprises de transport).

Ces chiffres ont été établis de la manière suivante : « L'effectif du personnel des établissements occupant plus de 5 000 ouvriers a été déterminé directement par le recensement. Pour les autres, le chiffre des ouvriers recensés directement et le chiffre des évaluations ne concordent pas exactement ; le premier est de 3 606 000, le second de 3 723 000 ; après l'interpolation, le total est de 3 526 800. »

Le rapport poursuit : « On ne pouvait s'attendre à trouver exactement le même nombre. En effet, 3 000 établissements industriels n'ont pu être classés : ce sont certainement de petits établissements n'employant fort probablement ensemble pas plus de 15 000 ouvriers. » La première assertion me paraît juste, la seconde ne repose sur rien de précis. « De plus, ajoute le rapport, dans l'industrie et le transport se trouvent compris un grand nombre de manœuvres et de journaliers n'ayant point fait connaître l'établissement qui les occupe et dont une partie travaille sans doute dans l'industrie. »

Il faut ajouter que tous les ouvriers ne travaillent pas constamment dans le même établissement. Ces chiffres se rapportent à des phénomènes constamment variables, tandis que, forcément, ils paraissent fixes.

Mais le chiffre de 3 526 000 salariés est inférieur de 506 000 au chiffre de 4 032 000 porté au tableau de la page 188. Dans ce tableau, les chiffres sont poussés jusqu'aux unités. Or une note qui le précède dit qu'on ignore le nombre des ouvriers de 11 000 établissements ; et cette note ajoute que ce n'est que par déduction que l'on est arrivé à obtenir le nombre des ouvriers des établissements contenant plus de 10 ouvriers.

Ces observations faites, je reproduis le tableau de la page 191.

Établissements.	Nombre d'ouvriers et employés.		Nombre d'ouvriers et employés.	
	1901	1896	1901	1896
			pour cent.	
De 0 à 10 ouvriers et employés.	1 130 800	1 134 000	32	36
De 11 à 100 — — .	999 100	853 000	28	28
De plus de 100 — — .	1 396 800	1 124 000	40	36
	3 526 700	3 111 700	100	100

D'après ces évaluations, 60 p. 100 des ouvriers sont occupés dans la petite et la moyenne industrie ; 40 p. 100 dans la grande. En 1896, il n'y en avait que 36 ; c'est donc une différence de 4 p. 100. Mais, d'après le caractère d'incertitude que présentent ces chiffres, cette différence est insignifiante. Serait-elle absolument rigoureuse, serait-elle plus grande qu'elle ne l'est, qu'il n'en resterait pas moins le fait que dans l'industrie le nombre des chefs d'établissements est de 813 000 en 1901 contre 715 000 en 1906. Il a donc augmenté.

Le nombre des ouvriers et employés est de 4 507 000 contre 3 959 000 en 1896. Il y a 46 ouvriers contre 10 chefs d'établissements.

Mais si on supprime ceux qui ont déclaré n'avoir pas d'ouvriers, — et ceux qui ont intérêt à faire cette déclaration sont d'autant plus nombreux que la police des lois sur le travail devient plus tracassière, — nous trouvons 616 000 établissements (p. 187) ; cela donne une moyenne de 63 ouvriers par 10 établissements.

IV

On trouve (p. 187) un tableau dont les chiffres ne sont pas identiques à ceux fournis à la commission (p. xviii et xix) ; je prends ceux de ce tableau parce qu'il est suivi de la phrase suivante : « Le nombre moyen des ouvriers par établissement a augmenté, ce qui est un premier indice de concentration du personnel des établissements. »

Dans quelle proportion ?

	Établissements.		Personnel salarié.		Par établissement.	
	1901	1896	1901	1896	1901	1896
					Nombre d'ouvriers.	
Agriculture	1340500	1500000	2918400	3283600	2,2	2,3
Industrie et transports	620800	603200	4308100	3788400	6,9	6,3
Commerce	250300	219600	763200	657100	3,0	2,6
Professions libérales	43900	36600	202364	161100	4,6	4,4
					3,6	3,3

Au point de vue du pourcentage, l'augmentation du nombre des ouvriers, ce premier indice de la concentration, serait en moyenne de 30 ouvriers pour 100 établissements (360 — 330). C'est dans la catégorie Industrie et transports que se rencontre l'augmentation maximum (60 ouvriers pour 100 établissements), tandis que l'Agriculture et les Professions libérales présentent les chiffres minimums (10 et 20 p. 100).

A la page 185, les sous-groupes professionnels, donnant le nombre moyen des employés et ouvriers par établissement occupant au moins 1 employé, sont classés dans le tableau suivant :

	Nombre de salariés par établissement.
Métallurgie du fer et de l'acier	689
Mines et minières	477
Établissements industriels de l'État ou des communes	245
Métallurgie de métaux divers	181
Verrerie	140

Nous tombons immédiatement au-dessous de 100 :

Fabrique du papier	66
Fabrication de la faïence et de la porcelaine	55
Papiers peints, cartes à jouer	47
Industrie cotonnière et lainière	46
Fabrique de caoutchouc	41
Fabrique de l'alcool et du sucre	39
Teintures, apprêts, blanchiments, impressions	38
Instruments de musique en métal	37
Fabrique de gaz d'éclairage, de pétrole	34
Produits chimiques, explosifs, etc.	19 à 25

Pour les autres industries, on trouve 16 et au-dessous.

Ainsi, il n'y a que cinq sous-groupes industriels qui comptent plus de 100 ouvriers par établissement.

A la page 186, se trouve une liste des industries indiquant le nombre moyen des ouvriers occupés par établissement, pour les années 1901 et 1896. Mais il est regrettable qu'à côté du nombre des ouvriers, on ne trouve pas le nombre des établissements.

	1901	1896
Mines de houille.	953	857
Fer blanc.	953	698
Hauts fourneaux (première fusion).	701	504
Aciéries.	687	510
Navires en fer.	524	116

Si le nombre des établissements a diminué entre les deux recensements, alors on pourra dire qu'il y a eu concentration. Si leur nombre a augmenté, il y a eu développement de l'industrie.

Aussitôt après ces cinq industries, on tombe à un chiffre d'ouvriers inférieur à 500. On en trouve 18 ayant un nombre supérieur à 200. Il y a en tout 53 sous-groupes industriels comptant plus de 100 ouvriers. Il est regrettable que le même tableau n'indique pas le nombre d'établissements qu'ils représentent. Nous savons seulement, d'après le tableau qui suit (p. 187), que le nombre des établissements industriels ayant plus de 100 ouvriers se répartit de la manière suivante :

	Nombre d'établissements.		Proportion pour 10 000.	
	1901	1896	1901	1896
De 101 à 200...	2375	2053	39	35
De 201 à 500...	1342	1158	22	19
De 501 à 1000...	340	300	6	5
De 1001 à 2000...	147	107	2	2
De 2001 à 5000...	46	35	»	»
Plus de 5000...	18	13	»	»

Ainsi le nombre de tous ces établissements a augmenté, ce qui est une preuve non de la concentration mais du développement de l'industrie.

On voit en même temps quelle faible part représente la grande industrie en France. On a été obligé d'élever à 10 000 le chiffre absolu pour obtenir des unités ; et on n'y est pas arrivé pour les établissements au-dessus de 2000 ouvriers.

Quant aux petits établissements ne comptant que 1 ouvrier, qui auraient dû disparaître, ils ont passé de 290 800 à 318 300, soit de 4900 sur 10 000 à 5100, ce qui prouve un mouvement en sens exactement contraire à celui de la prolétarisation. Le développement de la grande industrie n'a pas tué l'esprit d'entreprise et d'initiative de l'ouvrier capable de s'établir.

Pour le commerce, nous trouvons le même phénomène :

	Nombre d'établissements.		Proportion pour 10 000.	
	1901	1896	1901	1896
De 101 à 200...	122	92	5	4
De 201 à 500...	51	36	2	2
De 501 à 1 000...	6	5	»	»
De 1 001 à 2 000...	4	7	»	»
De 2 001 à 5 000...	5	3	»	»
Plus de 5 000...	1	»	»	»

A la page 197, un tableau indique quel est le personnel salarié occupé dans les différents groupes d'industrie proprement dite, avec la fraction de ce personnel occupé dans les petits établissements.

Dans ce tableau, il n'y a que six sous-groupes industriels dans lesquels les ouvriers employés dans des établissements comptant un personnel de plus de 100 personnes sont en majorité :

	Nombre total des salariés	Nombre des salariés compris dans les établissements occupant plus de 100 personnes (évaluation).
Mines et minières. . .	189 100	183 000
Industries chimiques. .	101 900	53 000
Caoutchouc, papier . .	65 200	38 000
Industries textiles. . .	636 700	434 000
Métallurgie	75 200	73 500
Céramique et verrerie.	111 500	78 000
		859 000

Ce personnel s'élève à 859 000 sur un total de 1 317 000 ouvriers [1] employés dans les établissements occupant plus de 100 ouvriers, soit 65 p. 100. On voit à quel petit nombre de groupes est limitée la grande industrie dont la majorité des ouvriers est employée dans des établissements au-dessus de 100 ouvriers.

V

A la page 128, un tableau donne l'importance relative des divers groupes qui comprennent la population industrielle pour 10 000 personnes de la population active.

Voici la proportion de ces industries :

	1901	1896
Mines et minières.	273	245
Industries chimiques.	157	132
Caoutchouc, papier.	101	92
Industries textiles	1277	1417
Métallurgie.	108	88
Céramique et verrerie	230	229
	2146	2203

1. Dans le tableau de la page 191, ce chiffre est de 1 396 000

Ces établissements, qui représentent, en France, la grande industrie par destination, ne comptent donc qu'un peu plus du cinquième des salariés; et leur importance relative a diminué de 1896 à 1901, parce qu'il y a eu diminution dans les industries textiles.

Mais si on en retranche les industries textiles, on trouve :

1901	1896
869	781

Ainsi le personnel de ces grandes industries a augmenté seulement de 85 pour 10 000, moins de 1 p. 100.

Il compte dans l'ensemble des industries pour moins du dixième, 7,84 p. 100.

Cette importance relative a un côté factice et un côté positif :

Un côté factice, car le développement de certaines de ces industries, ayant été provoqué par la protection, est artificiel;

Un côté positif, car non seulement les besoins généraux n'ont pas cessé de se développer, mais en outre l'industrie métallurgique a reçu une grande impulsion du traitement des minerais de Briey, le caoutchouc de l'automobilisme, et ces établissements exigent de grandes installations et un nombreux personnel.

VI

Tous les résultats statistiques du recensement de 1901 en France indiquent non pas le phénomène de concentration qui impliquerait la diminution des établissements industriels, mais le phénomène du développement et de l'expansion de l'industrie.

Le nombre des patentes confirme ces résultats. En

1822, il était de 955 000 ; malgré les radiations dont plusieurs lois ont fait bénéficier les petits patentés, il était en 1869 de 1 775 000, il était en 1904 de 1 784 000 et en 1905 de 1 791 000 Il s'élève lentement, mais il ne subit pas de recul ; et on ne peut attribuer cette augmentation à un grand développement de la population.

CHAPITRE IV

La répartition des Industries en Belgique

1. Définition de l'entreprise. — 2. Nombre des entreprises et du personnel. — 3. Grandes et petites industries.

I

Pour la Belgique, je prends mes renseignements dans le *Recensement général des industries et des métiers* (analyse des volumes IV et V). M. L. March en a fait déjà, en 1902, à la Société de statistique, une analyse à laquelle j'emprunte ce début :

La principale unité du recensement belge est l'*entreprise* industrielle, mais la définition de l'entreprise est un peu différente de celle adoptée en France pour l'*établissement*, lors du recensement de 1896.

En France, l'établissement est défini par un groupe de personnes travaillant en commun, par le nom ou la raison sociale, par l'existence d'un siège dans une localitée déterminée. Un établissement peut comprendre, par exemple, une filature et un tissage réunis sous la direction d'un même patron, dans une même localité. Pour les auteurs de la statistique belge, le tissage et la filature rassemblés dans un même bâtiment ou dans des bâtiments contigus constituent une entreprise multiple ou complexe comprenant deux divisions d'entreprise ou deux exploitations. Si un industriel possède des établissements non contigus, dans différentes parties d'une ville ou du pays, on compte autant d'entreprises distinctes.

II

On comptait en Belgique au mois d'octobre 1896 (non compris les ateliers de l'État) :

> 326 089 entreprises en activité,
> 11 306 entreprises en chômage (soit 3,3 p. 100).

Les 326 089 entreprises et divisions d'entreprises en activité se répartissaient de la façon suivante :

> 1° 231 420, soit 70,97 p. 100, entreprises exploitées par des patrons ou des sociétés;
>
> 2° 94 334, soit 28,93 p. 100, entreprises appartenant à l'industrie à domicile;
>
> 3° 335, soit 0,10, installations louées par des ouvriers dans des ateliers publics [1].

La population occupée dans les industries et métiers compte 1 102 000 personnes.

Les employeurs fabriquant dans leurs établissements sont au nombre de.	232 500
Les employeurs faisant fabriquer au dehors.	5 400
Total. . . .	237 900 ou 21 p. 100
Nombre des salariés.	861 200 ou 79 p. 100

[1]. On appelle ainsi les établissements où des ouvriers travaillant à façon, soit seuls, soit avec des membres de leur famille ou des ouvriers salariés, trouvent à louer une place et le plus souvent de la force motrice.

Les salariés se répartissent de la manière suivante :

a. Directeurs, gérants, ingénieurs, surveillants,
   employés. 39 100
b. Ouvriers d'usines, ateliers, mines, etc. . . . 671 607
c. Ouvriers travaillant à domicile 101 100
d. Intermédiaires de l'industrie à domicile. . . 1 300
e. Membres de la famille des exploitants comme
   ouvriers 50 600
f. Ouvriers travaillant en ateliers publics. . . . 366

Les entreprises exploitées par des particuliers ou des sociétés de personnes sont au nombre de 324 000 ; celles exploitées par des sociétés par actions sont au nombre de 2 000.

L'analyse du recensement fait deux catégories :

1° Industrie proprement dite : a. Entreprises
   individuelles ou exploitées par des so-
   ciétés de fait ou en nom collectif. . . 229 400 ou 99,13 } 100
b. Sociétés par actions et coopératives. .   2 000 ou 0,87 }
2° Industrie à domicile ou en ateliers pu-
   blics, entreprises individuelles ou socié-
   tés coopératives . . . .   91 600 ou 99,99 } 100
Sociétés coopératives. . . . .   8 ou 0,01 }

Dans les deux groupes d'industrie, la presque totalité des entreprises sont individuelles ou constituées en association de fait ou de personnes.

Le nombre des sociétés par actions est de 1 854, mais elles emploient 278 200 salariés sur 664 000 [1], soit 41,90 p. 100 du total des ouvriers de l'industrie proprement dite.

Si on défalque l'industrie houillère, dont presque tous les ouvriers sont occupés par des sociétés par actions, ce nombre tombe à 164 000 sur 547 000.

L'industrie minière (fond et surface réunis) comprend

---

[1]. Ce chiffre est un peu au-dessous de celui donné ci-dessus.

115 800 ouvriers dont 97,48 p. 100 occupés par des sociétés par actions.

Nous trouvons ensuite les industries dont les entreprises en sociétés par actions occupent entre 75 et 100 p. 100 du personnel ouvrier total :

Entreprises en sociétés par actions.	Nombre d'ouvriers	Rapport p. 100 au personnel total.
Filatures de lin.	13 300	97,21
Puddlage et laminage.	11 700	93,37
Verreries à vitre.	9 700	77,19
Ateliers de construction de matériel de chemin de fer.	8 200	93,92
Gobeletteries, cristalleries . . .	7 800	91,35
Chemins de fer (exploitation et voie et travaux réunis)	5 600	99,68
Fabriques de zinc.	4 990	91,08
Aciéries	4 400	91,58
Chem. de fer vicinaux, tramways.	2 700	98,63
Fours à coke.	2 300	98,09
Usines à gaz (y compris les services extérieurs).	2 100	88,63

Il y a ensuite huit industries au-dessous de 2 000 et au-dessus de 1 000 ouvriers, trois au-dessus de 500, six au-dessus de 100.

On parle beaucoup des sociétés coopératives de production belges. Elles sont au nombre de 167 et n'occupent que 2 100 ouvriers dont 660 dans la boulangerie et 611 dans des entreprises de chargement et de déchargement. Ces dernières sont en réalité des sociétés commerciales de travail.

Dans l'industrie proprement dite, non compris l'industrie à domicile et en ateliers publics, on compte, sur 231 120 entreprises et divisions d'entreprises, 160 400, soit 69,32 p. 100, plus des deux tiers appartenant à la très petite industrie. Dans 14 500, un ou plusieurs chefs d'établissements travaillent sans l'aide d'aucun ouvrier, membre ou non de leur famille.

Dans 17 800 entreprises et divisions d'entreprises (7,71 p. 100), un chef d'établissement ou plusieurs chefs d'établissements associés travaillent avec un ou plusieurs membres de leur famille, très généralement leurs enfants.

Sur les 231 400 entreprises et divisions d'entreprises, il n'y en a que 70 900, soit moins du tiers, qui occupent au moins un ouvrier proprement dit.

III

Il est difficile de trouver pour la petite industrie un critérium qui convienne à toutes les branches de fabrication : un moulin à farine comptant 7 ou 8 ouvriers n'appartient plus à la petite industrie, tandis qu'un tissage n'occupant qu'une dizaine d'ouvriers doit y être rangé.

La direction du Recensement belge a pris comme critérium empirique le chiffre de 4 ouvriers et au-dessous : 55 000 entreprises (soit 23,76 p. 100) ou le quart de l'ensemble des entreprises occupant au moins 1 ouvrier sont dans ce cas. Elles représentent un total de 96 000 ouvriers, soit en moyenne moins de 2 ouvriers par entreprise ou division d'entreprise.

Les couturiers, tailleurs, cordonniers, menuisiers, charpentiers, boulangers, maréchaux ferrants, serruriers-poêliers, maçons, peintres, charrons, couvreurs, plombiers, lingères, modistes, etc., tous ces métiers rentrent dans la petite industrie et même, pour une forte proportion, dans la très petite industrie.

En Belgique, on compte dans la moyenne industrie

les établissements occupant inclusivement de 5 à 49 ouvriers ; ils sont au nombre de 13 830, soit 6 p. 100 de l'ensemble ; ils représentent 173 000 ouvriers, soit en moyenne 12,5 par établissement ou 26 p. 100 de l'ensemble des ouvriers.

La moyenne industrie comprend les entreprises de maçonnerie, de brasserie et malterie, de construction, de menuiserie et de charpente, de confection pour vêtements de femmes, de carrières, de fonderies et d'ateliers de constructions métalliques, etc.

De 50 à 499 ouvriers, la grande industrie compte 2 000 établissements, représentant une population ouvrière de 295 000, soit 146 ouvriers par entreprise ou division d'entreprise. Sur un total de 664 000 ouvriers occupés dans l'industrie proprement dite, il y en a donc 295 000, soit 44 p. 100, occupés dans la grande industrie.

Dans l'industrie houillère, sur 115 800 ouvriers, il y en a 86 000 faisant partie de ce groupe de la grande industrie. Si on le défalque, on trouve 209 000 ouvriers, qui représentent 142 ouvriers par entreprise et 35,78 p. 100 de l'ensemble des ouvriers.

Ces grandes entreprises comprennent le même genre d'industries que nous avons trouvées aux États-Unis et en France : métallurgie et constructions métalliques, filatures.

La très grande industrie comprend 133 établissements comptant plus de 500 ouvriers, soit un total de 100 000 ouvriers, ou 15 p. 100 de l'ensemble des ouvriers. Sur ce chiffre, 30 000, près du tiers, appartiennent à 16 mines de houille, 8 600 à 7 filatures de lin, 6 300 à 9 fabriques de fer, 5 000 à 6 verreries à vitres, 5 000 à 2 gobelleteries et cristalleries.

Sur 100 ouvriers, il y en a 44 occupés dans la grande industrie et 15 dans la très grande industrie, soit 59 sur 100.

En unissant par supputation les entreprises multiples, le rapport arrive au résultat suivant (p. 23) :

	Nombre réel des entreprises.		Nombre d'ouvriers.	
Très petite et petite industrie (0, 1, 2, 3, 4 ouvr.). . . .	211 700	au lieu de 215 400	92 000	au lieu de 95 000
Moyenne industrie (15 à 49 ouvr.). .	13 000	— 13 800	162 000	— 172 700
Grande industrie (50 à 499 ouvr.). . .	1 156	— 2 000	250 000	— 295 000
Très grande industrie (500 ouvr. et plus).	181	— 133	160 000	— 100 000

Il y aurait ainsi 24 p. 100, soit le quart de l'ensemble des ouvriers occupés dans la très grande industrie.

Cela tient au caractère de l'industrie de la Belgique : mines, constructions métalliques, filatures et tissages.

Voici comment se classe cette population :

Chefs d'établissements.	232 500
Directeurs et employés.	37 800
Membres de la famille des chefs d'établis.	34 400
Entreprises à domicile.	87 200
Ateliers publics	330
	392 230
Ouvriers de l'industrie proprement dite.	664 000
— à domicile . . .	14 000
	678 000

J'ai mis dans le même groupe que les chefs d'établissements, les directeurs, contremaîtres, employés, parce que les ouvriers considèrent que leurs intérêts sont distincts des leurs.

Nous avons donc d'un côté 71 p. 100 de salariés contre 29 p. 100 de chefs d'établissement et employés, soit un peu plus de 3 salariés pour 1 chef d'établissement.

    La très petite industrie représente plus de. . . 70 p. 100
    La petite industrie (4 ouvriers et au-dessous. . 23 —
                                                                 93 —

Il faut y ajouter l'industrie à domicile. La grande industrie n'a donc pas plus étouffé la petite en Belgique qu'elle ne l'a étouffée aux États-Unis et en France.

Les faits ne ratifient, dans aucun de ces trois pays, la théorie de la concentration des industries émise par Karl Marx.

J'ai demandé à la session de l'Institut international de statistique, qui s'est tenue à Copenhague, au mois d'août 1907, que le mot concentration ne fût employé, dans le langage statistique, que pour désigner une diminution absolue et relative dans le nombre des établissements agricoles, industriels, commerciaux, financiers, corrélative à un accroissement de l'activité globale de la catégorie à laquelle ils appartiennent. Ce vœu a été renvoyé à la commission du *Vocabulaire de la statistique* qui a été nommée dans cette session

LIVRE VI

LES CONTRADICTIONS DU SOCIALISME SCIENTIFIQUE

CHAPITRE PREMIER

Les prophéties « scientifiques »

« La nécessité naturelle », d'après Marx et Engels. — Les faits démentent la nécessité naturelle. — Théories fatalistes. — Méfiance de Werner Sombart. — Intervention des marxistes contre « la nécessité naturelle. » — La législation sociale doit la retarder.

Marx et Engels se posaient en prophètes scientifiques. En dehors de la formule *a priori* de Ricardo, ils avaient le plus profond mépris pour les lois naturelles de l'échange dégagées par les économistes. Mais ils affirmaient « la nécessité naturelle ». La grande révolution qu'ils prétendaient avoir faite, c'était d'en avoir introduit, dans la mentalité socialiste, la notion. Ils prétendaient que, dans le *Manifeste communiste*, ils avaient tracé le processus qui aboutirait fatalement au communisme.

Le développement économique s'effectue d'une façon déterminée, et précisément parce qu'il s'effectue de cette façon déterminée, s'accomplissent toutes les choses dont il s'agit dans le programme. Donc, bourgeois, capitalistes, vous ne pouvez pas échapper : ouvriers, salariés, vous êtes certains du triomphe, car les choses se passeront comme nous l'avons annoncé. Karl Marx est Dieu et Engels est son prophète !

Il y a vingt-trois siècles que Thucydide a défini le rôle de l'histoire : « Connaître la vérité sur le passé afin de prévoir l'avenir. » Mais il faut connaître la vérité, et si on ne connaît pas la vérité, si on invente les faits au lieu de les observer, on se trompe dans ses prévisions et on trompe les autres.

Dans le *Capital*, Karl Marx dit : « La réflexion sur les formes de la vie sociale, et par conséquent leur analyse scientifique, suit une route complètement opposée au mouvement réel [1] » ou autrement, le présent explique le passé, mais n'explique pas l'avenir.

Par conséquent, le vrai marxiste doit couper toute la partie future du *Manifeste communiste* et n'examiner que le mouvement historique.

Toute la « nécessité naturelle » de Karl Marx est fondée sur la « paupérisation » du plus grand nombre et la concentration des capitaux et des industries entre un nombre de personnes de plus en plus restreint. Or, comme ce phénomène ne se produit pas, la « nécessité naturelle » n'existe pas.

Si Karl Marx et Engels avaient été logiques, ils auraient abouti au fatalisme. Nul besoin de la part de leurs disciples d'une action quelconque. Ils n'ont qu'à contempler les forces économiques, entraînant d'un côté la concentration des capitaux, et d'un autre la formation de la masse prolétarienne.

Si la nécessité du communisme est naturelle, il n'y a qu'à attendre qu'elle se produise. Il n'y a pas besoin d'intervention traumatique. Elle ne pourrait que troubler ce développement. Il faut le laisser accomplir en paix sa crise de croissance.

M. Werner Sombart constate que des marxistes sont, en effet, convaincus que ce processus naturel s'accomplit en dehors de l'activité des hommes (p. 139). On n'a donc qu'à laisser faire.

C'est logique et inoffensif.

Pourtant M. Werner Sombart avoue que : « La nécessité naturelle (*naturnoth wendigkeit*) repose sur une série d'idées qui ne sont pas tout à fait claires » (p. 100). Et il a de la méfiance. « On ne trouve, dit-il, dans les écrits de Marx et d'Engels, aucune preuve de la « nécessité » de la marche du mouvement social qui réponde à une méthode scientifique. »

Karl Marx dit que, dans le passé, tous les mouvements sociaux ont été accomplis par des minorités ; mais que « le mouvement prolétaire est le mouvement spontané de l'immense majorité dans l'intérêt de l'immense majorité » (§ 29).

Mais il faut que cette immense majorité, résultant de la « nécessité naturelle », existe ; et les recensements industriels prouvent la faillite de cette nécessité naturelle.

Si les faits sur lesquels ce processus est établi sont inexacts, ce *processus* ne se produira donc pas? Et comment les socialistes, qui se prétendent scientifiques, peuvent-ils l'invoquer alors que l'expérience leur en démontre la fausseté ?

Si les marxistes croyaient à la « nécessité naturelle », ils laisseraient la société économique évoluer en toute liberté.

La loi de la concentration des capitaux par le surtravail étant une nécessité naturelle et devant aboutir au triomphe de la classe prolétarienne par le communisme, les marxistes ne doivent pas essayer d'en retarder l'avènement.

Cependant, dans leurs programmes de Gotha (1875) et d'Erfurt (1891); dans le programme du Havre (1880), rédigé par Karl Marx lui-même, ils demandent une législation du travail. Bien plus, dans son grand ouvrage doctrinal, le *Capital*, Karl Marx a célébré en termes enthousiastes le *Factory act* de 1850, comme une « grande charte » de beaucoup supérieure « au pompeux catalogue des Droits de l'Homme » (t. I, ch. x). Il commettait un contresens ; car si ce *Factory act* a pour résultat de diminuer « la plus-value », il retarde « la nécessité naturelle » de l'avènement du communisme.

Toutes les interventions que proposent ou qu'approuvent les socialistes, qui ont pour objet d'améliorer la condition actuelle des ouvriers, sont des obstacles placés devant les prophéties marxistes. Que des bourgeois imbus d'étatisme et de paternalisme, veuillent donner « des satisfactions aux ouvriers », répètent qu'il faut faire « quelque chose », essaient d'empêcher la révolution sociale avec de petites mesures de police, de la détourner par de petites déviations, ils sont logiques. Mais lorsque Karl Marx conseille ces mesures, célèbre le *Factory act*, est-ce qu'il ne mérite pas le titre d'« endormeur » que les ouvriers sceptiques décernent à ceux qui pratiquent cette politique, préconisée par Le Play et ses disciples ? Si ces mesures ont un effet utile au point de vue de la condition des ouvriers, elles sont des obstacles à la révolution sociale.

Si le *Factory act* a eu les effets bienfaisants que Karl Marx célèbre en termes si enthousiastes, comment peut-il prédire que l'Angleterre sera le pays qui verra le premier l'avènement du communisme ?

CHAPITRE II

Les Prophétes « Catastrophales »

La catastrophe anglaise. — Le *Labour Party* ne comprend pas la lutte des classes. — L'équivoque du congrès de Stuttgart. — « La grande symphonie » de Bebel. — Les rêves catastrophiques de Karl Marx et d'Engels. — Prophétie d'Engels pour 1898. — « Les principes internes du marxisme » et M. Georges Sorel. — « Les mythes ». — Le jugement dernier socialiste et le millénaire chrétien.

Karl Marx et Engels, et leurs disciples, prouvent que, tout en invoquant la « nécessité naturelle », tous prévoient une révolution sociale fulgurante, la fin du monde capitaliste, s'effondrant dans un embrasement général, au milieu des éclairs et des tonnerres.

Dans la préface du *Capital* en 1867, Karl Marx dit : « En Angleterre, la marche du bouleversement social est visible à tous les yeux. » Et, en 1875, en dépit de l'expérience de la Commune, il répète, dans une note à la fin de l'édition française : « L'Angleterre sera le centre de l'explosion centrale (t. I, p. 351). »

Cependant tous les socialistes autorisés du continent s'accordent pour déclarer que les Anglais ne comprennent pas la lutte des classes! Ils continuent, si bien que vingt-cinq membres des *Trade unions* rattachées au *Labour party*, n'ont pu être admis qu'à l'aide d'une équivoque au congrès de Stuttgart. Les ouvriers anglais se disent que, s'ils ont certains intérêts contraires à ceux des industriels, ils en ont encore plus de connexes. M. Vandervelde a dit que toutes les fois que les ouvriers combattent pour de plus hauts salaires, ils appliquent le principe de la guerre de classes. On n'a pas voulu éloigner ces recrues récalcitrantes [1].

Il y a vingt ans que Wolmar raillait Bebel de ses prédictions relatives à une grande guerre européenne au lendemain de laquelle les peuples, indignés de cette boucherie, ruinés par la banqueroute générale, prendraient en mains leurs destinées ; et, « dans cette grande symphonie, la démocratie sociale jouerait le rôle de premier violon ».

« Depuis 1845, disait M. Werner Sombart, Marx et Engels n'ont pas cessé de rêver de révolutions, de vraies révolutions où cela chaufferait, et de prédire leur explosion prochaine. Cela ne pouvait être que le résultat d'une analyse non réaliste de la situation et d'un jugement erroné sur les relations des forces politiques, économiques et sociales (p. 109). » Ces lignes étaient écrites en 1886 ; et dans une lettre à M. Paul Lafargue, datée de 1892, Engels fixait à 1898 le moment où, en Allemagne, le parti socialiste s'emparerait du pouvoir.

Karl Marx et Engels ont donc toujours été en contradiction avec leur affirmation de « la nécessité naturelle » tantôt en demandant au gouvernement d'y apporter des obstacles par la législation ouvrière, tantôt en rêvant d'insurrections, de révolutions et de catastrophes dramatiques. Leurs disciples continuent d'entretenir les mêmes chimères, quelques-unes comme moyen d'entraînement pour faire des recrues et d'intimidation pour leurs adversaires, d'autres avec la naïveté des croyants au millénaire. M. Gabriel Deville faisait appel

---

1. Congrès socialiste de Stuttgart, 20 août 1907.

« à toutes les ressources que la science met à la portée de ceux qui ont quelque chose à détruire ». M. Jules Guesde, hier encore au Congrès de Nancy, « mettait son fusil en joue, » quoique ce geste soit démodé.

M. Georges Sorel, ingénieur en chef des Ponts et Chaussées en retraite, qui a trouvé intéressant d'utiliser ses loisirs à faire une étude systématique et loyale du socialisme en général et du marxisme en particulier, a trouvé au cours de ses recherches que Karl Marx lui-même et, à plus forte raison, ceux qui se réclament de lui, étaient coupables de beaucoup d'hérésies et il les combat à l'aide des « principes internes » du marxisme.

Il propose de traiter comme des mythes les théories que les « savants » du socialisme ne veulent plus admettre et que les « militants » regardent comme des axiomes à l'abri de toute controverse. Quelle chute! le socialisme scientifique aboutissant à un « folk-lore »!

Karl Marx n'est plus qu'un inventeur et fabricant de mythes qui abuse de la crédulité de ses disciples; mais M. Georges Sorel ajoute que le dogme de la fin du monde a eu une telle influence au point de vue de la propagande du christianisme qu'il faut précieusement conserver le dernier dogme du jugement socialiste.

M. Faubert lui demanda un jour :

— Mais est-ce que maintenant le dogme de la fin du monde n'a pas une valeur de déception ?

M. Georges Sorel lui répondit :

— Les promesses du millénaire chrétien ne se sont jamais réalisées, et le christianisme a toujours des fidèles.

CHAPITRE III

Aveux des apôtres

Prétentions de Karl Marx et d'Engels. — Les déceptions de M. Werner Sombart. — Les trois socialismes : hermétique, ésotérique et exotérique. — Antithèses et métaphores. — Karl Marx et Proudhon. — Psittacisme de Ricardo. — Les interprètes de la Bible marxiste. — Condamnation du socialisme comme science par MM. Charles Andler et Georges Sorel.

Les socialistes de la fin du xixe siècle entendaient enfermer le socialisme international dans la chapelle allemande de Karl Marx et d'Engels. En France, Jules Guesde l'avait importé quelques années après la guerre, au moment où, par un sentiment d'humilité de vaincus, nous complétions l'invasion de 1870 par des apologies de l'organisation militaire allemande, de l'instruction allemande, de la littérature allemande, des brasseries allemandes et de la charcuterie allemande. Modestement, Karl Marx et Engels avaient décerné à leur socialisme l'épithète de « vrai » dans leur *Manifeste communiste* de 1847 [1]. Ce document était l'évangile auquel tout aspirant socialiste devait faire acte de foi.

L'influence de Karl Marx, comme de tous les prophètes, résulte moins de ce qu'il a dit que de ce qu'il promettait de dire. Si l'on se permettait quelques objections au premier volume du *Capital* paru en 1867, les disci-

---

1. *Manifeste communiste*, § 62.

ples fidèles faisaient acte de foi au second volume qui ne devait paraître qu'en 1885, deux ans après la mort de Karl Marx. Si l'on osait encore contester quelques aperçus de Karl Marx, ils vous renvoyaient au troisième qui n'a paru qu'en 1895. Ces deux volumes ont été publiés par les soins d'Engels qui reconnaît que, surtout pour le troisième volume, il ne disposait que d'une ébauche très incomplète. Alors, se pose une question : si Karl Marx avait une idée aussi nette qu'il le prétendait, pourquoi donc cette lenteur dans l'élaboration de cette exposition ? Il a entendu réduire toute la science économique, historique, sociale à une formule. Pourquoi donc tant d'efforts pour la dégager ? Lorsqu'on lit ces trois gros volumes, on y trouve non seulement du fatras, mais quantité de compilations extraites surtout des *Reports on commercial distress* (1847-1848) et des *Reports on Bank acts* de 1857-1858. Il en résulte donc que la documentation de Karl Marx remonte à plus de soixante et à plus de cinquante ans. Ces trois volumes ont été traduits en français ; le premier sur la seconde édition allemande a été revu et complété par Karl Marx et a paru en 1875 chez Maurice Lachâtre. Les deux autres volumes ont été traduits à l'Institut des sciences sociales de Bruxelles et ont paru en 1900 et 1901 chez Giard et Brière. Nous connaissons donc l'œuvre définitive de Karl Marx et d'Engels.

En 1886, un professeur de l'Université de Breslau, M. Werner Sombart, fit, à Zurich, une série de conférences destinées à la glorification de Karl Marx ; mais il commença par cet aveu :

« Si nous parcourons les écrits de Marx et d'Engels, seulement depuis l'éclosion complète de leurs idées, c'est-à-dire depuis 1847 jusqu'à 1883, l'héritage intellectuel qu'ils nous ont légué se présente tout d'abord à nos yeux comme un enchevêtrement désordonné des idées les plus diverses. Il représente un pêle-mêle extrêmement lourd de doctrines contradictoires [1]. »

Toutefois, en disciple consciencieux, il ajoute : « Un demi-siècle après sa conception, nous sommes encore à la recherche du vrai sens de la signification profonde de la doctrine. » Dans son besoin d'orthodoxie inquiète, il avance que « Marx et Engels n'ont pas toujours été des marxistes conséquents, soit en théorie, soit en pratique (p. 109) ».

M. J. Bourdeau n'a pas exagéré en disant qu'il y avait trois doctrines dans le marxisme, une doctrine « hermétique », que possédaient seuls ses auteurs et dont M. Kautsky, le grand théologien marxiste, le directeur de la *Neue Zeit*, est peut-être demeuré un des seuls dépositaires, en admettant qu'Engels n'en eût pas emporté le secret dans la tombe ; une doctrine « ésotérique » que commentent un petit nombre de docteurs et de disciples ; et enfin une doctrine « exotérique » pour la propagande et les réunions publiques [2].

En réalité, Karl Marx avait au moins trois socialismes :

1º Le socialisme dit scientifique : la Révolution sociale c'était « la nécessité naturelle » de la lutte des deux classes ; les prolétaires de plus en plus nombreux et de plus en plus misérables ; les capitalistes de plus en plus riches et de moins en moins nombreux.

2º Le socialisme théâtral : la Révolution devant faire une explosion volcanique.

3º Le socialisme opportuniste : limitation des heures de travail, minimum de salaires, repos hebdomadaire, etc.

La plupart des socialistes imitent Karl Marx et, mal-

---

1. Traduction française. *Le Socialisme et le Mouvement socialiste.*
2. *L'Évolution du socialisme*, p. 66.

gré les contradictions qu'il y a entre les trois socialismes, ils les professent à la fois.

M. Werner Sombart demandait « un fondement psychologique du devenir social, et, de ce fondement, Karl Marx ne s'est guère occupé ».

Nous ne connaissons ce fondement psychologique que par les programmes, les déclarations et les déclamations des leaders socialistes. On en trouvera, pour la France, les traits les plus caractéristiques dans la *Comédie Socialiste* [1]. Ils procèdent par antithèses [2], à la manière de Louis Blanc. Il y a de la misère avec la propriété individuelle. Donc il faut la supprimer. Il y a des gens qui sont gênés pour payer leur terme. Donc, il faut que les maisons appartiennent à l'État. Il y a des gens qui manquent de travail. Donc, l'État doit s'emparer de tous les moyens de production et fournir du travail à tout le monde. Il y a des gens qui sont plus riches que d'autres. Donc l'État doit s'emparer de toute la richesse. Voilà le procédé des réunions publiques et électorales. On l'agrémente de quelques plaisanteries destinées à flatter les bas instincts d'envie et de rapacité. En se livrant à l'exploitation psychologique des pèlerins à la Mecque socialiste, les socialistes habiles ne font que suivre les procédés de Karl Marx.

M. Werner Sombart, après avoir reconnu ses obscurités et ses incohérences, finit par lui décerner l'éloge suivant : « L'œuvre de Karl Marx a été de supprimer la phrase dans le domaine politique et social (p. 107). » En tout cas, il n'a pas supprimé la métaphore. Il parle, dans le *Manifeste communiste*, du « flot glacé de l'égoïsme calculateur », et, vingt ans après, dans son livre sur le *Capital*, il répète sous toutes les formes la phrase sui-

1. Par Yves Guyot, 1897.
2. *Sources et essence du socialisme*, par Saverio Merlino (édit. franç., 1898).

vante : « Le capital est du travail mort qui, semblable au vampire, ne s'anime qu'en suçant du travail vivant, et sa vie est d'autant plus allègre qu'il en pompe davantage (t. I, ch. x). »

Cette métaphore n'est bonne que pour les gens qui croient encore aux contes de revenants.

Karl Marx parle de « la charlatanerie habituelle et du semblant de science » de Proudhon [1]. Cependant, l'un et l'autre ont la même méthode, la même audace dans les affirmations, la même subtilité dans les distinctions verbales. Si Proudhon fonde tout son livre des *Contradictions économiques* sur une phrase de Jean-Baptiste Say, si Lasalle fait d'une phrase de Ricardo la loi d'airain des salaires, Karl Marx base tout son système sur cette affirmation de Ricardo : « Les profits sont hauts ou bas dans une proportion exacte avec le taux des salaires. » Il répète, en l'approuvant, cette autre sentence : « Diminuez les frais de l'entretien des hommes, en diminuant le prix naturel de la nourriture et des vêtements, et vous verrez les salaires finir par baisser quoique la demande des bras ait pu s'accroître considérablement [2]. »

« Le socialisme scientifique » n'a donc de réalité ni au point de vue historique, ni au point de vue économique, ni au point de vue psychologique. Les faits qui se sont déroulés depuis soixante ans ont été en contradiction avec les théories du *Manifeste communiste*. Les disciples de Karl Marx sont obligés de reconnaître les obscurités, les incohérences et les contradictions de son œuvre. Cependant, ils en ont répété les dogmes dans le Congrès d'Erfurt en 1891 et ils ont refusé d'y renoncer. En 1901, Bebel a fait condamner Bernstein par 203 voix contre 31, au Congrès de Lubbeck.

1. *Misère de la philosophie*, trad. franç. (Giard et Brière).
2. *Misère de la philosophie*, p. 65.

Les socialistes ont été obligés d'abandonner leurs prétentions scientifiques ; car la science n'a qu'un objet : la recherche de la vérité ; et leurs docteurs, placés entre la nécessité d'avouer leur ignorance ou leur manque de foi, sacrifient leur moralité au désir de garder le renom de leur perspicacité. Ils avouent que si la loi d'airain des salaires se trouve encore mentionnée dans le Congrès de Gotha, ce n'est que par une concession politique à l'égard des lassalliens.

Cependant, Liebknecht disait, au Congrès de Breslau, que « l'œuvre de Karl Marx était comme la Bible, qu'on pouvait interpréter dans les sens les plus opposés[1] ». Voilà de singulières conditions scientifiques.

M. Charles Andler déclare que « toute doctrine socialiste renonce à être de la science. On n'est socialiste que par conviction philosophique ou par sentiment. Un idéal ne peut se démontrer[2]. »

M. Georges Sorel conclut : « Les socialistes ont tort de vouloir constituer un parti scientifique. » Il leur rappelle que l'Église a été gênée pour avoir rendu sa théologie solidaire de thèses surannées. « Tout le monde reconnaît, dit-il, qu'il faut procéder à une revision rigoureuse de la doctrine laissée par Marx et Engels[3]. »

Les socialistes allemands prétendaient que seuls ils étaient les observateurs de l'évolution sociale. Quand on procède à la vérification de leurs assertions, on trouve les résultats suivants :

1° *La loi d'airain des salaires de Lassalle est une déduction d'une affirmation de Ricardo, démentie par les faits ;*

2° *La théorie du surtravail de Karl Marx dérive de la même affirmation de Ricardo : sa théorie de la valeur*

---

1. Bourdeau, *L'Évolution du socialisme*, p. 305.
2. *Les origines du Socialisme en Allemagne*, p. 3.
3. Préface (p. III, à la traduction de *Sources et essence du socialisme*, par Saverio Merlino.

n'est qu'un plagiat d'une définition mutilée de la mesure de la valeur de *Ricardo*;

3° *La théorie de la dichotomie sociale du « Manifeste communiste » est une affirmation en dehors de toute réalité;*

4° *Toutes les conceptions fondamentales du socialisme allemand sont des a priori en contradiction avec les faits.*

Les fondateurs et les chefs des écoles socialistes n'ont pas recherché la vérité scientifique pour elle-même. Ils l'ont tous subordonnée à certaines conceptions politiques.

LIVRE VII

L'ORGANISATION COLLECTIVISTE

CHAPITRE PREMIER

L'organisation collectiviste et ses conditions économiques

I. — Centralisation de tous les moyens de production entre les mains de l'État. — Schœffle. — La *Quintessence du socialisme*.
II. — Alpha et oméga du socialisme. — Propriété commune. — Tous les producteurs égaux. — Propriété privée, mais non de biens servant à la production. — Suppression de la monnaie. — Répartition du travail. — Les professions artistiques. — Bebel et « l'Exécutif ». — La séduction et la contrainte. — La condamnation à mort par la faim.
III. — Les Régies existantes. — L'hypothèse de Schœffle. — Le gaspillage réel.
V. — Les Bons de travail. — Le temps de travail social. — Détermination de la valeur d'une heure de travail. — Comptabilité compliquée. — $\dfrac{1}{288.000.000.000.000}$ — Quand ? où ? pourquoi ? — D'après quel produit ? — L'artiste et le droit au travail. — Impossibilité d'identifier l'heure de travail. — Le pouvoir d'achat. — Tout le monde ne recevra pas des bons de travail. — Prélèvements sur « le produit intégral du travail ».
V. — Les arts et métiers de luxe. — Littérature et théâtre.
VI. — Plus de commerce. — Les achats au dehors. — Les importations. — Suppression d'une partie des exportations.
VII. — Quatre types de répartition. — Le besoin subjectif. — Sa limite subjective et sa limite objective. — Suppression de certains besoins par l'État.

I

Karl Marx, Engels, Jules Guesde, Paul Lafargue se sont bien gardés de reproduire les utopies de Thomas Morus, de Campanella, de Morelly et de Cabet. Bebel, interrogé un jour par un député du centre sur l'organisation de la société collectiviste, lui répondit: « Est-ce que j'ai l'indiscrétion de vous demander des détails sur votre Paradis? »

Toutefois le même Bebel, dans son livre sur *la Femme*, a essayé lui aussi de faire un tableau de la société future qui lui a valu de sévères admonestations.

Cependant un Wurtembergeois, M. Schœffle, ancien journaliste, professeur d'économie politique de 1860 à 1868 à l'Université de Tubingue, puis à Vienne, ministre autrichien de l'agriculture et du commerce du 7 février au 30 octobre 1871, puis retiré à Stuttgart, publia en 1874 un ouvrage en quatre gros volumes intitulé : *Bau und Leben des socialen Körpers*, la *Structure et la Vie du corps social*, dans lequel il assimila complètement le corps social à un organisme biologique. Il en consacrait une partie à l'examen du fonctionnement de la société collectiviste selon l'Évangile de Karl Marx. Il en fit un tirage à part qui fut vendu à des dizaines de milliers d'exemplaires et traduit en français par Benoît Malon sous ce titre : *la Quintessence du Socialisme*.

II

Bebel dit que chacun choisira l'occupation dans laquelle il veut être employé : le grand nombre des genres de travail permettra de satisfaire les désirs les plus variés[1]. Mais s'il y a encombrement dans l'un d'eux et défaut dans un autre, l'Exécutif « arrangera la chose et réparera l'inégalité ».

Donc, la répartition du travail ne peut être faite que par autorité. Autrement, les professions agréables, peu fatigantes, appelleront tout le monde, tandis que les professions pénibles et dangereuses seront désertées. Pour y engager des travailleurs, il faut une rémunération supérieure. L'exécutif aura-t-il recours à ce mobile? Mais alors le bon de travail n'est plus égal et nous revenons aux combinaisons de la société capitaliste.

Qu'adviendra-t-il des différences entre l'industrieux et le paresseux, l'intelligent et le stupide? « Il n'y aura pas de telles différences, répond intrépidement Bebel, parce que ce que nous associons avec ces conceptions aura cessé d'exister. »

Schœffle fait une tentative de conciliation entre le collectivisme et la propriété privée (ch. VIII, p. 90). L'individu recevrait le droit d'épargne et de propriété privée et même d'héritage pour les biens ne servant pas à la production. Schœffle ne développe pas, mais on peut déduire de cette proposition qu'il admettrait la possession et le legs d'un tableau; mais ce tableau pourrait-il être vendu? Non, ou nous retombons dans la société capitaliste, même si sa valeur n'est payée qu'en bons de travail.

Certains collectivistes maintiennent la monnaie : concession dangereuse, car si elle est de bon aloi, elle peut se conserver, se placer au dehors, se capitaliser. Schœffle ne fait pas cette concession, il ne permet à chacun d'acquérir que des bons de travail ou des timbres.

Karl Marx ne s'est pas occupé des mobiles d'action qu'auront les hommes dans la société communiste. Ses

---

1. *La Femme.*

disciples esquivent soigneusement cette question. Quand ils veulent la traiter, ils tombent dans le grotesque, comme M. Jaurès[1]. M. Kautsky se demande comment intéresser l'ouvrier à son travail, et il ne trouve pas d'autre mobile d'action que la force de l'habitude. Comme des mécaniques montées, les hommes feront tous les jours la même chose parce qu'ils l'auront faite la veille. C'est le dressage des animaux, c'est l'organisation d'actions réflexes qui font faire machinalement à l'individu le lendemain ce qu'il a fait la veille. Ce n'est pas le socialisme scientifique qui l'a découverte ; il y a longtemps que les organisateurs d'armées et de sacerdoces ont employé ce moyen de discipline, avec deux sanctions, la séduction et la contrainte : la séduction, par des élévations de fonctions, des décorations, des distinctions honorifiques et matérielles ; la contrainte, par des pénalités, plus ou moins rigoureuses et cruelles. Bebel[2] déclare que « celui qui ne travaillera pas n'aura pas le droit de manger ». C'est la condamnation à mort par la faim. Mais celui qui travaillera moins qu'il ne devrait travailler selon l'estimation de l'exécutif, devra être mis à la diète. L'idéal collectiviste aboutit au travail servile.

III

Schœffle invoque les régies, la poste, le télégraphe, et dans certains pays, les chemins de fer exploités par l'Etat, etc., comme arguments en faveur du collectivisme, mais il s'aperçoit que la manière dont elles sont administrées peut inspirer quelque méfiance ; et

---

1. Yves Guyot. *Le Collectivisme futur et le socialisme présent*, Journal des Économistes, juillet 1906.
2. V. Yves Guyot. *La morale* (Doin, éd).
3. *La Femme*.

il a soin de dire que les travaux de régie de l'État individualiste capitaliste et de l'État socialiste sont complètement différents. Actuellement les directeurs et les travailleurs des manufactures de l'État n'ont aucun intérêt à produire économiquement pour le bien de l'État. Mais il en serait autrement si chacun recevait d'autant plus que tous les autres travailleraient davantage dans tous les genres de la production.

Ainsi dans le régime collectiviste, les pêcheurs s'acharneront à pêcher dans les nuits glaciales de l'hiver en se disant : « Il faut que nous travaillions énergiquement pour ajouter à la richesse sociale une douzaine de paniers de poissons. » Les terrassiers se diront : « Il faut aller un peu plus vite, afin d'augmenter la richesse sociale d'un mètre cube par jour. » Et le pêcheur et le terrassier comprendront qu'ils devront l'un et l'autre donner le maximum de production, sans savoir s'ils en retireront un avantage immédiat.

Jusqu'à présent, dans les organisations collectives, nous avons vu surtout le gaspillage.

En France, chaque soldat reçoit une boule de pain dont M. Fleurent a montré la qualité insuffisante. Mais tous les soldats n'ont pas le même appétit. Dans certaines compagnies, il y a 200 ou 300 kilos de pain par semaine qui ne sont pas consommés et qui sont revendus à vil prix à des adjudicataires. A ce compte, cela fait 172 000 kilogrammes de pain gâché annuellement par un régiment; et une partie du pain consommé est employée à essuyer les assiettes mal lavées, les cuillères, les fourchettes et les couteaux.

Regardez des soldats peler des pommes de terre : leur intérêt commun serait de faire convenablement la besogne. Cependant la plupart la font de manière à en augmenter le déchet dans une proportion ridicule.

Schœffle n'indique pas par quel moyen l'État collectiviste empêchera le gaspillage.

IV

Schœffle prévoit une rémunération du travail par des bons sociaux : car il comprend qu'on ne peut supprimer ce mobile d'action; il maintient aussi l'échange des objets produits : mais comment en déterminer le prix ? Il applique ici intégralement la formule de la valeur de Karl Marx.

Les prix des produits sociaux seraient déterminés par les frais de travail ; le travail serait compté d'après le temps de travail social fixé par un procédé dont personne n'admirera la simplicité et la fixité. Si un pays a besoin de 20 000 hectolitres de froment et que pour leur production il doive employer 100 000 journées de travail socialement organisé, chaque hectolitre vaudra $\frac{100\,000}{20\,000} = 5$ journées de travail.

Cette valeur aurait cours quand même des individus auraient mis 10 ou 20 journées de travail individuel à la production d'un hectolitre de froment.

Cette somme comporte, pour une année, 300 000 000 de journées socialement organisées qui, si la journée est de huit heures, représenteront 2 400 000 000 d'heures sociales de travail. La somme totale de toutes les richesses sociales nécessaires produites sous une direction publique aurait également pour valeur totale 2 400 000 000 d'heures de travail. L'heure de travail $= \frac{1}{2\,400\,000\,000}$ du travail collectif annuel serait la mesure de valeur générale et 2 400 000 000 unités nominales de travail devraient être délivrées aux travailleurs en certificats, bons ou chèques de travail, afin que ces mêmes travailleurs pussent racheter aux magasins publics le produit total du travail collectif valant également 2 400 000 000 heures de travail. Les administrations publiques créditeraient le travail fait, fixeraient la valeur du produit d'après la mesure connue des frais de production en temps de travail, délivreraient des chèques sur le travail enregistré et consigneraient contre ces chèques les produits au taux des frais du travail social (p. 75-76).

Après avoir exposé ce beau système, Schœffle se pose deux questions : 1° Au point de vue théorique, la prémisse d'après laquelle les frais sociaux du travail sont la mesure de la valeur des richesses, est-elle exacte? 2° Au point de vue pratique, l'État socialiste unitaire pourrait-il bien venir à bout de l'énorme comptabilité sociale qu'il nécessiterait et pourrait-il estimer des travaux inégaux exactement d'après des unités de temps du travail social?

Certes, ce régime serait le triomphe des comptables, mais on peut se demander comment eux et, à plus forte raison, les intéressés pourraient savoir si la mesure de l'heure de travail $\frac{1}{2\,400\,000\,000}$ est bien la mesure exacte. Mais ce chiffre, qui paraît déjà élevé, est insignifiant, relativement à la réalité. Il s'applique à la production de 10 000 hectolitres de blé. Mais en France la production moyenne, qui est insuffisante pour les besoins de la consommation, est au moins de 120 millions d'hectolitres. Si on y rapporte l'unité de l'heure du travail on a donc : $\frac{1}{288\,000\,000\,000\,000}$ soit l'unité de 288 trillions d'heures de travail. Mais comment fixer cette unité de 288 trillions d'heures de travail? On divise la quantité du blé produit... Mais est-ce que tous les ans, dans tous les lieux, la production du blé est identique au nombre d'heures de travail qui y ont été consacrées? Qu'il vienne une sécheresse à la veille de la moisson et voilà la quantité de blé réduite et la valeur de l'heure de travail réduite. Si la récolte est abondante, la valeur de travail est augmentée. Mais la récolte a pu être abondante dans un département, mauvaise dans un autre. Comment établira-t-on la parité des heures de travail? Pour établir cette parité, il faudra attendre que la récolte soit faite, soit mesurée, que les résultats en soient acquis. Pendant cette période, quelle sera la valeur de l'heure de travail? Elle sera, sans doute, celle de l'année précédente; mais si la récolte de l'année précédente a été bonne et si la récolte de l'année présente est mauvaise, et si on continue à prendre pour unité l'heure de travail de l'année précédente, on lui donnera une valeur qui n'aura rien de réel.

Cette heure de travail social ne peut être identique de récolte à récolte; mais elle ne peut être identique de lieu à lieu. A-t-elle la même valeur si elle s'exerce dans la plaine du Nord ou sur un coin de lande de Bretagne?

Et si l'heure de travail ne peut être identifiée pour un même produit, comment peut-elle l'être entre divers produits? L'heure de travail du laboureur bas-breton est-elle identique à celle du mécanicien? L'artiste peintre aura-t-il le droit de demander des bons d'heures de travail si personne ne peut ou ne veut acheter ses tableaux? Est-ce que les comités directeurs, « l'Exécutif », ne lui signifieront pas qu'il n'y a pas droit puisqu'il fait une besogne inutile? Alors le voilà privé de son droit au travail. Pourra-t-il en appeler? Et pendant l'appel, comment vivra-t-il?

On lui répond qu'il y a trop d'artistes et que l'État

unitaire ne peut s'engager à leur donner à tous des bons de travail proportionnés au temps qu'ils passent devant leurs toiles. — Mais il faut que je vive ! — Soit : venez travailler à la comptabilité. — Mais je ne sais pas faire une addition exacte. — On creuse un canal : allez-y travailler comme terrassier. — Mais ce n'est pas mon métier. — Tant pis, je n'ai pas autre chose à vous donner ; et si vous ne voulez pas, vous n'aurez pas de bons de travail. — Alors je mourrai de faim ? — Tant pis pour vous. — Et si, à la dixième pelletée de terre, j'ai des ampoules, et si, au bout de trois ou quatre heures, je ne puis plus en remuer une, est-ce que j'aurai un bon de travail égal à celui qui aura remué onze mètres cubes dans sa journée ?

Cette question ne se posera pas seulement pour le peintre : elle se posera pour le canut lyonnais, pour le rubanier de Saint-Étienne, pour les orfèvres, pour les typographes, pour toutes les professions ; elle se posera pour les cultivateurs ; car ils ne travaillent pas 300 jours par an, ils ont des saisons de chômage : recevront-ils des bons de travail les jours où, la neige couvrant la terre, ils devront rester chez eux ?

La valeur de l'heure de travail est-elle identique pour chaque homme ? N'y a-t-il pas des habiles et des maladroits, des gens prompts et d'autres lents ?

Enfin le coût du travail n'est qu'un coefficient dans le prix de revient de l'objet ; et si le prix de revient de l'objet est un élément objectif de sa valeur, il y en a deux autres : il y a le besoin et le pouvoir d'achat du consommateur.

Le pouvoir d'achat sera réglé par le nombre de bons de travail que chacun recevra. Mais si ces bons de travail ne représentent que du temps employé sans représenter un produit échangeable, qu'est-ce que pourra en faire celui qui les possédera ?.

Enfin tout le monde pour vivre ne recevra pas des bons de travail : les enfants n'en recevront pas. Les femmes, qui ne travailleront pas dans les ateliers publics, n'en recevront pas. Les vieillards n'en recevront pas davantage. Ils devront être entretenus aux frais de la population active.

Chacun ne recevra donc pas en bons de travail « le produit intégral de son travail ».

L'administration de la répartition du travail commencera par prélever ses frais de personnel et de matériel, et les frais de comptabilité, qui seront lourds; les dépenses de l'État seront d'autant plus pesantes que ses attributions seront plus multiples et les dépenses actuelles de défense nationale, de police et de justice continueront de peser sur le travail, tant que l'humanité entière n'aura pas été convertie au collectivisme et que la nature humaine n'aura pas été changée.

V

La société collectiviste supprimerait les arts et les métiers de luxe.

L'art représente un effort individuel, et ceux qui s'y livrent y sont sollicités par leur goût naturel, et aussi par les avantages de considération et de rémunération qui en résultent. Sans doute, beaucoup échouent et sont obligés de renoncer à poursuivre leurs rêves de jeunesse. Mais il reste une minorité qui réussit, et qu'est-ce qui fera la sélection de ceux qui devront tenter et de ceux qui devront être écartés des concours, selon le système chinois? Du temps de Colbert, on a institué le prix de Rome. Combien, parmi les artistes qui l'ont obtenu et combien parmi ceux qui se sont formés en dehors des formules et des consécrations officielles, ont laissé une trace décisive dans l'art?

Seuls, l'État, les municipalités, la collectivité, en un mot, achèteront des tableaux et des statues, car ces objets représentent un capital ayant un pouvoir d'achat, et ils ne sauraient être tolérés comme propriétés individuelles ; l'artiste devra donc conformer son goût au goût des répartiteurs de commandes, comme il y est déjà contraint pour les commandes officielles. Mais il n'aura plus la ressource de s'adresser aux particuliers dont l'influence réagit, plus ou moins tardivement et efficacement sur l'administration des Beaux-Arts. Par les erreurs qu'elle a commises hier et qu'elle commet aujourd'hui, on peut présumer celles qu'elle commettrait le jour où elle serait privée de ce stimulant.

Mais et la littérature? et le théâtre? Y aurait-il des journaux et des librairies à l'état d'entreprises privées? C'est impossible : car ce sont des entreprises capitalistes, comportant « l'exploitation de l'homme par l'homme », puisque, depuis les machinistes jusqu'aux ténors, aux premiers rôles, et aux maîtres de la littérature, elles ont des salariés.

Il n'y aura donc que des journaux officiels, et ces journaux officiels ne pourront contenir que des articles conformes à la politique, à l'économie, à la science officielles; il n'y aura que des livres officiels : et par conséquent, toute spontanéité, toute critique, toute idée nouvelle y seront prohibées.

Est-ce que dans les pièces des théâtres officiels, on tolérera que les auteurs mettent en conflit les intérêts individuels, les passions avec les règlements officiels? Est-ce qu'un auteur pourra exposer les doléances de gens qui auraient été privés de travail ou de nourriture parce qu'ils auraient déplu aux répartiteurs? Il n'y aurait pas de place dans la société collectiviste, non seulement pour Aristophane, mais même pour Molière ; et quant aux grandes passions, évoquées par Corneille, elles en seraient soigneusement bannies, car elles pourraient troubler l'ordre, la tranquillité et l'harmonie de la fourmilière.

VI

Il n'y aura plus de bourses, plus de marchés, plus de cours ; mais alors comment l'État estimera-t-il ses prix de revient ?

Si l'Allemagne a l'honneur d'être le premier pays collectiviste, elle ne pourra cultiver du coton et du café sur les bords de la Sprée. Son gouvernement sera donc obligé d'en acheter au dehors, de payer avec du numéraire et de verser dans l'ornière capitaliste.

La France est arrivée à obtenir des produits raffinés comme ses vins et ses eaux-de-vie : dans la société collectiviste, où seront les clients qui les payeront le prix nécessaire pour en couvrir le prix de revient ?

Ils manqueraient à l'égalité idéale. J'ai entendu un socialiste dire : « Est-ce que le collectivisme changera le sol et le soleil du Médoc ? » Non, mais le vin ne se fait pas tout seul : le cépage, les éléments telluriques et climatériques ne donnent pas spontanément des grands crus. Il faut qu'ils soient mis en œuvre. Chacun réclame en moyenne, chaque année, une avance de 1 300 fr. de frais de culture : et ce ne sont pas des fonctionnaires désintéressés et subordonnés qui peuvent apporter à cette production les soins qu'elle exige. L'exportation de ces produits est indispensable à la France. Mais pour qu'ils atteignent la perfection qui les classe, il faut qu'ils aient une clientèle nationale : et comme il n'y a pas place pour elle dans l'organisation égalitaire de la société collectiviste, ils disparaîtront.

Ce sont les Françaises élégantes qui stimulent l'esprit d'invention des couturiers de la rue de la Paix et des grandes modistes. Dans la société collectiviste, elles disparaissent. Toute cette partie de l'activité économique de la nation s'évanouit. Les puritains collectivistes peuvent dire, d'accord avec ceux qui ont un idéal plus ou moins précis d'ascétisme religieux :
— Tant mieux ! nous ne voyons pas la nécessité de ces professions qui sont un élément de gaspillage et qui spéculent sur la vanité féminine.

L'avenir n'appartient pas à l'idéal des moines de la Thébaïde ou des Puritains d'Ecosse, et, de tous les peuples, les Français sont certainement les moins disposés à se laisser séduire par lui, car ils ont toujours eu l'horreur de l'existence morose et ennuyeuse.

Les femmes des plus farouches collectivistes protesteraient, si leurs maris les condamnaient au costume des dames de l'Armée du Salut.

Mais les collectivistes, pas plus que les protectionnistes, ne réussiront à ce que la France se suffise à elle-même. Il faut qu'elle achète des matières premières et des objets d'alimentation à l'étranger : et il faut qu'elle les paye avec des produits de son industrie.

Nous avons importé en 1906 treize marchandises pour un chiffre supérieur à 100 millions :

Laines en masse.	533.1
Houille crue et carbonisée.	361.2
Coton en laine	358.9
Soies et bourre de soie	345.5
Graisses et fruits oléagineux.	231.2
Céréales (y compris le malt).	221.3
Peaux et pelleteries brutes	199.6
Bois communs	172.6
Cuivre	161.7
Machines et mécaniques.	148.4
Caoutchouc et gutta-percha	120.3
Vins	102.5
Café	101.8

Ces treize articles représentent 3 060 millions de francs, soit 54 p. 100 du total de nos importations.

Nous avons importé 260 400 tonnes de laine : le troupeau français n'en produit que 40 000 tonnes. La société collectiviste pourrait-elle renoncer à importer de la laine d'Australie et de la Plata? Ferait-elle pousser du coton dans la Beauce? — Dans les colonies, dira quelque collectiviste. Mais l'Angleterre, qui a les Indes, n'a pu y produire du coton à longue fibre et elle continue de s'alimenter principalement aux États-Unis qui eux-mêmes importent des cotons d'Égypte. La société collectiviste entraîne la suppression de la soierie, industrie de luxe. Fera-t-elle que les mines françaises pourront suffire à la consommation intérieure? Inventera-t-elle une production suffisante de peaux et de pelleteries brutes? Interdira-t-elle l'importation du bois commun et du cuivre? Entendra-t-elle que la France n'importe ni machines ni mécaniques? Si audacieux qu'il soit, aucun collectiviste n'oserait répondre qu'il veut faire de la France un pays plus fermé que le Japon avant sa révolution de 1868. Mais comment payons-nous ces importations? Voici la liste des quatorze objets dont l'exportation, en 1906, a dépassé 100 millions :

		francs.
1.	Tissus de soie et de bourre de soie.	307.800.000
2.	Tissus de coton.	306.000.000
3.	Laines en masse, laines peignées, laines teintes.	273.000.000
4.	Tissus de laine	221.900.000
5.	Vins.	196.000.000
6.	Tabletterie et articles de Paris.	181.000.000
7.	Soie.	172.300.000
8.	Peaux et pelleteries brutes.	153.100.000
9.	Vêtements et lingerie	140.900.000
10.	Automobiles.	137.900.000
11.	Modes et fleurs artificielles.	124.900.000
12.	Peaux préparées.	122.200.000
13.	Produits chimiques	120.300.000
14.	Outils et ouvrages en métaux.	114.800.000

Sur les quatorze objets qui représentent 2 568 millions de francs ou 48 p. 100 du total de nos exportations, il y en a dix qui sont des objets fabriqués, et encore les laines peignées et teintes sont-elles dans une large mesure des objets fabriqués. Il y a un objet d'alimentation, les vins, qui sont un objet de luxe pour la grande majorité des êtres humains.

La société collectiviste devrait renoncer à toute l'industrie de la couture pour femmes et des modes : car, dans ce régime, qui dirigerait de tels établissements? et sous son niveau égalitaire où seraient ses clients?

Si les clients nationaux disparaissent, ils entraînent la disparition des clients de l'étranger. Voilà un des éléments de l'activité nationale qui s'évanouit.

Est-ce que la société collectiviste se chargera de fabriquer et de vendre les tissus de soie, la tabletterie, la bimbeloterie et les articles de Paris, les vêtements et la lingerie, les modes et fleurs artificielles? Et si nous avions été sous le régime collectiviste, est-ce que l'industrie des automobiles serait éclose en France?

Voilà donc un problème qui se pose : Avec quoi la société collectiviste paiera-t-elle les matières premières et objets d'alimentation, produits par l'étranger, dont elle aura besoin?

VI

Nous venons de voir la difficulté de la répartition du travail; la répartition des produits et des profits est-elle moins grande?

Il y a quatre types de répartition[1] :

---

1. Professeur Ély, *Socialisme*.

1º Égalité mécanique absolue, attribuant à chacun les objets de consommation de qualité égale.

2º Répartition hiérarchique, d'après le service rendu par chacun, déduction faite de la part nécessitée par l'amortissement et l'amélioration des moyens de production.

3º Allocation selon les besoins sans tenir compte des services rendus.

4º Répartition par parts égales du revenu, laissant à chacun le choix des consommations auxquelles il l'emploierait.

Le programme de Gotha (1875) prend la troisième formule en reconnaissant « un droit égal pour chacun de recueillir du fruit du travail commun la part nécessaire à la satisfaction de ses besoins raisonnables ». Le programme d'Erfurt (1891) a trouvé la question si embarrassante qu'il n'en a pas parlé. Mais l'a-t-il fait disparaître? Qui déterminera les besoins raisonnables?

Le besoin est subjectif et a deux limites : l'une, subjective, indéterminée, qui est l'imagination; l'autre objective, qui est le pouvoir d'achat.

Est-ce le pouvoir d'achat qui fixera la limite des besoins? Mais alors, qu'y aura-t-il de changé avec la société capitaliste? Si une femme ne peut se donner des diamants et des toilettes de fantaisie parce qu'elle n'a pas le moyen de se les procurer, elle dira : — C'est comme dans le régime capitaliste.

Schœffle reconnaît que l'État pourrait supprimer les besoins qui lui paraîtraient nuisibles en ne produisant pas les objets qu'il condamnerait. Des végétariens, comme Baltzer, se sont déclarés socialistes, dans l'espoir que l'État condamnerait tout le monde aux légumes (p. 46).

CHAPITRE II

La lutte de classes
et les conditions politiques.

I. — La lutte de classes. — « Le prolétariat classe régnante ». — Art de commander, esprit de discipline. — Monastères et casernes avec des femmes et des enfants. — Droits électoraux. — Partis. — La politique des dépouilles. — *Remplacement de la concurrence économique par la concurrence politique.* — *Nul ne travaillera que sur la réquisition et qu'au profit de ses adversaires.*
II. — Les socialistes et l'État. — Le Pérou et le Paraguay. — Âpreté de la lutte politique.

I

La lutte de classes, dit le *Manifeste communiste*, doit avoir pour résultat la suppression des classes ; mais elle doit constituer « le prolétariat en classe régnante (§ 52) ». Or, si le prolétariat est une classe régnante, il y aura donc une classe oppressive et une classe opprimée. Les classes n'auront pas disparu. Elles auront simplement changé de position.

Le *Manifeste communiste* a pour condition suprême de « centraliser les moyens de production entre les mains de l'État (§ 52) ».

Il y aura au moins deux classes : l'une des fonctionnaires qui répartiront les charges et les résultats du travail, l'autre des corvéables qui l'exécuteront. Ce régime ne sera pas celui de la paix sociale. La concurrence politique remplacera la concurrence économique.

Jusqu'à présent, on n'a constaté que trois moyens de provoquer les actes humains : la contrainte, la séduction, la rémunération.

La contrainte, c'est le travail servile. Travaille ou je frappe. La séduction des hautes situations, des galons, des décorations, des rangs protocolaires, des couronnes peut compléter la contrainte; nous voyons ces deux moyens employés ensemble dans les écoles, les églises et l'armée.

Leur succès comporte deux conditions : d'un côté, l'art de commander; de l'autre côté, l'esprit de discipline. Mais qu'est-ce? Ce sont là des conditions de l'esprit militaire, fondé sur le respect de la hiérarchie. L'ordre, dans la société communiste, exige les vertus des couvents et des casernes. Mais ces établissements consomment et ne produisent pas; et, de plus, ils ont éliminé la question de la femme et des enfants.

Dans la société collectiviste, y aura-t-il des citoyens ayant des droit électoraux? Mais le vote n'est qu'un instrument pour classer les partis ; donc il y aura des partis, des majorités et des minorités, des partis qui arriveront au pouvoir et d'autres qui seront dans l'opposition.

Karl Marx dit qu'il n'a pas la prétention de changer la nature humaine. Mais si la nature n'est pas changée, les compétitions seront d'autant plus âpres que le parti au pouvoir, disposant de toutes les ressources de la vie, pourra s'attribuer tous les avantages et imposer les charges à ses adversaires. Ce sera la politique des dépouilles exaspérée. Il s'agira de savoir qui travaillera et qui profitera. Il y aura la classe servile et la classe bénéficiaire. La concurrence économique fera place à la concurrence politique. Le meilleur moyen d'acquérir ne sera pas de produire et d'échanger ; ce sera de dominer et d'extorquer. La propriété collective aboutira à la régression de la civilisation productive vers la civilisation guerrière.

Le parti au pouvoir répartira les charges et les profits, de sorte que *nul ne travaillera que sur la réquisition et qu'au profit de ses adversaires.*

II

Schœffle lave à bon droit les socialistes du reproche d'être les ennemis de l'Etat (p. 52). Depuis Karl Marx, ils ont remplacé le mot Etat par celui de Société. Qu'importe? Tous leurs vœux, tous les articles de leurs programmes ont pour objet d'augmenter les attributions de l'Etat et de le charger du soin de la vie économique de la nation. « Quand l'organisation unitaire du travail sera devenue une réalité, dit Schœffle, l'Etat socialiste possédera, au plus haut degré, ce solide engrenage organique qui a été le propre du moyen âge. » Toute centralisation des pouvoirs est un adjuvant du socialisme.

Une société socialiste ne peut se comprendre qu'avec des cadres rigides.

La société collectiviste ne pourrait fonctionner que sur le modèle du Pérou, sous la domination des Incas, ou du Paraguay, sous la domination des Jésuites [1]. La lutte humaine y serait supprimée, sauf entre les chefs : et alors ceux-ci en se disputant le pouvoir formeraient des factions. Dans cet état de civilisation, la coexistence des partis serait impossible, et la lutte ne pourrait aboutir qu'à l'anéantissement des partis vaincus.

1. V. *Supra*, livre I.

CHAPITRE III

Les déviations des organes administratifs

Toute organisation publique devenant son but à elle-même. — Les organisations privées soumises à la concurrence. — Le fonctionnarisme du parti socialiste allemand. — Les fonctionnaires des *Trade-Unions*.

Toute organisation établie dans un but déterminé oublie rapidement l'objet auquel elle est destinée, et devient son but à elle-même, si elle n'y est pas ramenée par la menace permanente d'une lourde responsabilité.

Cet état d'esprit atteint son maximum d'intensité dans les administrations publiques où fonctionnaires et employés ne savent plus bien s'ils sont faits pour le service ou si le service est fait pour eux.

Il se manifeste dans l'armée et dans la marine où l'éventualité de la guerre paraissant éloignée et même improbable, trop d'officiers oublient que leur métier est de la préparer, et comme ils ne sont pas maintenus dans cette préoccupation par la crainte de la sanction du champ de bataille, ils envisagent surtout les petits profits du métier pendant la paix : les uns, une existence sans tracas, avec une bonne et tranquille administration de leur compagnie; les autres, l'application du moindre effort à leurs devoirs professionnels; un certain nombre, le zèle et l'habileté qui donneront des galons; très peu, la préoccupation exclusive de l'action.

Dans les organisations industrielles, le même esprit prendrait vite le dessus, si la concurrence ne venait pas le troubler chaque matin, en se traduisant par des résultats indiscutables.

Dans les organisations politiques, le parti social démocrate allemand en a donné un exemple topique. Ayant à administrer son budget provenant des cotisations de ses 400 000 adhérents payants, des bénéfices de ses journaux, ses dirigeants ont oublié que le parti n'était qu'un moyen : ils l'ont pris pour le but, puisqu'il leur assurait des places et des rémunérations, ils l'ont administré pour le conserver et non comme une machine de guerre qui, en faisant son œuvre, risquait de se détruire elle-même; et afin d'assurer leurs situations tranquilles, ils lui ont donné pour but de se conserver lui-même. Ses chefs parlent, mais ne bougent pas, et ils n'ont qu'une peur, c'est qu'un mouvement quelconque ne dérange cette belle ordonnance. Au congrès de Stuttgart, ils ont bien montré cette mentalité. L'échec électoral de 1906 ne nous a pas fait tort, a dit Bebel. Le parti a passé de 384 000 membres à 530 000 membres et nous avons encaissé en juin 170 000 marks, ont-ils commencé par dire, et parmi les arguments qu'ils ont opposés aux théories d'Hervé, ils ont invoqué, sans fausse honte, leur sécurité personnelle. Si, constitués en parti révolutionnaire, ils ont ainsi compris leur œuvre, jugez comment ils l'auraient comprise, s'ils avaient été à la tête d'un gouvernement. Ils se seraient montrés des conservateurs modèles n'ayant d'activité et d'énergie que contre ceux qui auraient menacé leurs positions.

M. et M*me* Sidney Webb nous ont parlé du nombre croissant des fonctionnaires dans les *Trade-Unions* et nous ont montré qu'ils faisaient une politique plutôt en vue de leur situation personnelle que de l'intérêt des membres de l'*Union* ¹.

Quel est le collectiviste qui peut supposer que, si l'État collectiviste était réalisé, ses chefs et ses fonctionnaires n'agiraient jamais que dans le but d'en atteindre l'idéal ?

1. Yves Guyot, *Les Conflits du travail et leur solution*. J'ai cité les observations de l'ouvrage de M. et de Mme Sidney Webb.

CHAPITRE IV

L'impossibilité du collectivisme

Schœffle. — La négation après l'apologie.

Dans son évangile du collectivisme, propagé par les collectivistes, Schœffle finissait par conclure : « Le socialisme doit savoir et pouvoir modifier de fond en comble sa thèse fondamentale que la valeur résulte exclusivement de la somme de travail nécessaire à la production. Nous pensons que cela n'est pas impossible ; mais cette donnée, telle qu'elle a été formulée jusqu'ici fait une utopie de l'économie courante du socialisme (p. 78). »

Dix ans après, il publia une brochure intitulée : *Die ausfichtslosigkeit der Social democratie, Perfection de la Social democratie*, dans laquelle il démontrait l'impossibilité de l'organisation collectiviste qu'il avait exposée lui même [1].

1° La production collectiviste est impossible su une base démocratique. Elle ne pourrait être dirigée que par une administration hiérarchisée, n'ayant aucun caractère démocratique : ni liberté, ni égalité, et nulle garantie contre les abus du pouvoir.

2° Elle supprime la nature et la propriété : toutes les affaires du même genre sont concentrées dans un grand

---

1. Voir l'analyse dans *Les Progrès de la Science économique*, par Maurice Block.

atelier social fonctionnant sur le principe d'égale rémunération pour le même temps de travail, mais avec une organisation démocratique, les individus abreuvés de flatteries constantes ne se soumettraient pas aux sacrifices voulus pour constituer les épargnes nécessaires à ce développement des moyens de production. Ceux qui les auraient ne seraient point disposés à partager leurs excédents avec les autres.

3° Supposer que l'on puisse concentrer dans un seul corps toutes les branches de production sur un travail uniforme et une estimation égale du temps de travail, constituer des usines locales complètes, c'est se placer en contradiction avec toute l'expérience de l'industrie.

4° Une augmentation de la production ne pourrait avoir lieu qu'aux conditions : 1° d'une administration rigoureuse; 2° d'une augmentation d'activité des travailleurs. Or la démocratie ne peut admettre de pouvoir fort. Elle n'aurait rien pour remplacer les bénéfices, les risques et les salaires gradués : donc pas d'initiative, pas de responsabilité, pas d'intérêt, pas de mobile d'action.

5° La démocratie sociale n'a pas trouvé le moyen de remettre à chacun la valeur exacte de son travail social.

6° Si chaque personne est rémunérée en proportion de la valeur sociale de son travail, l'inégalité reparaît.

7° Mais en même temps, les collectivistes promettent la répartition des produits selon les besoins. C'est contradictoire; mais il n'y aurait qu'une chose plus impraticable, ce serait de déclarer l'égalité des besoins.

8° La prétention du collectivisme démocratique est de supprimer « l'exploitation de l'homme par l'homme » : mais ce régime serait l'organisation de l'exploitation des travaux tenus par les agents du parti au pouvoir, sans autre recours contre ses abus que de le renverser. « En procédant au contrôle des temps de travail, en fixant les quantités normales de produits, en réduisant par le calcul le travail intensif en travail simple, les parasites triomphants du socialisme s'y prendraient si peu fraternellement qu'ils donneraient une figure respectable au capital vampire de Karl Marx.

9° La prétention du collectivisme est de supprimer la surproduction et la disette : mais des théoriciens n'expliqueront pas comment ils empêcheront une bonne et de mauvaises récoltes de vins; une bonne et de mauvaises récoltes de pommes; une bonne et de mau-vaises récoltes de blé, de foin, etc.

Schœffle concluait : « Le collectivisme démocratique est impossible et ne peut réaliser une seule de ses promesses économiques. »

LIVRE VIII

LA LUTTE DE CLASSES ACTUELLE

CHAPITRE PREMIER

Grèves et Syndicats

I. — Caractère économique de la grève.
II. — Déviation de l'exercice normal du droit de grève. — La violence moyen pratique de succès. — Faiblesse du gouvernement et des industriels. — L'amnistie. — La tactique des grèves.
III. — Privilèges des syndicats en France de poursuivre des objets illicites. — Régime légal des *Trade-unions*.
IV. — Les fonctionnaires et les instituteurs. — La fonction n'est pas faite pour eux, mais pour le public qui les paye.

La lutte de classes se manifeste actuellement sous la forme de grèves partielles, en attendant la grève générale qui doit faire capituler la société bourgeoise [1].

I

Je crois utile de rappeler quelques notions élémentaires relatives à la grève.

---

1. Voir Yves Guyot. *La Tyrannie socialiste*, 1893. — *Les Principes de 89 et le socialisme*, 1894. — *La Comédie socialiste*, 1897. — *Les Conflits du travail et leur solution*, 1903.

La grève est un phénomène économique :

1° Un individu a le droit de refuser de continuer de fournir son travail à une entreprise, comme une entreprise a le droit de congédier un ouvrier.

2° Si un ouvrier a ce droit, cent, mille, dix mille, ont le droit d'agir de même.

3° La grève n'est légale que si les grévistes ont observé les délais-congés. Autrement, ils doivent être poursuivis et condamnés à des dommages-intérêts.

4° Le jour où les grévistes ont rompu le contrat de travail, ils sont libres, mais l'établissement qu'ils ont quitté est également dégagé de toute obligation à leur égard. Le jour où des ouvriers et des employés se mettent en grève, ils perdent tous les avantages qui leur étaient acquis au point de vue des grades, des augmentations graduelles de salaires et des retraites.

Voilà les principes économiques et juridiques sur lesquels repose l'exercice normal du droit de grève.

II

L'exercice normal du droit de grève subi les déviations suivantes :

Le gréviste considère que le délai-congé doit être observé par le salariant, mais non par le salarié.

Pour lui, la brusque interruption du travail fait partie du droit de grève. En surprenant l'industriel, il considère qu'il exerce un acte de bonne guerre ; car on lui a répété, et il croit que la grève n'est pas l'exercice pacifique du droit de rompre le contrat de travail, mais un combat.

La faiblesse des divers gouvernements l'a encouragé dans cette conviction.

Les meneurs de grève qui sont assez perspicaces pour

se rendre compte que les députés veulent faire du sentiment, que les ministres redoutent d'être frappés de l'accusation d'avoir fait verser le sang du peuple, que les préfets ont peur d'être sacrifiés s'il arrive quelque événement de ce genre, redoublent de provocations. Les malheureux gendarmes doivent maintenir l'ordre, mais à la condition de ne rien faire de ce qui est nécessaire pour cet objet.

On envoie des troupes, mais on les cache et, quoique le règlement militaire qui leur ordonne de ne pas se laisser désarmer ne soit pas supprimé, les officiers et les soldats savent qu'ils doivent souffrir et se taire sans murmurer. Par une série d'expériences, les meneurs de grèves ont acquis la conviction que tout leur est permis; qu'ils commettent des délits ou des crimes, connexes à la grève, ils bénéficieront de toutes sortes de circonstances atténuantes. Ils ne se trompent pas, et les chefs de la grève peuvent se présenter en vainqueurs et inspirer une légitime confiance aux ouvriers puisque le succès justifie leur tactique et leurs procédés.

Si le gouvernement s'est trouvé obligé d'intenter quelques poursuites, une amnistie intervient qui en supprime les effets. Ceux qui en ont été l'objet savent que la répression n'est qu'une apparence; et on se le dit.

Les phrases larmoyantes, les appels à la conciliation, tous ces sentiments d'un vague édulcoré qui se sont produits depuis un quart de siècle à la tribune, à propos de chaque grève un peu importante, ont abouti, comme il était facile de le prévoir et comme j'ai toujours eu le mérite de le dire, à donner des primes à la violence, à organiser la tactique agressive des meneurs de grèves, et à la faire élever, par les chefs de la Confédération générale du Travail, à la hauteur d'un système.

Chaque fois qu'on oublie les principes élémentaires de droit, on arrive à des résultats semblables.

Sur le moment, ceux qui se laissent aller à ces faiblesses reçoivent la qualification de braves gens, d'hommes sympathiques ; et en réalité, ils font le jeu d'hommes résolus qui puisent leur principale force dans la mollesse des autres ; et ils ne sont pas dégagés de toute responsabilité dans les brutalités, les pillages, les conflits sanglants qui ont caractérisé certaines grèves.

Si le gouvernement avait toujours fait son devoir, la Confédération générale du Travail ne serait pas une puissance, et ses chefs ne pourraient pas parler de la grève générale et du sabotage avec l'impudence tranquille dans laquelle ils se pavanent.

III

Ils paraissent tous convaincus que la loi sur les syndicats donne aux chefs et membres de syndicats une impunité complète. Certes, la loi est très vague. Tandis que l'act de 1871 sur les *Trade-unions* est basé sur ce principe : « Une société n'a de capacité d'exister qu'à la condition d'être enregistrée et de se soumettre à certaines obligations de publicité », les syndicats ne sont astreints qu'à la déclaration de deux de leurs membres. Cette déclaration faite, ils sont libres. Nul moyen de contrôle n'existe. Ils n'ont ni compte moral ni compte matériel à donner. La loi de 1884 ne contient pas l'article restrictif de la loi de 1901 sur le contrat d'association : Art. 3 : « Toute association fondée sur une cause ou en vue d'un objet illicite, contraire aux lois, aux bonnes mœurs, ou qui aurait pour but de porter atteinte à l'intégrité du territoire national et à la forme républicaine du gouvernement, est nulle et de nul effet. »

En fait, le syndicat est une association anarchiste, qui fait ses affaires comme l'entendent ceux qui le conduisent; et ceux à qui la manière d'agir des administrateurs du syndicat n'agrée pas, n'ont qu'un moyen de montrer leur désapprobation, c'est de se retirer.

Les *Trade-unions* anglaises doivent indiquer leurs ressources, l'usage qui en sera fait, les conditions d'admission et de radiation de leurs membres, le mode de nomination du conseil d'administration, les règles à observer pour le placement des fonds et la vérification périodique des comptes. Toute société enregistrée, et chaque branche d'une société doit envoyer chaque année, avant le 1er juin, un compte dressé d'après une forme déterminée, de toutes ses opérations financières. Tout membre de la société a droit d'obtenir gratuitement un exemplaire de ce compte. Les *Trade-unions* sont administrées par des *trustees*, mandataires responsables qui peuvent être poursuivis pour malversations et pour vol.

L'*act* de 1871 fut complété en 1875, par le *Conspiracy and protection property act*, dont j'ai déjà cité les sections IV et V : « Si des personnes employées dans une usine à gaz ou dans une compagnie d'eau rompent méchamment leur contrat dans le but de priver une ville ou une localité de gaz ou d'eau, elles seront punies d'une amende de 20 liv. sterl. (500 fr.) et d'un emprisonnement de trois mois avec ou sans travail forcé. »

Il est évident que la grève des électriciens était une atteinte portée à l'ordre public : elle n'avait pas, par conséquent, le caractère économique de la grève ordinaire. Il est clair que les grèves de l'alimentation, des chemins de fer, du gaz, dont on nous menace, ne sont pas des grèves d'ordre économique : ce sont des grèves politiques.

Les meneurs de ces grèves mettent en pratique la théorie de la violence, exposée par M. G. Sorel. Il faut faire peur à la bourgeoisie, et par cette peur, dominer les services publics.

Plus ils seront désorganisés, plus cette opération sera facile [1].

IV

Les chefs du mouvement socialiste de l'action directe ont fort bien manœuvré. Ils ont pénétré parmi les instituteurs qui, à l'École normale, ayant appris quelques manuels, sans en contrôler les assertions par les faits, sont admirablement préparés à recevoir quelques formules complémentaires, socialistes et anarchistes mêlées.

Ils ont essayé de s'attaquer aussi à l'armée et nous ne savons encore jusqu'où ils ont pénétré.

L'exemple des instituteurs a encouragé la grève des employés des postes. Nous voyons s'agiter diverses associations de fonctionnaires qui, quelque nom qu'elles portent, indiquent un mouvement qui nous conduira à la dissolution administrative et politique de ce pays, s'il n'est pas entravé.

Comme première et facile mesure, le gouvernement doit rappeler nettement à tous ses employés les principes suivants :

1° Au moment où ils obtenaient une place dans l'administration, ils en connaissaient les avantages et les charges. Si les conditions ne leur conviennent pas, ils peuvent la quitter. L'État ne les retient pas de force. Ce ne sont pas les remplaçants qui manquent.

2° S'ils font grève, ils rompent le contrat de travail :

---

1. *Réflexions sur la violence.* Voir *infrà*, p. 293.

ils perdent par cela même tous les avantages acquis, y compris leur droit à la retraite.

3° S'ils ont une attitude de nature à compromettre le service dont ils sont chargés, il est impossible qu'ils le détiennent plus longtemps. Ils s'en excluent eux-mêmes.

Ce qui importe, c'est un esprit de suite dans le gouvernement et dans l'administration l'audace de certains instituteurs et employés vient de ce qu'ils comptent sur des appuis au Parlement, sur l'hésitation des ministres, à certains moments. S'ils étaient convaincus que toute infraction grave à la discipline et au devoir professionnel sera réprimée, sans emportement mais sans faiblesse, l'affiche du comité central ne se serait pas étalée sur les murs et dans les journaux, et nous n'aurions pas vu les interviews de M. Nègre et consorts.

Mais ces manifestations sont instructives, parce qu'elles prouvent que des employés, payés par les contribuables, se mettent en lutte contre eux, afin d'augmenter le prix de revient de leurs fonctions; qu'au lieu de se considérer comme chargés d'une tâche, ils s'imaginent que l'Administration est une fin à elle-même, instituée pour leur propre bénéfice.

S'il y a une poste, elle doit assurer le service de ma correspondance, et non pas les convenances des jeunes facteurs. La poste n'est pas organisée pour eux, mais pour moi, qui paye : et s'ils ne s'y trouvent pas bien, qu'ils renoncent au salaire que, comme contribuable, je suis forcé de leur donner.

CHAPITRE II

La souveraineté des Grévistes

Tyrannie des grévistes. — Fressenville. — Montluçon. — Mines du Pas-de-Calais d'après M. Clemenceau. — Nécessité de la force armée. — Ordre de résignation aux gendarmes et soldats. — Prétention : Monopole du travail pendant la grève.

1° Les grévistes d'une même localité entendent contraindre tous les ouvriers à la grève et interdire aux ouvriers étrangers à leur groupe de venir les remplacer.

2° Ils s'imaginent que la grève leur donne le gouvernement de la contrée.

3° Les éléments criminels de la population se mêlent aux grévistes et les conduisent aux pires excès.

Tout gouvernement, sous peine d'abdiquer, est obligé d'assurer un minimum de sécurité, de sauvegarder au moins l'apparence de la liberté du travail. Il ne peut pas laisser recommencer à chaque grève des scènes d'incendie et de pillage comme celles de Fressenville (11 avril 1906). Il envoie donc des gendarmes et des troupes. Il doit procéder à l'arrestation de quelques violents imprudents : et immédiatement, les défenseurs des grévistes disent exactement ce que disaient les défenseurs des sœurs du Saint-Esprit. Ils appellent ces actes « des provocations du gouvernement ».

Quelques exemples récents qui prouvent la vérité de ces assertions [1] :

Du 6 avril au 21 mai 1906, la ville de Montluçon fut entre les mains d'une poignée de meneurs qui, grâce à la lâcheté des fonctionnaires chargés d'assurer l'ordre, terrorisèrent la masse de la population et y suspendirent le travail à partir du 30 avril. On envoya bien des soldats, mais ils étaient enfermés dans les usines; on laissait la Bourse du Travail ordonner le 1er mai aux commerçants, cafetiers, restaurateurs, de fermer leurs cafés et magasins sous peine de pillage et de destruction. On laissait, le jour suivant, des patrouilles de grévistes arrêter les ouvriers ou ne leur permettre de circuler qu'avec des laisser-passer qu'ils devaient payer. Les chefs se sentaient si bien les maîtres qu'ils dressèrent des tentes meublées et chauffées devant les établissements qu'ils mettaient en interdit.

M. Clemenceau, dans son discours de Lyon en avril 1906, faisait la description des faits de violence qui se passaient au moment même dans les mines du Pas-de-Calais :

Qu'on me dise si saccager les maisons des travailleurs, piller les fermes, les marchés, chasser les femmes et les enfants de leur domicile, traîner une malheureuse femme, ses vêtements déchirés, sur la place publique, lorsque tout son crime est d'avoir son mari au travail, s'emparer d'ouvriers revenant de la mine, leur mettre au front des écriteaux infamants, les faire agenouiller sous les coups, les contraindre à demander pardon d'avoir travaillé et, pour ce crime, à se déclarer fainéants; qu'on me dise si ce sont là des actes qu'un gouvernement ne saurait réprimer, sans se dénoncer lui-même comme un gouvernement de réacteurs.

M. Clemenceau avait souvent reproché aux divers ministères d'envoyer des troupes sur les lieux de

---

[1]. *Revue Internationale du commerce, de l'industrie et de la banque*, 30 juin 1906.

grèves. Il fut obligé d'envoyer 60 000 hommes dans le Pas-de-Calais et le Nord.

Mais, comme la foule voit les gendarmes, les officiers et les soldats résignés aux injures et aux menaces, elle en vient aux voies de fait : et comme on ne peut ordonner aux gendarmes et aux soldats de se laisser désarmer, blesser ou tuer sans résistance, il y a des morts et des blessés.

Les socialistes ont introduit une nouvelle théorie sur la grève.

A propos de la grève des dockers de Marseille, le 5 juillet 1904, M. Jaurès disait :

Nous, socialistes, nous avons toujours proclamé que la grève suspendait, mais ne brisait pas le contrat de travail; qu'un tel rapport, un tel lien subsistait entre l'entreprise et les ouvriers même en grève, que le patron ne pouvait appeler d'autres ouvriers pour prendre la place de ceux avec lesquels il doit négocier que par un véritable abus de pouvoir.

D'après cette thèse, les salariés ont le droit de quitter le travail; mais le salariant doit les considérer comme inamovibles. Ils ont laissé là le travail qu'ils devaient faire. Parfaitement. Le salariant reste toujours lié à eux. Le travail dont il a besoin reste leur propriété. Il n'a pas le droit de le donner à d'autres.

Ainsi un marchand A refuserait de vendre à un prix X telle marchandise; celui qui se serait adressé à lui n'aurait plus le droit d'acheter à B, à plus bas prix, la même marchandise.

Si le salariant ne peut satisfaire aux exigences des ouvriers en grève et s'il est toujours lié à eux, il n'a qu'une ressource : fermer son usine.

Dans ce cas, M. Jaurès considérera-t-il que les ouvriers ont toujours le monopole des travaux qu'on n'y exécutera plus?

Cette théorie juridique a été adoptée par le Comité qui a proposé le projet de loi sur le contrat de travail déposé par M. Doumergue le 2 juillet 1906; et celui-ci l'a adopté.

Le conseil des prud'hommes de Reims a suivi un exemple venant de si haut [1].

Un nouveau législateur proposera logiquement que les ouvriers soient payés pendant la grève ou au moins qu'ils touchent une indemnité de chômage : car s'ils ne travaillent pas, c'est à cause du mauvais vouloir et de l'entêtement du patron, et il faut en avoir raison!

1. Voir *Le Temps* du 28 mars 1907.

CHAPITRE III

La Nation au service des grévistes

I. — Faiblesse à leur égard. — Les facteurs des postes. — Théorie de M. Maujan. — Les contribuables entretenant les grévistes. — L'arbitrage. — Faiblesse des magistrats. — Délai-congé.
II. — Les subventions aux grèves. — La première demande de subvention en 1884. — Mes arguments contre.
III. — L'arbitrage d'un tiers irresponsable.
IV. — La terreur de la grève.
V. — Au dessus de la loi.

I

Le développement des crimes et délits commis à propos des grèves est imputable à la faiblesse des pouvoirs publics.

A la suite de la grève des sous-agents des postes, quelques facteurs avaient été révoqués. Le 23 juin 1906 les députés font des démarches auprès du président du conseil pour les réintégrer. Celui-ci répond par la nécessité de la discipline. M. Maujan montrait une singulière manière de comprendre le gouvernement quand il s'écriait : « Ce que les ministres ne peuvent consentir, les représentants de la nation peuvent l'accorder ! »

Tous les facteurs, y compris un certain nombre qui avaient toutes les qualités requises pour être mis à la porte, ont été réintégrés : de sorte que les agents en arrivèrent à avoir cette conviction : — Soyez un détestable employé, sur qui pèsent les charges les plus graves, et mettez-vous à la tête d'un mouvement : dès lors, vous êtes consacré, nul ne pourra plus vous toucher. Vous donnerez des ordres au lieu d'en recevoir.

Ces employés se mettent dans la situation des gredins chinois qui se convertissent au christianisme pour devenir les protégés de la mission. Ils peuvent impunément commettre des crimes et des délits ; et si un magistrat chinois les touche, ils crient à la persécution !

II

Au moment de la grève de Fougères, le 11 janvier 1907, M. Betoulle dépose une demande de subvention de 100 000 francs pour les grévistes de Fougères ; le ministre du travail déclare que « le gouvernement ne s'oppose pas à l'urgence ; » et le député de la circonscription, M. Lefas, l'appuie.

Si les ouvriers de la chaussure sont au nombre de 6 000 personnes, cela n'aurait fait que 16 fr. 66 pour chacun d'eux : la gravité de la proposition ne vient pas du chiffre de la somme, elle vient du principe qu'elle engage. Elle fait intervenir les pouvoirs publics en faveur d'une des parties. Elle donne du crédit aux grévistes et fait naître en eux des illusions décevantes.

La première fois que la question se présenta, ce fut au conseil municipal de Paris, en 1884, à propos de la grève d'Anzin, sur une proposition d'un secours de 10 000 francs. Je la combattis et la fis repousser par 55 voix contre 20 par quelques arguments que je me permets de rappeler.

M. Yves Guyot. — Je vous prie, messieurs, de repousser cette proposition, afin de rester fidèles aux principes de la politique de liberté, au point de vue économique, que vous avez adoptée au Conseil municipal.

M. Joffrin. — Pas moi.

M. Yves Guyot. — Si, aujourd'hui, vous intervenez entre les employeurs et les travailleurs, vous donnerez un démenti aux principes auxquels vous vous êtes ralliés. Que chacun intervienne individuellement en faveur des mineurs et fasse ce qu'il lui convient. (*Très bien!*)

Nous, nous ne pouvons intervenir qu'avec l'argent des contribuables. Si, aujourd'hui, vous intervenez dans les contrats qui existent entre les particuliers, sous prétexte de grèves, il n'y a pas de raison pour que vous ne preniez pas parti demain dans les autres grèves, et cela sans exception. Car pourquoi refuserez-vous votre concours à l'une d'elles? Ce serait une intervention perpétuelle du Conseil dans les conventions particulières. Nous ne pouvons pas plus subventionner les ouvriers que nous ne pourrions subventionner la compagnie...

Vous demandez une politique de compression en préconisant l'intervention de la Ville de Paris.

Piteusement vous proposez un secours de 10 000 francs. Qu'allez-vous faire? Vous allez leurrer les mineurs et faire naître en eux des illusions décevantes, vous allez leur faire croire que la Ville de Paris se compromet en leur faveur.

Aujourd'hui, on vous propose une intervention honteuse...

Si je suivais cette politique, ce n'est pas 10 000 francs que j'aurais demandés.

Car, lorsque les 10 000 francs seront épuisés, que ferez-vous? Si vous voulez prendre une mesure efficace, décidez que vous mettrez chaque semaine 100 000 francs à la disposition des familles des mineurs.

M. Joffrin. — Cette disposition serait repoussée aussi bien que la mienne.

M. Yves Guyot. — La mine, quoi que vous prétendiez, constitue une propriété individuelle, et la concession d'Anzin a été primitivement accordée à quelques individus.

On vient parler de bénéfices réalisés. Il semblerait que certains Français n'ont d'autre désir que de voir tous leurs compatriotes se ruiner dans toutes leurs entreprises. Quant à moi, je regrette qu'il n'existe pas un grand nombre de sociétés minières ayant réalisé les mêmes bénéfices; cela vaudrait mieux que de voir 45 p. 100 des concessions non exploitées, comme le constate la commission d'enquête de 1883.

Je demandais au Conseil municipal, pour qu'il fût logique, d'ouvrir un chapitre particulier, ayant pour titre : « Primes et encouragements aux grèves. » Ce que je disais par ironie fut réalisé. Le septième Conseil municipal n'a pas subventionné moins de vingt-deux grèves. Il a donné 2 000 francs à la grève des ouvriers des allumettes, qui sont des ouvriers de l'État. Je ne sais si le préfet a approuvé cette intervention du Conseil municipal contre le gouvernement. Le Conseil avait, le 11 juillet 1891, donné un secours de 10 000 francs aux ouvriers en grève du chemin de fer d'Orléans, et, le 24 juillet 1891, de 20 000 francs à l'ensemble des ouvriers des chemins de fer. Ces deux délibérations furent annulées : mais l'administration ne fut pas aussi rigide pour toutes. Elle transigea, en ne distribuant aux familles qu'après la grève, comme si, par ce moyen hypocrite, elle ne donnait pas à la grève un crédit moral et matériel.

C'était si bien un appui que le Conseil municipal voulait donner aux grévistes, que M. Mesureur, au Conseil municipal, rapporteur de la proposition de subvention à la grève de Decazeville, qui avait préludé par l'assassinat de M. Watrin, disait : « Il faut plus qu'une manifestation platonique de sympathie pour les mineurs de Decazeville. Il faut un acte. »

Tandis que le Conseil municipal subventionnait ainsi les grèves, la question se posa pour la première fois au Parlement le 25 novembre 1889. M. Ferroul déposa une proposition de loi tendant à l'ouverture d'un crédit de 150 000 francs pour secourir les victimes des grèves du Nord, du Pas-de-Calais et de Tours.

Ministre des travaux publics, je fis le même accueil

à cette proposition que celui que j'avais fait, cinq ans auparavant, à celle qui avait été présentée au Conseil municipal de Paris. Ayant dit « que la grève était un fait volontaire », je fus violemment interrompu « sur plusieurs bancs de l'extrême gauche ». Mais je demandai de nouveau si nous devions « faire un budget » en faveur des grèves; si nous devions poser la règle de la « subvention des grèves par l'État ». La proposition fut repoussée par 364 voix contre 117.

Les principes, invoqués pour son rejet, n'ont pas changé et il est intéressant de constater qu'au moment de la demande d'urgence pour la subvention aux grévistes de Fougères, personne ne les ait rappelés.

III

Les grévistes réclament l'arbitrage. C'est le premier mot d'ordre. Ils le réclament même obligatoire. Mais ils ne l'acceptent que sous bénéfice d'inventaire. « C'est demain que le syndicat de Lens décidera si les mineurs doivent s'incliner ou au contraire continuer la grève (8 novembre 1902). »

Je n'admets pas qu'un tiers désintéressé puisse régler les rapports de salariants et de salariés, ce n'est pas lui qui est responsable des échéances.

Mais en cas d'arbitrage, la reprise du travail devrait être simultanée avec le commencement de la procédure.

IV

Tous les gouvernements qui se sont succédé depuis 1892 ont leur part de responsabilité dans les crimes et délits commis à propos des grèves. Il suffit qu'une grève se produise quelque part pour qu'ils se sentent en danger; et ils ont raison, grâce à la badauderie du public, à l'ignorance et à la lâcheté de nombre de députés. Ils oublient qu'ils n'ont pas à servir les intérêts des grévistes, mais à assurer la sécurité des biens et des personnes.

Naturellement, les fonctionnaires, qui ne se sentent pas couverts par leur ministre, n'ont qu'une préoccupation : pas d'affaire! Si un gréviste était tué, le sous-préfet pourrait en mourir administrativement. Il n'a qu'une préoccupation : s'arranger avec les grévistes et assurer à la place Beauvau que tout est pour le mieux, « dans une grève modèle », comme disait M. E. Combes en parlant des grèves agraires du Midi.

A Paris, le 3 mai, M. Sarraut, sous-secrétaire d'Etat, disait « qu'il avait de bonnes nouvelles de Montluçon, que l'ordre n'était pas troublé... »

La grève s'est terminée le 21 mai. Quelle sanction a frappé les fonctionnaires qui envoyaient de pareils renseignements au ministère de l'Intérieur? Et enfin, les meneurs de la Bourse du Travail qui ont commis le délit de suspendre la circulation dans une ville, qui ont usurpé toutes les fonctions publiques, ont-ils été l'objet de poursuites?

Nous avons l'air, en France, de supposer que les tribunaux n'existent pas quand il s'agit de faits de grève, que les organisateurs et meneurs de grèves sont *tabou*; et nous voyons apparaître un nouvel ordre de privilégiés, au-dessus et en dehors de la loi.

Les magistrats aussi ont leur part de responsabilité. Le Code pénal frappe plus sévèrement les délits commis en bandes que commis par les individus isolés. Mais quand il s'agit de troupes de grévistes, cette circonstance aggravante devient une circonstance atténuante. Et les magistrats semblent trouver légitime que des groupes menacent, frappent, malmènent des hommes, des femmes, des jeunes filles coupables de vouloir travailler.

Comment les magistrats se montreraient-ils énergiques, quand ils craignent la faiblesse du ministère de la place Vendôme?

Et pourquoi donc se montreraient-ils énergiques? Est-ce que leurs condamnations ne seraient pas annulées par une de ces amnisties qui se produisent avec une telle régularité qu'elles ne peuvent avoir d'autre résultat que d'annihiler la justice? Les faits de grève et les faits connexes aux grèves y sont toujours compris. Vraiment, les meneurs de grèves auraient bien tort de se gêner.

CHAPITRE IV

La Grève des électriciens

I. — Obscurité imprévue. — Ignorance de la police. — Les ouvriers électriciens pouvaient être remplacés. — Les usines n'étaient pas protégées. — Service public. — Causes de cette grève. — 800 électriciens contre le Conseil municipal de Paris. — Erreur d'interprétation dans le cahier des charges. — Légalité de la grève d'après M. James.
II. — Un tiers ne peut rompre le contrat conclu entre deux parties.

I

Le vendredi 8 mars, un peu après 5 heures du soir, on s'aperçut dans une partie de Paris que l'électricité manquait. Les ascenseurs étaient arrêtés brusquement. Les cafés, les restaurants, et une partie des grandes voies de Paris, sans compter les maisons particulières, étaient plongées dans l'obscurité.

Le président du Conseil, M. Clemenceau, a dit qu'il avait éprouvé la même surprise que celle du passant, et que la grève ne lui avait été révélée que par l'extinction des lumières dans son cabinet.

Comment! nous avons une préfecture de police formidable. Elle est doublée du service de la sûreté, et malgré les millions que coûtent ces institutions, les nombreux agents qu'elles emploient, personne ne soupçonnait un acte qui avait été décidé dans une réunion tenue la veille à la Bourse du Travail, qui avait fait l'objet d'une circulaire adressée le matin à plusieurs centaines d'hommes !

Y a-t-il incapacité ou complicité de la part de la police ? Tel est le premier problème qui se pose.

Paris resta le vendredi soir dans l'obscurité. Aucune mesure effective ne fut prise pour faire fonctionner les secteurs. M. Jaurès se plaignit des velléités de M. Clemenceau d'envoyer des soldats pour remplacer les électriciens défaillants. Mais le fait ne s'était pas produit ; pas un soldat n'avait été envoyé le vendredi soir ; et c'est le vendredi soir qu'ils auraient dû être expédiés aux secteurs. A huit heures, ceux-ci auraient dû être en état de fonctionner.

La plupart des ouvriers des secteurs ne sont point des techniciens difficiles à remplacer ; ce sont de simples chauffeurs, et alors on peut se demander pourquoi les directeurs des secteurs n'essayèrent pas de les remplacer.

La réponse est simple. Ils ont craint des agressions et ils n'auraient pas trouvé d'ouvriers, si ceux-ci ne s'étaient sentis protégés. Or les secteurs étaient-ils protégés ? Des troupes les ont-elles occupés immédiatement ? Cette nuit du vendredi au samedi reste pleine d'obscurité.

Dans la discussion qui a eu lieu le 11 mars entre M. Jaurès et M. Clemenceau, M. Jaurès a déclaré qu'il ne s'agissait pas d'un service public.

Dans la grève des Tramways-Sud, cependant, les socialistes invoquaient le caractère de service public pour demander la déchéance de la Compagnie.

M. Jaurès semble croire qu'il n'y a de service public qu'à la condition que ce soit l'État ou les municipalités qui exploitent directement.

Il confond l'objet et le moyen. M. Jaurès, docteur en

philosophie, connaît toutes les subtilités de la scolastique utilés pour faire dévier les questions.

Mais à propos de quoi a eu lieu cette grève? Les grévistes ont voulu peser sur l'administration et le Conseil municipal pour obtenir des concessionnaires des conditions de salaires et de retraites plus avantageuses. Par conséquent, le motif même de leur grève implique la reconnaissance par eux-mêmes du caractère du service auquel ils collaborent.

Mais, en même temps, cette grève montre l'erreur que commet l'administration en s'occupant de ces questions.

Si une administration veut déterminer les salaires, les conditions de travail des employés d'une société concessionnaire, pourquoi ne s'occuperait-elle pas aussi du prix auquel cette société devrait payer sa houille, ses machines, ses matières premières et ses outils? Ce serait d'autant plus justifiable qu'en l'obligeant à les payer très cher, elle donnerait un motif aux mineurs, aux mécaniciens et autres ouvriers des fournisseurs d'obtenir une amélioration de leurs salaires.

Toutes ces clauses ne peuvent avoir qu'un résultat : faire payer plus cher par les contribuables un service public; et si le but est atteint, ce résultat implique une contribution prélevée sur tout le monde au profit d'un petit groupe de salariés qui deviennent des privilégiés.

C'est l'organisation de privilèges au profit de quelques-uns et au détriment de tous, alors que la démocratie doit représenter l'égalité et est le gouvernement de tous.

On y introduit ainsi une forme d'oligarchie; et ce seul fait prouve la contradiction flagrante qu'il y a entre le socialisme et la démocratie.

Dans une démocratie, comme l'administration et le gouvernement représentent l'intérêt commun, ils n'ont pas à s'inquiéter des rapports entre les concessionnaires et leurs salariés; ils ne doivent avoir qu'une seule préoccupation : assurer au plus bas prix la fourniture de l'électricité à la municipalité et aux consommateurs.

La municipalité avait seulement le droit d'intervenir pour la fixation de ce prix en échange de la faculté de passage qu'elle donne sur la voie publique.

Dans son interpellation du 11 mars, M. Jaurès a répété à plusieurs reprises que la grève était légale; que les organisateurs de la grève avaient respecté la légalité.

Vraiment? Est-ce qu'ils n'ont pas déclaré la grève instantanément? Est-ce qu'ils n'ont pas fait la grève par surprise?

Cependant, dans l'industrie électrique comme dans les autres, il y a un délai-congé obligatoire. Ils n'en ont pas tenu compte; et, par conséquent, ils n'ont point eu ce respect de la légalité que leur a prêté M. Jaurès.

On connaît les organisateurs de la grève. MM. Griffuelhes, Yvetot, Passerieu et quelques autres en réclamaient hautement l'honneur. Ils auraient dû aussi en avoir la responsabilité.

Les concessionnaires des secteurs auraient dû les poursuivre et leur réclamer des dommages-intérêts. Ils ne l'ont pas fait; et, par cela même, ils ont donné une nouvelle force aux organisateurs de l'action directe puisque ceux-ci ont acquis une nouvelle preuve qu'ils peuvent impunément continuer des pratiques qui, loin de leur être préjudiciables, augmentent leur notoriété et leur importance.

Mais des industriels, des commerçants, parmi ceux qui ont subi des dommages, auraient dû poursuivre les concessionnaires; ceux-ci se seraient réfugiés derrière le cas de force majeure; mais ils auraient été mis en demeure d'intenter des poursuites aux organisateurs de la grève instantanée; et on aurait vu ce qu'aurait donné la jurisprudence.

Quand un événement du genre de la grève des électriciens survient, des gens s'agitent et demandent de nouvelles lois, et quelquefois le Parlement double celles qui existaient déjà ou en fabrique de mauvaises. Mais il faut examiner d'abord si la législation ne peut pas faire encourir de responsabilités à ceux qui en sont les auteurs.

En général, ce ne sont pas les lois qui manquent, c'est l'énergie morale de ceux qui devraient en user.

Sous ce rapport, la Confédération générale du travail donne un remarquable exemple. Elle a su agir. Elle a su conduire au doigt et à l'œil les électriciens; mais les industriels, les commerçants ont aussi des syndicats. Qu'ont-ils fait dans cette circonstance ? Ils sont restés passifs; et la Confédération générale du travail a pu justifier la grève en disant : « Il nous a suffi d'agir et nous avons obtenu ce que nous voulions. Tout le monde a capitulé devant nous. »

Si la loi est insuffisante, il faut la modifier.

II

Quand un concessionnaire ne peut pas, de par son contrat, interrompre un service, il n'est pas admissible que des tiers puissent l'interrompre. Le contrat ne dépendrait plus de la volonté des contractants, il dépendrait de personnes qui n'y sont pas partie et qui jusqu'à présent ont été déclarées irresponsables d'un acte que ne pourraient commettre les intéressés.

CHAPITRE V

La Tyrannie de minorités

Aux dépens de tous. — Les ouvriers municipaux. — Les ouvriers du gaz. — 10 600 privilégiés aux dépens de 561 000 autres ouvriers. — Minorité imposant sa volonté à tous. — Intérêt particulier contre intérêt commun.

A propos de la grève des électriciens, je faisais remarquer que la lutte de classes était le contraire de la conception démocratique.

La démocratie a pour objet la liberté et l'égalité; tous les individus doivent être libres et égaux en droits. Il ne doit pas y avoir de castes qui jouissent de privilèges et en exploitent d'autres à leur profit.

Or, la grève des électriciens, les menaces de grèves des ouvriers des autres services publics, et enfin les syndicats de fonctionnaires et des instituteurs ont pour objet de faire payer par tous des avantages donnés à quelques-uns.

Sous prétexte que la ville de Paris doit comme l'État être un patron modèle, avec cette différence que ses ressources ne viennent pas de son capital, mais viennent des contribuables, les ouvriers des services municipaux jouissent d'une situation privilégiée.

Cette situation privilégiée s'étend aux ouvriers des concessions municipales. Les conditions faites en faveur des ouvriers du gaz coûtent 4 millions de francs aux consommateurs parisiens.

Je ne sais encore le prix que coûteront les concessions faites aux ouvriers électriciens.

Mais les chiffres importent moins que le principe. Les ouvriers qui jouissent de ces avantages sont au nombre de 10 600 sur 575 000. Cela prouve leur audace ; mais entre l'audace et le succès, il y a de la marge.

Or, les 564 400 autres sont des contribuables. Ils paient à l'octroi pour leur viande, leur poisson, leur beurre, leur charbon. Leur intérêt est d'avoir des services publics pour leur argent, c'est-à-dire au plus bas prix possible ; et les ouvriers de la ville de Paris et des services municipaux leur font donner plus que ne l'exigerait le cours du travail.

Les 564 000 ouvriers sont, pour la plupart, payés moins chèrement que les ouvriers des services municipaux. Ils n'ont ni retraites ni congés. Ils ne sont pas assurés d'avoir du travail tous les jours de l'année.

Qu'en résulte-t-il ? Les ouvriers moins bien traités que ceux qui sont parvenus à se faire embaucher dans un service municipal paient pour ceux-ci. Et ceux-ci, qui ne sont qu'une infime minorité, moins de 2 pour 100, ont la prétention de commander aux pouvoirs publics et lancent cette injonction :

— Si vous ne nous obéissez pas, nous chambardons tout !

C'est une démonstration qu'ont faite les ouvriers des secteurs électriques, après les employés des omnibus, les inscrits maritimes, les employés des tramways, etc.

Qu'un groupe d'intéressés veuille, en suspendant un service public, imposer ses volontés à un corps délibérant et à une administration qui représentent les intérêts généraux de la communauté, c'est une forme de tyrannie inadmissible.

C'est la prétention d'une minorité de dominer la majorité. En recourant au procédé qu'ils ont employé, les grévistes font sentir l'antagonisme qu'il y a entre leur intérêt particulier et l'intérêt commun.

Quand le public ne subit que des répercussions indirectes, il ne les perçoit pas toujours; mais quand il est atteint directement, il comprend qu'entre lui et le gréviste, il y a non pas communauté, mais opposition d'intérêts.

Il est bon que cette démonstration soit faite de temps en temps, puisqu'il y a tant de gens qui ne veulent prendre de l'expérience qu'à leurs dépens. Les agents des postes l'avaient déjà faite, les électriciens la renouvellent; et la Confédération générale du travail donne un aperçu des agréments que présenterait la grève générale qu'elle réclame et prépare. Elle organise la tyrannie des minorités.

CHAPITRE VI

Le Sabotage et la Grève générale

Théorie du sabotage. — La grève générale. — La copropriété des usines. — L'action directe. — Les unités électorales et les unités de combat. — M. Griffuelhes et Blanqui. — La loi de 1884 sur les syndicats. — Sociétés secrètes légales.

Les chefs de la Confédération du travail ont ouvertement fait part de leurs desseins dans des interviews publiées par le journal *Le Matin*.

M. Pataud, secrétaire général du Syndicat des travailleurs des usines électriques, dit :

S'il n'y a pas de droit de grève sans sabotage, nous le pratiquerons. Et le gouvernement seul en portera la responsabilité, comme il assume la responsabilité de notre antimilitarisme.

M. Merrheim, membre de la Confédération générale du travail, dit :

La surprise d'hier n'est que le prélude de ce que sera demain. Nous travaillerons chaque jour, plus âprement, à préparer ce demain, et ce ne sont ni les Clemenceau, ni les Briand, encore moins les Viviani, qui empêcheront que ce « demain » soit ce que nous voulons.

Fini de rire, messieurs les exploiteurs et capitalistes, le cornet à surprises est ouvert et ne se refermera que pour mieux vous engloutir!

M. Yvetot, secrétaire général de la Confédération du travail, dit :

S'ils n'avaient pas eu satisfaction immédiate, les travailleurs du gaz se seraient joints à eux par solidarité. Alors Paris était enseveli dans les ténèbres. Imaginez en même temps la grève des transports, et tout est dit.

L'expérience d'hier, ainsi commentée, donne un argument formidable aux partisans de la grève générale. La grève générale, sans barricades, sans effusion de sang, est l'arme sûre et toute-puissante de la révolution.

M. Bousquet, secrétaire du Syndicat de l'alimentation :

Quatre ou cinq corporations en France peuvent, à elles seules, préparer une révolution ou tout au moins une perturbation économique ayant des conséquences énormes.

Exemple : Si, par une entente prolétarienne très possible, — les faits viennent de le montrer, — la lumière s'arrêtait dans les grandes villes comme cela vient de se produire à Paris, si le gaz venait à manquer, si l'eau faisait défaut, si les télégraphes, les postes et les téléphones ne fonctionnaient plus, comment ferait le gouvernement central capitaliste pour savoir ce qui se passe en province et donner des ordres ? Et, de plus, si l'alimentation s'arrêtait également, qu'arriverait-il ?

J'en conclus que le gouvernement, quel qu'il soit, est obligé de compter avec les forces ouvrières pour la bonne raison que, tout en se préoccupant du but économique, il y a des personnes qui visent un autre but : celui de la démolition de la société capitaliste.

M. Griffuelhes, de la Confédération générale du travail, voit aussi dans la grève des électriciens le présage d'événements plus importants. Comme M. Merrheim il a lui-même écrit sa réponse :

L'acte conscient des électriciens permet d'escompter un acte identique chez les travailleurs du gaz, débarrassés enfin des préoccupations politiciennes, dont quelques individus tirent profit : il permet d'entrevoir le jour où les travailleurs des postes pratiqueront dans nos égouts un savant travail préventif, où les malheureux esclaves du Métro en paralyseront le trafic, où les travailleurs des chemins de fer désabusés immobiliseront les locomotives. Le jour qui verra ces crises, quelles que soient les conditions présentes viendra comme est venu le jour qui a vu Paris sans lumière et sans force électriques.

Ce jour-là, chez nos bourgeois, se manifesteront « des émotions » plus intenses et plus vives que celles éprouvées ces jours derniers.

Un autre, M. Passérieu, secrétaire adjoint du Syndicat des industries électriques, dit :

Mais les usines de M. Sartiaux, est-ce que nous n'en sommes pas copropriétaires? Est-ce que nous n'y avons pas incorporé notre travail? C'est une richesse que nous avons aidé à créer, à développer: nous en voulons notre part. Si les soldats se font les esclaves du capital pour défendre contre nous notre part légitime, ils deviennent pour nous des ennemis. Tant pis pour eux. Nous emploierons tous les moyens pour préparer l'équitable répartition de la richesse.

Et, « tous les moyens », c'est l'action directe, c'est le sabotage. Quand l'ouvrier se sent torturé par la faim, devant la richesse qu'il a produite, il répond au crime capitaliste par de justes représailles, ou plutôt par la plus légitime des légitimes défenses.

Ainsi les meneurs de la Confédération du travail croient que « le sabotage » peut se pratiquer impunément et que, s'il se pratiquait, ceux qui l'y auraient exécuté auraient le loisir d'en contempler tranquillement les effets.

Ils déclarent qu'ils préparent « l'action directe », « la grève générale », et ils croient que « la société capitaliste » doit les laisser faire.

Un peu plus tard, M. Griffuelhes indiquait de la manière suivante les procédés de la Confédération générale du travail :

— Qu'est-ce qu'une statistique? Que prouve-t-elle? Oui, en politique, le nombre est important; là une voix est un appoint qu'il ne faut pas dédaigner. En politique, on peut établir des calculs; on peut dire que 1 = 1. Mais nous ne sommes pas des politiciens; nous croyons à la transformation sociale par le syndicalisme. Notre arme n'est pas le bulletin de vote, mais la grève. Or, pour supputer l'importance d'une grève, il est impossible de dire qu'une statistique de nos adhérents apportera un renseignement quelconque.

Voici dix mille tisseurs qui se mettent en grève pendant des semaines. Ils n'obtiennent rien parce que les magasins patronaux contiennent d'innombrables réserves de tissus. En revanche 700 à 800 électriciens chôment deux soirs. Ils ont entière satisfaction. Est-ce que l'on ne pourra pas dire que 700 est plus que 10000 ?

Ce que M. Griffuelhes appelle la politique, c'est le vote. On a transposé à la solution des questions politiques et légales le préjugé militaire que la victoire appartient aux gros bataillons. On compte des unités qu'on suppose toutes de même ordre; et les plus nombreuses triomphent.

Mais M. Griffuelhes n'est pas partisan de ces moyens pacifiques. Il compte et choisit ses troupes, et il dit qu'en portant son effort sur tel ou tel point, avec tels ou tels combattants, il peut désorganiser le fonctionnement de la vie sociale.

C'est exact. M. Griffuelhes est un conspirateur dans le genre de Blanqui. Mais celui-ci en était encore aux fusils et aux poignards, tandis que M. Griffuelhes entend se servir d'autres moyens, que notre Code pénal n'a pas prévus, tandis que la loi de 1884 a mis à sa disposition les syndicats, comme associations de combat. Il indique une lacune qu'il faudra combler; et elle est moins grande qu'il ne le suppose.

En tout cas, lui et ses collaborateurs ont la franchise de déclarer que la grève est un moyen de guerre sociale et qu'ils doivent être considérés comme des belligérants.

Le gouvernement, qui n'a de raison d'être que de garantir la sécurité de tous contre des entreprises de ce genre, doit se munir des lois nécessaires pour y résister et les appliquer.

La loi de 1884, ne contenant aucune restriction de ce genre, des syndicats se livrent à des manœuvres et à des violences, comme si ces actes étaient licites quand ils sont commis par leurs membres.

La loi ne donne aucun moyen au gouvernement de savoir le nombre de personnes qui composent les syndicats, ni ce qu'elles y font. Elle a constitué des sociétés secrètes légales.

CHAPITRE VII

Les bourses de travail

ubventions aux arsenaux de la guerre sociale. — Bourse de travail contre le travail. — Les Bourses de travail contre l'État. — Les inspecteurs de travail et les Bourses de travail.

Non seulement les infâmes bourgeois tolèrent l'organisation de la grève générale, mais ils y contribuent, ils la subventionnent, ils l'entretiennent.

A Paris, ils mettent à leur disposition un monument municipal, payé par les contribuables parisiens, entretenu par les contribuables parisiens, où des chefs de syndicats reçoivent des indemnités, des frais de chauffage, d'éclairage, etc., de la Ville de Paris, pourquoi ? Pour préparer des événements comme la grève générale. Là on entend des hommes déclarer que, si on leur résiste, ils organiseront une insurrection sanglante ; ils annoncent que les électriciens auront recours au sabotage qui, pour eux, sera l'organisation des courts-circuits, avec incendies et explosion, comme conséquences ; ils annoncent que la grève du 8 mars 1906 n'est qu'un premier essai, mais qu'ils auront soin, à la prochaine occasion, d'avoir les gaziers avec eux. Ils font savoir que, désormais, chaque fois qu'un conseil municipal, ou le Parlement, ou le gouvernement, ne se soumettra pas à une de leurs demandes, faites toujours au nom d'une minorité contre l'intérêt général, ils auront recours à quelque moyen de ce genre en attendant la catastrophe finale qu'ils font entrevoir à leurs dupes, comme les millénaires faisaient entrevoir le jugement dernier.

Ils préparent tranquillement cette besogne, dans un palais municipal, à nos frais; et il y a, réparties sur les divers points de territoire de la France, cent vingt-quatre autres Bourses de travail, ainsi nommées parce qu'on ne s'y préoccupe que des grèves, entretenues également par les municipalités. Les membres de la Confédération du travail ont le droit d'être pleins de dédain pour la société capitaliste qui leur donne un concours aussi large et aussi dévoué pour sa propre destruction.

J'ai dénoncé la Bourse de travail à la Chambre des députés le 8 mai 1893, et mon discours en provoqua la fermeture. M. Mesureur la rouvrit en 1895.

Elle aboutit à des désordres que M. Rousselle dénonça au conseil municipal de Paris.

Mais elle continue d'être subventionnée; et ses chefs déclarent que les « Bourses de travail sont entrées en antagonisme aigu avec l'État ».

Par une circulaire du 19 janvier 1900, M. Millerand, ministre du commerce, recommandait aux inspecteurs du travail d'entrer en relations, oralement ou par lettres, avec les secrétaires des Bourses du travail et de les prier de lui signaler toutes les infractions aux lois protectrices du travail. Dans une circulaire du 20 novembre 1906, M. Viviani la rappelait et ordonnait aux inspecteurs du travail de « demander aux syndicats la dénonciation des infractions à la loi sur le repos hebdomadaire et de donner suite, dans le plus bref délai, aux indications qu'ils recevraient ».

Elles représentent la tradition des comités révolutionnaires de 1793, chargés d'abord de surveiller les suspects et à la fin de les arrêter. Si jamais une loi de prairial contre les industriels est promulguée, elles seront prêtes à l'exécuter.

CHAPITRE VIII

Les « Labor Unions » d'Amérique

Western Federation of miners. Meurtre de M. Stenenberg. — Le « Martyrs de la cause du travail ». — Contre Roosevelt. — La *Western Federation of miners* impose un verdict. — Le procès Haywood. — Peur d'être juré. — Intimidation des magistrats. — Le droit au crime.

J'ai parlé à plusieurs reprises[1] des *Labor Unions* américaines dont la politique peut se résumer en ces mots : monopole du travail aux unionistes, droit de boycotter les non-unionistes et les industriels qui résisteraient à leurs injonctions. Elles ne s'améliorent pas en prenant de l'âge.

M. Stenenberg, gouverneur d'Idaho, fut tué, au commencement de 1907, à l'aide d'une bombe. Moyer, président de la *Western Federation of miners*, Haywood, son trésorier, Pettibone, membre du comité exécutif, furent poursuivis comme complices de ce meurtre commis par Orchard.

Aussitôt la *Western Federation of miners*, avec d'autres *labor unions*, organisa des manifestations dans lesquelles les accusés étaient représentés comme des « martyrs de la cause du travail ».

M. Roosevelt, dans une lettre à M. Sheman, membre

---
1. V. *Les Conflits du travail et leur solution.*

du Congrès, déclara que ces accusés étaient des « hommes non désirables ». Ces paroles redoublèrent le zèle de leurs partisans. A leur tête se trouvait V. Debs, qui s'était fait connaître, en 1893, par ses violences, comme président de l'*Amalgamated Railway union*, au moment de la grève contre Pullman.

Ils reprochèrent au Président de risquer d'influencer le jury, comme si les conférences et les meetings en faveur des accusés avaient pour but de ne pas agir sur lui. Cependant, ils déclarent que « la mort ne peut pas atteindre, qu'elle n'atteindra pas leurs frères ». Ces frères ont-ils tué ou non le gouverneur Stenenberg ? Là n'est pas la question. Il n'y a que celle que le président Roosevelt, dans sa lettre au président Jakson, qualifiait de la manière suivante : « Vous et vos associés ne demandez pas un procès loyal, mais vous dictez un verdict, ce qui doit être condamné. » Ce qu'ils exigeaient, c'était un nouveau crime à ajouter aux crimes précédents, et pour obtenir ce résultat, ils se rendaient coupables d'excitation à la violence et à l'assassinat. Peut-on considérer comme des travailleurs des hommes qui se livrent à ces occupations coupables ? et méritent-ils une autre qualification que celle de citoyens non désirables ?

Le premier procès, celui de Haywood, secrétaire de la *Western Federation of miners*, eut lieu à Boise.

Orchard, dont la cause était séparée, fut entendu comme témoin. Il raconta la complicité d'Haywood, de Moyer et de Pettibone, dans le meurtre d'un détective, à Denver, de deux surveillants de mines, dans le déraillement d'un train, à Independence, Colorado, qui causa la mort de treize non-unionistes, dans l'assassinat du gouverneur Stenenberg. Il reçut des chefs de la *Western Federation of miners* des sommes d'argent pour chacun de ces crimes. Il fit des tentatives qui ne réussirent pas contre M. Peabody, gouverneur du Colorado, contre le juge Gabbert, de la Cour suprême du Colorado, et quelques autres personnes qui déplaisaient à la *Western Federation*. Les dires d'Orchard étaient corroborés par des allées et venues, avant et après chaque acte, qui prouvaient ses relations avec les chefs de la Fédération.

La défense devant le jury fut tout à fait conforme aux meetings qui avaient protesté contre les poursuites. Un avocat dénonça « les vipères et les vautours de Wall Street ». Un autre déclara que la condamnation d'Haywood serait considérée comme « une injustice et comme le résultat d'une agression, vile et meurtrière, de capitalistes sans scrupule ».

La *Western Federation of miners*, après la déposition d'Orchard, affirma sa solidarité avec Moyer, son président, Haywood, son trésorier, et Pettibone, membre de son comité exécutif, en les confirmant, par une élection, dans leurs fonctions.

Le sénateur E. Borah, qui soutint énergiquement l'accusation, posa la question dans ces termes : « Ils ont tué Stenenberg pour montrer qu'ils ne pardonnent jamais à un ennemi. » Et il dit que la défense n'était que l'apologie du meurtre des représentants de la loi.

Le samedi 27 juillet 1907, à onze heures du matin, le jury commença sa délibération ; elle se prolongea jusqu'au dimanche matin, huit heures. On sait qu'aux Etats-Unis, comme en Angleterre, il faut l'unanimité des jurés. Quatre jurés déclaraient Haywood coupable, huit autres, innocent. Il fallut du temps pour convaincre les quatre jurés que les entrevues régulières d'Orchard à Denver, avant et après les crimes, étaient de simples coïncidences ; qu'Haywood n'avait jamais connu le caractère de l'homme avec lequel il avait entretenu des relations intimes pendant plusieurs années ; que sa poursuite n'était due qu'aux manœuvres des capitalistes.

Le verdict du jury surprit même les amis de Haywood et causa une profonde impression dans tous les Etats-Unis.

Nul, indifférent, ami ou adversaire, ne l'attribue au souci de la justice et de la vérité. Tous considèrent qu'il n'est que la confirmation des injonctions d'acquittement faites au jury par les manifestations contre lesquelles protestait M. Roosevelt.

Dès le lendemain de l'acquittement, toutes les *labor unions* de Denver décidèrent de recevoir triomphalement « ce martyr de la cause du travail ». Le 3 août, une délégation se rendit à la station. Haywood monta dans un carrosse traîné par six chevaux blancs, du haut duquel il adressa des discours aux 30 000 hommes réunis pour lui faire honneur.

On annonça, en même temps, l'abandon des poursuites contre Moyer et Pettibone.

Les membres des *labor unions* furent confirmés dans la conviction qu'ils sont inviolables, parce qu'ils sont redoutables.

Tous les jurés ne sont pas des héros. M. John Cummings de Chicago raconte [1] que, dans cette ville, il a fallu récemment sept cents convocations pour trouver un juré dans une affaire de meurtre intentée à des chefs de *trade-unions*. Dans la même ville, des hommes coupables de violences, au cours d'une grève de camionneurs, ont tous été acquittés.

Les magistrats sont intimidés non seulement par les dangers matériels, mais par la pression morale. Quiconque ose ne pas approuver les illégalités d'une *labor union* est aussitôt dénoncé comme un instrument du

---

1. *The Journal of Political Economy.*

capital, voué au soupçon et au mépris. L'arrêt est une « invention outrageante, impudente, d'une ploutocratie sans loi ». Si un agent de police arrête quelque membre d'une union qui a commis un meurtre, il est dénoncé comme ayant voulu se distinguer « pour gagner de la monnaie sanglante ».

Le juge qui, au contraire, se sera aplati devant une *labor union* est présenté « comme un habile et distingué chancelier, un magistrat sympathique à tous les honnêtes gens et redouté de tous les criminels ». Marck Twain n'a jamais poussé aussi loin l'audace de l'ironie.

Chacune des *labor unions* constitue un groupe à part qui n'a d'autre règle que des passions et des intérêts, opposés au reste de la nation et de l'humanité. Si elle a l'hypocrisie de nier certains de ses actes, elle n'en signifie pas moins aux juges, aux jurés, au président des États-Unis, qu'elle a droit au crime, et ceux qui parlent avec cette audace ne représentent pas un dixième des ouvriers des États-Unis.

CHAPITRE IX

L'exploitation de la peur

Les projets annoncés par M. Jaurès. — La fin justifie les moyens.
— Buchez. — L'utilité de la violence, d'après M. Georges Sorel.
— La violence dans les grèves. — Les chefs de la Confédération
du travail sont des hommes politiques. — Les paniques parisiennes. — Stendhal : « La peur n'est pas dans le danger, elle
est en nous. » — La faillite sociale comme idéal. — La Tyrannie socialiste annoncée et réalisée.

Le 2 mai 1907, mon excellent ami M. Faubert trouva un membre de la Confédération du travail qui veut bien quelquefois condescendre à causer avec lui. Il lui dit, d'un air satisfait :

— Avez-vous vu l'*Humanité* ?

M. Faubert. — Ma foi non, elle est toujours perdue dans le même brouillard. J'attends les projets de loi que M. Jaurès avait promis dans son discours des 12 et 14 juin 1906. Mis en demeure par M. Clemenceau, il avait annoncé qu'il y donnerait le secret de la société future dans un délai de quatre ou cinq mois. Le délai est expiré : et je ne vois pas qu'il y songe.

Le Confédéré. — Il ne peut pas les faire seuls : il faut qu'ils soient acceptés par le parti socialiste unifié.

M. Faubert. — Alors nous ne les verrons jamais ; mais pourquoi s'était-il engagé ?

Le Confédéré. — C'est qu'il ne s'est pas encore soumis à la discipline du parti.

M. Faubert. — Oui, le parti socialiste permet tout à son ténor, mais ne se considère pas comme engagé par lui. Il faut avouer que ce n'est pas un parti curieux. Ses membres se contentent que le ténor chante : « Allons ! marchons au Paradis ! » et ils ne lui demandent ni de fixer les étapes de ce Paradis, ni les plans de ce Paradis. Cependant, du moment que M. Jaurès méprise tous les faits, toutes les lois économiques qui en dérivent, qu'il croit que la loi positive peut tout faire, il a le devoir d'écrire ces lois positives et de les révéler au monde. Jaurès avait promis, il y a dix mois, de les descendre du Sinaï. Moïse ne se fit pas attendre si longtemps.

Le Confédéré. — Il rapportera les tables de la Loi, au milieu des éclairs et des tonnerres qui feront trembler la société capitaliste.

M. Faubert. — Je reconnais là les métaphores habituelles. M. Georges Sorel, dans le *Mouvement socialiste*, a assimilé la grève générale au Jugement dernier de l'Apocalypse ; il déclare que les chrétiens en ont tiré un si bon parti que les socialistes doivent exploiter à leur tour le sentiment de terreur folle et d'espoir chimérique qu'il avait inspiré.

Le Confédéré. — Tous les moyens sont bons.

M. Faubert. — La fin justifie les moyens. C'est la phrase des Jésuites, reprise, du reste, par un socialiste catholique, Buchez, qui a essayé de prouver que la « souveraineté du peuple » et la « souveraineté du but » étaient identiques.

Le Confédéré. — C'est de l'histoire ancienne. Maintenant, nous sommes plus modernes. Lisez les *Réflexions sur la violence*, publiées par le même M. Georges Sorel, dans la même *Revue* (15 janvier 1906, p. 18) :

L'expérience montre que la bourgeoisie se laisse facilement dépouiller, pourvu qu'on la presse quelque peu et qu'on lui fasse peur de la révolution : le parti qui saura manœuvrer avec le plus d'audace le spectre révolutionnaire aura l'avenir pour lui... Les ouvriers peuvent faire peur. Les syndicalistes révolutionnaires savent tirer un excellent parti de cette situation, et ils enseignent aux ouvriers qu'il ne s'agit pas d'aller demander des faveurs, mais qu'il faut profiter de la lâcheté bourgeoise pour imposer la volonté du prolétariat (p. 29).

M. Faubert. — La volonté du prolétariat ? C'est beaucoup généraliser. Dites la volonté d'une douzaine de meneurs de la Confédération du Travail.

Le Confédéré. — Soit : peu importe, ils agissent avec le consentement de tous, et, comme le dit Sorel, ils ont réussi (p. 29) :

La violence ouvrière possède une efficacité extraordinaire dans les grèves. Les préfets redoutant d'être amenés à faire agir la force légale contre la violence insurrectionnelle, pèsent sur les patrons pour les forcer à céder ; la sécurité des usines est maintenant considérée comme une faveur dont le préfet peut disposer à son gré, pour intimider les deux parties et les amener plus ou moins adroitement à un accord. Il n'a pas fallu beaucoup de temps aux chefs du mouvement pour saisir cette situation : il faut reconnaître qu'ils se sont servis de l'arme qu'on mettait entre leurs mains avec un rare bonheur. Ils s'efforcent d'intimider les préfets par des démonstrations populaires... Il est rare qu'au bout de quelque temps, l'administration, obsédée et effrayée, n'intervienne pas auprès des chefs d'industrie et ne leur impose une transaction qui devient un encouragement pour les propagandistes de la violence.

Voilà, d'après les propres déclarations du philosophe du parti, à quoi ont servi les concessions, les pourparlers, l'ingérence du gouvernement dans les grèves, les interpellations à la Chambre et les sentiments de conciliation exprimés par les âmes tendres. Ils n'ont servi qu'à apprendre à se servir de la violence.

M. Faubert. — Cela prouve que les hommes qui sont à la tête du parti socialiste sont des hommes politiques qui savent mettre à profit les forces que leurs adversaires leur donnent, en croyant les désarmer.

Le Confédéré. — Vous ne pouvez pas le leur reprocher.

M. Faubert. — Je ne le leur reproche pas. C'est leur droit; mais je crois qu'ils se font des illusions en essayant de terroriser la bourgeoisie. M. Georges Sorel dit : « L'expérience montre que la bourgeoisie se laisse facilement dépouiller. » Quels faits pourrait-il invoquer à l'appui de cette assertion? Quand il s'agit, au contraire, de défendre cette propriété à laquelle « la démocratie tient par toutes ses fibres », selon la propre expression de M. Jaurès, elle montre une énergie qui ne s'est jamais démentie. Il n'y a point de nuit du 4 août au compte de la bourgeoisie.

Le Confédéré. — La question ne se pose pas de la même manière.

M. Faubert. — En effet.

Le Confédéré. — Mais nierez-vous la peur que la bourgeoisie a eue l'année dernière à propos du 1er mai? Est-ce qu'il n'y avait pas des gens qui avaient fait des provisions, d'autres qui étaient partis?

M. Faubert. — Soit : mais cela prouve que ces gens manquaient de confiance dans le gouvernement. Ils ne croyaient pas qu'il saurait remplir sa première fonction : assurer la sécurité intérieure. Le gouvernement a pris quelques mesures, et si des bourgeois s'étaient sauvés, les soldats de l'armée de la Confédération du Travail sont restés chez eux. Ils ne me paraissent pas avoir été beaucoup plus braves.

Le Confédéré. — Pouvez-vous nier la facilité de la bourgeoisie à prendre peur? Voyez ce qui vient de se passer pour la variole. Je lis dans le *Progrès médical* du 30 mars :

« Depuis cinq ans, il n'y avait jamais eu à Paris

moins de cas de variole : s'il faut en croire la *Statistique municipale officielle*, on a constaté dans les dernières semaines 8 cas et 12 cas, au lieu de la moyenne 20. D'où vient donc cette étrange panique, qui secoue le peuple parisien, et fait la fortune des Instituts vaccinogènes ? »

De quelques articles de journaux, aussitôt on a pris peur, on a fait des queues dans les établissements. Entre elles, les dames ne parlaient que de leur vaccin et regardaient avec méfiance quiconque n'avait pas partagé leur terreur. On peut tout oser avec des gens qui commencent par se laisser émouvoir, sans se renseigner.

M. Faubert. — Stendhal l'a dit depuis longtemps : « La peur n'est pas dans le danger. Elle est en nous. »

Le Confédéré. — Il ne s'agit donc que de l'inspirer. Voyez ce que nous avons déjà pu faire avec la céruse, ce que l'on est en train de faire pour l'absinthe. Croyez-vous que tous les Parisiens n'auront pas la colique le jour qu'ils seront convaincus que les ouvriers boulangers font du sabotage dans leurs fournils ?

M. Faubert. — Mais vous venez vous-même de dire : « Tous les Parisiens. » La peur n'est donc pas l'apanage du bourgeois. Croyez-vous que les membres de la Bourse du Travail et leurs femmes ont eu moins peur de la variole que les bourgeois ? La peur n'est pas un privilège capitaliste.

Le Confédéré. — L'ouvrier n'a rien à perdre.

M. Faubert. — Détrompez-vous. C'est lui qui a le plus à perdre. Le gros multimillionnaire placera ses capitaux à l'étranger, s'ils sont menacés, et il s'y transportera lui-même, s'il ne sent pas sa personne en sûreté. Il ne manditera plus des industries en France et il y fera moins de dépenses. Selon le mot de Cobden, les salaires montent quand deux patrons courent après un ouvrier, ils baissent quand deux ouvriers courent après un patron. Votre politique, qui a pour objet de faire peur au capital, produit un effet certain, c'est de le faire fuir. S'il fuit, il ne se transformera pas en salaires et la grève violente amènera un effet certain, ce sera la grève de l'industriel. Elle changera les sans-travail fictifs en sans-travail positifs.

Le Confédéré — Tant mieux. Ce sera le commencement de la liquidation.

M. Faubert — Enfin nous avons fait faillite! Voilà donc votre idéal?

Le Confédéré. — Oui, la faillite de la société capitaliste!

M. Faubert. — Mais expliquez-nous donc la constitution de votre société collectiviste.

Le Confédéré. — Vous êtes trop curieux. Mais quand je vous ai demandé si vous aviez lu *l'Humanité*, c'était à propos de la phrase suivante de M. Marcel Sembat :

« Ce pauvre Yves Guyot avait dénoncé depuis longtemps la tyrannie socialiste, mais on ne l'écoutait guère. »

M. Faubert. — Eh bien! mais il me semble qu'il avait raison et que les autres avaient tort de ne pas l'écouter.

Ceux qui profitent de la tyrannie socialiste font comme tous les tyrans : ils en abusent, et ils font en sorte qu'on commence à entendre celui qui l'avait dénoncée au moment où des hommes comme M. Goblet se mettaient à la tête de l'Union Socialiste. C'est un résultat des menaces et des violences de vos amis.

CHAPITRE X

L'Arbitrage obligatoire

« Un pays sans grèves ». — La Nouvelle-Zélande. — *L'arbitration act de 1894.* — Echec de bureaux de conciliation. — Arrêt de la cour. — La grève des abattoirs. — Le lock-out du bois. — Attitude hypocrite des Unions à l'égard des grèves. — Difficultés des exécutions. — Concours moral des intéressés a manqué à l'arbitrage en Nouvelle-Zélande.

Des descendants de Gribouille ont la conception profonde de supprimer les grèves en forçant chaque individu d'être membre d'un syndicat et en faisant régler par des tribunaux incompétents et irresponsables toutes les questions de salaire et d'organisation du travail.

Ils invoquent à l'appui de leur thèse le titre d'un livre que publia, en 1900, l'agent général de la Nouvelle-Zélande : « *Un pays sans grève*[1] » pour célébrer *l'act* de 1894 portant ce titre : *Act to encourage the formation of Industrial unions, and to facilitate the settlement of industrial disputes by conciliation and arbitration.* L'*act* ne rendait pas explicitement l'arbitrage obligatoire ; implicitement, il le rendait tel, en imposant le contrat collectif. Il prévoit des *boards of conciliation* pour les établir, et s'ils n'y réussissent pas, un « arbitration

---

[1]. Voir aussi M. Métin, *Le socialisme sans doctrines* (F. Alcan, éd.). *L'arbitrage obligatoire*, par Bertrand Nogaro (Roustan, éd.). *Labor Gazette*, n° 1907.

court » chargé de les imposer. Dès que les ouvriers ont formé une union, ils peuvent imposer cette juridiction même aux industriels qui ne font pas partie d'une union. Ils peuvent (article 104) imposer l'arbitrage à ces industriels, « alors qu'aucun de ces membres de l'union ouvrière ne serait intéressé dans le conflit ». Si l'industriel ne compte pas d'unioniste parmi ses ouvriers, il n'est pas à l'abri d'une action.

La grève et le lock-out sont interdits. Cette législation a abouti à faire régler toutes les conditions de l'industrie par des ordonnances de la cour, qui agissait comme ayant reçu du Parlement une délégation du pouvoir législatif.

L'ouvrier, comme l'individu, n'a plus de *statut*. Il faut qu'il fasse partie d'une union et l'objet des unions de travailleurs est d'empêcher le travail trop intensif. L'union a toujours en vue cinq choses : les salaires plus hauts, le temps plus court, la question des heures supplémentaires, la limitation du nombre des apprentis, l'exclusion des non-unionistes.

Lors de la présentation de l'acte, on affirmait que les bureaux de conciliation régleraient 99 pour 100 des conflits ; seulement leurs décisions sont sans valeur, et si bien reconnues comme telles qu'il est admis que cette procédure n'a plus de raison d'être. On cite directement devant la cour d'arbitrage.

La cour se heurte à une première difficulté : c'est de savoir de quoi il s'agit. La sentence doit ensuite entrer dans de si minutieux détails qu'il est impossible de savoir ce qu'elle permet et ne permet pas : et toute différence d'interprétation entre le salariant et l'union provoque un nouveau conflit.

Dans ces conditions, le salariant interprète toujours la sentence de la manière la plus étroite : le salaire minimum devient le salaire maximum ; l'antagonisme remplace toute morale professionnelle. De là diminution de la production, et comme conséquence, augmentation du prix de la vie et restriction du pouvoir d'achat de leurs clients [1]. Les ouvriers qui emploient la plus grande partie de leurs salaires comme consommateurs trouvèrent que leur situation ne s'était pas améliorée.

La Nouvelle-Zélande a besoin d'exporter de la viande de mouton ; et forcément, il en faut compter le prix de revient. Quand les bouchers des abattoirs, d'accord avec les ouvriers des usines frigorifiques de Wellington, de Cantorbury, d'Otago, de Gisborne et de Southland, firent des demandes d'augmentation de salaires, la cour d'arbitrage ne les accepta pas : ils se mirent en grève le 7 mars 1906.

Le 8 mars, il furent condamnés à des amendes montant à £ 700 (17 500 francs). L'attorney général et un juge de la cour suprême déclarèrent que ce n'était ni une dette, ni un dommage, ni une sanction à la rupture d'un contrat, mais « une pénalité dans le sens strict du mot et qu'en cas de non payement, les condamnés iraient en prison ».

Le 20 mars 1907 la grève prit fin, les condamnés payèrent ou disparurent en allant chercher de l'emploi dans d'autres colonies. Cependant M. Hall Jones, représentant le gouvernement de la Nouvelle-Zélande, affirma que ce n'était pas un échec pour l'acte. Le gouvernement devrait tout simplement le modifier pour lui donner plus d'efficacité.

Mais ce ne sont pas les seuls métiers affectés. Les journaux de la *Western Australia* du 20 mai annoncèrent que, « à Perth, M. Holman et deux employés de la Sawmill Society avaient été condamnés à des amendes ou à

---

1. *The Times*, 31 août 1906. Lettre de M. F. H. Templer, ancien secrétaire de l'*Auckland provincial Employers' Association*.

l'emprisonnement, faute de payement, pour avoir aidé les grévistes du bois, en contravention avec l'*Arbitration Act* ». Le 4 juin, les mêmes journaux annonçaient des poursuites contre des industriels du bois qui ont organisé un lock-out.

Voilà la preuve que l'arbitrage obligatoire ne peut supprimer ni la grève ni le lock-out [1].

Avec l'optimisme officiel qui est la caractéristique de tous les gouvernements, un ministre avait affirmé que les Unionistes, les ouvriers syndiqués, désapprouvaient cette pratique des grèves. Au moment même où il lançait cette affirmation, les *trade-unions* de Wellington et le Conseil du travail prenaient une résolution de sympathie en faveur des grévistes et de félicitation pour leur victoire. On essaya en vain de provoquer un désaveu des autres unions. Il pourra y avoir, sous différentes influences, peut-être un changement apparent d'attitude; mais le fait est acquis.

L'hon. John Mac Gregor, ancien membre de la Haute Chambre de la Nouvelle-Zélande, a reconnu l'échec de l'arbitrage obligatoire [2].

Les Unionistes qui n'observent pas la procédure de la cour d'arbitrage sont passibles de pénalités: mais en Nouvelle-Zélande, comme en d'autres pays, ils ont pu impunément se mettre au-dessus de la loi.

Officiellement les Unions dissuadent leurs membres de la violer, mais elles les encouragent en dessous. Elles échappent ainsi à toute responsabilité pécuniaire.

Quant aux individus, ils peuvent être condamnés à l'amende et, en cas de non payement, à l'emprisonnement.

Mais à un Américain se trouvant en Nouvelle-Zélande,

---

1. *The Individualist*, juin 1907.
2. *The Times Financial and commercial supplement*, 6 mai 1907 et 8 avril.

« si séduit par l'*Arbitration Act* qu'il voulait l'importer aux Etat-Unis », un Néo-Zélandais dit :

— C'est inutile. Il ne pourrait pas y fonctionner.

— Et pourquoi?

— Parce que les prisons des États-Unis ne sont pas assez grandes. Faites donc condamner à l'amende quatre ou cinq mille personnes d'une union qui viole l'*Arbitration act* ou la sentence rendue par la cour. Ils ne paient pas. Où sont vos prisons capables de les contenir? Et leurs familles, que deviendraient-elles pendant ce temps? On ne pourrait les laisser mourir de faim.

Le fonctionnement de l'arbitrage obligatoire en Nouvelle-Zélande a prouvé qu'il n'eût été possible que par le concours moral des intéressés; du moment qu'il ne l'a pas obtenu, il est condamné.

Pourrait-il l'obtenir dans d'autres pays? Ceux qui le prétendent ont contre eux l'expérience universelle.

La coercition implique la soumission et non le consentement : le consentement seul crée une obligation morale. De là, la supériorité du contrat comme mobile d'action aux arrangements d'autorités. L'arbitrage obligatoire aurait, dans tout autre pays, les mêmes conséquences qu'en Nouvelle-Zélande : le mépris de la loi de la part de ceux qui sauraient qu'ils peuvent la violer impunément et ne pas accepter les arrêts de la cour, en même temps que leur prétention d'exiger de leurs adversaires le respect de cette loi.

Ils en feraient une loi unilatérale, exactement comme ils entendent en France l'application de l'article 1780 du Code civil.

« J'affirme, dit l'auteur de cet article, que sans la constitution de la cour d'arbitrage, les ouvriers auraient bénéficié d'une part plus grande de l'augmentation de la prospérité de la colonie que celle qu'ils ont reçue. »

CHAPITRE XI

Conclusions

1° Pour les chefs des syndicats, des Bourses de travail et de la Confédération du travail, la grève n'est pas un moyen d'ordre économique, mais un moyen politique.

2° La faiblesse du gouvernement et de la magistrature a introduit la violence comme un facteur de succès dans la pratique des grèves. Leurs chefs se considèrent comme au-dessus des lois.

3° La grève est l'acte d'un petit groupe de personnes tendant à obtenir des avantages aux dépens de tous leurs concitoyens.

4° Les syndicats et les grèves des fonctionnaires et employés à des services publics mettent toute la puissance qu'ils détiennent pour des services publics au profit de leurs intérêts particuliers.

5° Cette conception anarchique nous ramène aux guerres privées du moyen âge; des syndicats lutteront les uns contre les autres aux dépens de tout le monde, avec des procédés de violence et le mépris de toute loi.

6° L'organisation de l'arbitrage obligatoire en Nouvelle-Zélande a détaché l'individu de l'État et en a fait un membre de l'union, sans empêcher les grèves.

LIVRE IX

LE SOCIALISME ET LA DÉMOCRATIE

CHAPITRE PREMIER

Le programme de l'Association internationale

Les habiletés de Karl Marx. — Des recrues plutôt que des réformes. — Échec de l'internationalisme. — La logique d'Hervé. — Les socialistes font le contraire de ce qu'ils annoncent.

M. Werner Sombart[1] dit, en parlant de l'adresse inaugurale de l'Association internationale des travailleurs : « C'est un vrai chef-d'œuvre d'habileté, son plan est peu clair : mais l'auteur est Marx, donc l'obscurité est voulue.

« Il fallait concilier des tendances opposées. Il y a, dans l'adresse, de quoi satisfaire tout le monde. Elle montre, dans une peinture saisissante, la misère de la classe ouvrière sous le joug capitaliste...

« Elle vante les avantages de la coopération libre, Proudhon, Buchez, les coopératives de production subventionnées par l'État, Lassalle, Louis Blanc. Elle

---

1. *Loc. cit.* p. 118-127.

contient des lieux communs sentimentaux que Marx dut laisser tomber de sa plume à regret.

« De l'objet de l'association il était peu question. »

Les socialistes continuent à pratiquer cette politique : ils veulent des recrues plutôt que des réformes ; et ces courtisans de la foule cherchent, non pas la vérité et l'utile, mais l'art d'exploiter les préjugés et les passions des ignorants et des chimériques.

Le siège de l'Association internationale fut transféré à New-York en 1872. Elle ne périt pas par suite de mesures gouvernementales prises contre elle. Elle fut disloquée par les querelles de Karl Marx et de Bakounine qui, ainsi que celles de Guesde, de Jaurès, de Lagardelle entre eux, nous donnent une idée de l'harmonie qui régnerait dans la Salente collectiviste.

Karl Marx avait terminé son manifeste de 1847 par ces mots : « Prolétaires de tous les pays, unissez-vous. »

Werner Sombart dit que Karl Marx avait « vainement essayé d'introduire du dehors au dedans les idées de solidarité et d'union ». Elles n'ont pas rayonné du dedans au dehors.

Les socialistes français ne montrent pas la moindre sympathie pour les ouvriers belges ou italiens qui viennent en France ; les ouvriers anglais ont obtenu l'*alien act* et l'expulsion des Chinois du Transvaal ; les ouvriers américains hérissent de difficultés l'immigration des Européens et ont prohibé l'entrée des Chinois et des Japonais.

Cependant les socialistes ne parlent que de la Société par un grand S, la Société sans frontières et sans nations. Quand Karl Marx disait : « Prolétaires de tous les pays, unissez-vous ! » il ne disait point que ceux de la Chine étaient exclus de son appel. Les agrariens de l'est de la Prusse ont parlé d'importer des coolies chinois. Le parti socialiste allemand est-il disposé à les accueillir comme des frères?

Au congrès de Stuttgart, les Allemands se sont montrés très nationalistes et se sont indignés contre Hervé. C'est cependant Hervé qui est logique. Tout socialiste qui admet l'existence d'une nation séparée admet la propriété individuelle; car une nation suppose la propriété par un groupe d'individus d'une certaine portion de la surface de la terre.

Les socialistes font, en général, le contraire de ce qu'ils annoncent. Ils disent qu'ils veulent remettre la propriété dans les mains du peuple, mais, ou ils la remettront dans les mains de congrégations qui, quel que soit le nom qu'elles portent, seront plus âpres que n'importe quel Harpagon ; ou ils la remettront à l'État qui, lui, la remettra à des administrations, lesquelles les exploiteront pour elles et non pour le public.

Comme les rois de l'ancien régime, ils ne peuvent manifester leur générosité que par leur rapacité; car, pour donner aux uns, ils doivent prendre aux autres. Et quels seront ces autres? Les adversaires de ceux qui, momentanément, seront plus forts.

Ils parlent de liberté; mais toutes les lois qu'ils proposent, depuis celles qui visent les heures du travail jusqu'à la loi sur le repos du dimanche, sont des lois de tyrannie et de police : et nous avons vu qu'ils ramenaient le travail libre au type du travail servile.

Ils parlent d'un idéal de gouvernement; et au lieu de limiter ses attributions, ils lui en donnent d'aussi indéterminées et d'aussi vagues que celles des tyranneaux orientaux ou africains.

Ils ne parlent pas d'égalité, car ils ne la comprennent que comme cette servante de Francfort qui, le lendemain de la Révolution de 1848, disait à sa maîtresse : « Maintenant que nous sommes égales, tu porteras le seau à charbon et moi je porterai les diamants[1]. »

1. Cité par M. Georg Simmel : *Philosophie de la souveraineté*, Journal des Économistes, 15 juillet 1907.

CHAPITRE II

Le Socialisme contre la Démocratie

Les facteurs opposés à « l'évolution sociale ». — Le socialisme opposé à la petite industrie et à la petite propriété. — Appel à la législation ouvrière. — Sidney Webb contre l'épargne et la coopération. — Apologie de la paresse. — La Confédération du travail et « le marécage de la démocratie ». — « La classe pour soi et la classe en soi ». — Quelques leaders de la classe prolétarienne. — Les instituteurs et la classe en soi.

Pour que l' « évolution socialiste » se réalise, il faut la concentration des industries et des capitaux dans quelques mains, et, d'un autre côté, une masse de salariés de plus en plus misérables et dépourvus de toute propriété personnelle. Tel est le processus déterminé par le *Manifeste communiste* de Karl Marx et d'Engels et confirmé par le Congrès d'Erfurt de 1891.

Mais ce phénomène ne se produit pas si « l'artisan » travaille isolé et indépendant; il ne se produit pas si « les petits industriels, les industriels travaillant à domicile, n'ont pas été préalablement absorbés dans la foule prolétarienne des ouvriers de la grande industrie; il ne se produit pas si le petit propriétaire conserve son amour de la propriété individuelle. L'évolution socialiste prédite avorte; le paradis annoncé de la socialisation de tous les moyens de production et d'échange s'évanouit. Il y a antagonisme entre la démocratie et le socialisme.

Est-ce moi qui, pour des besoins de polémique, invente et formule cette proposition? Elle est d'un socialiste, M. Werner Sombart [1]. Il se demande avec angoisse :

« Quelle devra être l'attitude du socialisme à l'égard des masses qui ne sont pas encore tombées dans le prolétariat, par exemple à l'égard de la petite bourgeoisie et de cette partie du peuple qui ne présentera peut-être jamais aucune tendance à la prolétarisation ?

« Le but du prolétariat doit-il être essentiellement prolétarien ou bien doit-il être démocrate ? S'il devient démocrate, que devient son programme ? Socialisme ou démocratie ? C'est dans l'opposition de ces deux points de vue que s'exprime le conflit fondamental (p. 145). »

Bernstein a publié, en 1905, une série d'articles ayant pour titre : « La sociale-démocratie deviendra-t-elle populaire [2] ? »

Pour recruter l'armée socialiste, il faut « prolétariser » les petits industriels, les petits commerçants, les petits propriétaires, qui présentent des éléments de résistance à la socialisation des moyens de production. Il faut obtenir par la force ce mouvement de concentration qui ne se produit pas naturellement, afin d'arriver à la catastrophe prédite par Karl Marx : « D'un côté quelques grands établissements industriels, de l'autre la masse ne possédant rien ; et celle-ci les absorbant sans qu'ils puissent opposer de résistance. »

Pour y arriver on exploitera la naïveté et l'ignorance de ceux-là mêmes qu'il s'agit de ruiner et de leurs représentants au Parlement. Et ils feront une législation d'assurance sociale et de réglementation du

---

[1]. *Le Socialisme et le mouvement social au XIXᵉ siècle*, p. 144 et suiv.
[2]. *Socialistische Monatshefte*, août, octobre, novembre. Voir le *Mouvement socialiste*, 15 janvier 1906, p. 117.

travail qui écrasera les petits, les surchargera de frais généraux et de risques, fermera par des mesures de police leurs ateliers et leurs boutiques et essayera de faire artificiellement la concentration industrielle à laquelle ne se prête pas la liberté économique.

M. Werner Sombart l'a reconnu franchement : « Une bonne législation ouvrière est pour les grands entrepreneurs une arme de premier ordre pour ruiner les petits et se débarrasser de leur concurrence [1]. »

M. E. Vandervelde demande aussi cette concentration factice : « Il faut souhaiter, voire favoriser par des mesures législatives, le passage des formes dégénérées de la production individuelle aux formes supérieures de la production en commun [2]. »

On crie que le petit atelier, l'atelier de famille échappe au contrôle, et on en demande la suppression.

Ce sera l'étape obligatoire vers la prolétarisation, si les petits propriétaires, les petits industriels, les petits négociants, tous ceux qui ont une situation moyenne ne se rappellent pas qu'il y a antagonisme entre la démocratie et le socialisme.

Ils ont déjà été, malgré de nombreux avertissements, trop souvent dupes de ceux qui les engageaient à travailler à leur propre ruine. Des lois, comme celle sur le repos hebdomadaire, sont de nature à les avertir.

M. et Mrs Sidney Webb protestent contre un groupe d'artisans économes qui feraient eux-mêmes une entreprise. Ils entretiendraient la petite industrie, « qui est diamétralement opposée à l'idéal socialiste ». Ils produiraient pour leur propre bénéfice, et la communauté n'obtiendrait pas plus de pouvoir sur leur industrie que sur l'industrie de l'individu.

1. Werner Sombart, *Le Socialisme et le mouvement social au XIXe siècle.*
2. *Le Collectivisme et l'évolution industrielle*, p. 53.

Tandis que les socialistes belges se servent du Vooruit et de quelques autres sociétés coopératives, M. et M⁽ʳˢ⁾ Sidney Webb déclarent qu'elles présentent « le pire aspect des choses courantes ». Le travail et l'épargne sont considérés comme des vices par les socialistes. M. Paul Lafargue a écrit l'apologie de la paresse. C'est une manière de flatter les bas instincts : et il est évident que si ces bons apôtres étaient écoutés, la paupérisation augmenterait au lieu de diminuer.

Socialisme ou démocratie : il y a conflit, les socialistes allemands le déclarent ; et MM. Werner Sombart et Bernstein, comme les autres socialistes, ne donnent que des solutions transitoires et embarrassées.

En France, plus hardis, les théoriciens et les chefs de la Confédération du travail, MM. Georges Sorel, Hubert Lagardelle et Griffuelhes, disent nettement qu'ils entendent mettre à la porte du socialisme tous les petits bourgeois pour dégager les ouvriers du « marécage démocratique [1] ». Ils veulent que la classe économique et la classe politique ne fassent qu'une. Ils distinguent entre « la classe en soi » et « la classe pour soi ».

La première constitue « le groupe économique », la seconde « le groupe psychologique ».

La « classe en soi » est fournie par les prolétaires du type conçu par Karl Marx, ayant toujours des heures de travail plus longues, des salaires plus faibles ; la « classe pour soi » les déborde et annexe de petits propriétaires, de petits et même de grands commerçants et industriels, des employés, des fonctionnaires, des philanthropes, des millionnaires, des pasteurs, des prêtres, des professeurs, des littérateurs, etc. Mais Karl Marx, docteur de l'Université de Berlin, gendre d'un jonker prussien, ne

---

[1]. Voir le *Mouvement socialiste*.

faisait point partie du prolétariat dont il se déclarait le grand chef. Il en était de même pour Engels, chargé par son père de diriger une importante filature à Manchester, et qui, chassant le renard et menant la vie d'un gentleman, ne s'est point ruiné en la dirigeant. Combien y a-t-il, à la tête du parti socialiste allemand, d'hommes qui aient le droit d'être de la classe en soi? M. Hyndman, le fondateur de la social-démocratie à Londres, est un riche bourgeois. Fait-elle partie de la classe en soi, la comtesse Frances Evelyn de Warwick qui possède un château, 9 200 hectares, est une écuyère de premier ordre et est membre de la Social-démocratie Fédération?

Toutes ces personnes mettent en commun des mécontentements plus ou moins justifiés, des déceptions plus ou moins méritées, des fantaisies plus ou moins intelligentes, des idées plus ou moins vagues, et des ambitions plus ou moins grandes.

Ce « parti pour soi » répond à la conception qu'avait Jules Guesde, en 1878-79, de grouper pour la révolution imminente tous les prolétaires pris dans les divers partis bourgeois, afin d'organiser la révolte contre le monde capitaliste. Le parti devait avoir un caractère révolutionnaire et extraparlementaire. La « préface révolutionnaire » a abouti à des combinaisons électorales qui ont fait élire Paul Lafargue, Jules Guesde et quelques autres par des coalitions. Jules Guesde soutient le ministère Léon Bourgeois en 1896. Le ministère Combes peut fermer des Bourses de travail. Les socialistes parlementaires ne l'abandonnent pas.

Les théoriciens de la Confédération du travail ne veulent pas que « la classe en soi » et « la classe pour « soi » soient superposées et que la première soit débordée et entraînée par l'autre. Ils considèrent que la politique de la lutte de classes, telle que l'entendent les marxistes, aboutit à la constitution d'un parti politique bourgeois, et ils les assurent de tout leur mépris.

A propos de la demande des instituteurs d'entrer dans les Bourses de travail, ils disent : « Un syndicat d'instituteurs ne peut s'intéresser ni aux questions de mutualité syndicale, secours de routes, chômage, ni aux questions de lutte intérieure : grève générale, diminution des heures de travail, etc. ; il ne peut faire grève. Les instituteurs ne peuvent assister aux Congrès de la Confédération du travail, où ils n'ont aucun intérêt à défendre ; ils ne peuvent discuter au sein des unions, des syndicats et dans les Bourses de travail pour la même raison. »

S'ils les voient d'un œil sympathique, ainsi que les syndicats de fonctionnaires, c'est seulement parce qu'ils les considèrent comme des éléments de la dissolution politique que poursuit la Confédération du travail.

CHAPITRE III

Combien sont-ils ?

Les syndicats représentent des minorités. — *Trade-unions* anglaises. — *Labor unions.* — Nombre de syndiqués en France. — Résultats électoraux. — Élections du Reichstag. — Angleterre. — Échecs socialistes aux élections municipales. — Chiffre insignifiant. — Aux États-Unis. — Forces socialistes en France.

Actuellement, une minorité d'ouvriers d'une profession sont syndiqués[1], une petite minorité des syndiqués mène le syndicat, et cette petite oligarchie entend imposer sa volonté aux autres.

Les chefs de la Confédération du travail entendent que le gouvernement, les municipalités, la totalité des contribuables obéissent à leurs injonctions.

Combien sont-ils ? Les socialistes unifiés déclarent qu'ils sont un état-major sans troupes.

En Angleterre, là où les trade-unions sont les plus puissantes, elles ne représentent pas 15 p. 100 du nombre des ouvriers; aux États-Unis, les *labor unions*, autant qu'on peut le savoir d'organisations qui restent mystérieuses[2], ne représentent pas le dixième des ouvriers; en France, il n'y a nul moyen de connaître le chiffre des membres des syndicats.

L'Office du travail donne comme chiffre des syndiqués ouvriers au 1er janvier 1906, 836 000 individus sur un total de 4 032 000, sans compter les ouvriers agricoles,

1. Gustave Rouanet à Saint-Étienne.
2. Voir *Les Conflits du travail.*

soit 20 p. 100 ; mais combien y en a-t-il qui paient régulièrement leurs cotisations et qui soient membres du syndicat d'un bout de l'année à l'autre ? Et sur ce chiffre, combien le parti socialiste compte-t-il de membres payant leurs cotisations ? 50 à 60 000, d'après ce que disent ses représentants dans leurs congrès, quand ils discutent sur leur forces respectives !

Si nous nous en référons aux forces électorales, nous constatons un recul dans les succès des socialistes allemands, dont Engels annonçait, en 1892, la prise de possession du pouvoir pour 1898.

Aux élections du Reichstag en 1907, de 81 députés en 1902, les députés démocrates-socialistes étaient tombés à 79 ; les élections du 25 janvier et du 6 février 1907 les ont réduits au chiffre de 43. Mais le nombre des électeurs a augmenté, peut-on dire. Il a passé, en effet, de 3 010 000 à 3 251 000, soit une augmentation de 250 000, ou de 8 p. 100 ; mais le centre a augmenté de 400 000 voix ; les libéraux ont augmenté de 240 000 voix, soit de 40 p. 100. En Angleterre, Keir Hardie aussi, en 1892, annonçait que l'Angleterre était socialiste. En 1894, le congrès des *trade-unions* de Norwich votait la socialisation de tous les moyens de production et d'échange ; en 1895, le congrès de Cardiff se bornait à nationaliser la terre, les mines et les chemins de fer. Aux élections de 1895, les membres du *Labour Party* tombaient de 12 à 4. Keir Hardie était parmi les victimes. Les *trade-unions* se dégageaient du socialisme. Aujourd'hui, comme le *Labour Party* a combattu la politique fiscale de M. Chamberlain, il compte une cinquantaine de membres à la Chambre des communes. Mais combien y a-t-il de socialistes parmi eux ? Vingt-neuf s'intitulent tels, mais ils refusent de faire acte de foi au dogme de la lutte de classes et d'émettre des vœux collectivistes. Les Fabiens, les socialistes temporisateurs, ont voulu commencer par faire du socialisme municipal. J'étais bien tranquille sur le résultat que donnerait cette expérience. Le socialisme pratique aura toujours un frein, le budget. Et les électeurs des membres des Borough Councils de Londres, du London County Council, effrayés du développement des dépenses, viennent de couper court aux expériences de socialisme municipal, tentées dans cette ville.

Aux États-Unis, le chiffre des socialistes est insignifiant, et on peut dire que tous les écrivains, les journalistes, agitateurs socialistes, y sont allemands ou d'origine allemande. En 1904, aux élections de la Chambre des Représentants, ils étaient 408 000 ; aux élections de 1906, ils étaient descendus à 285 300 sur 11 millions de votants, 2 1/2 pour 100 environ ; et cependant c'est le pays que les socialistes devraient considérer comme le plus avancé dans le processus vers le collectivisme tracé par Karl Marx, à cause de l'énormité de quelques-uns de ses établissements industriels et des quelques gigantesques accumulations de capitaux qui se trouvent dans certaines mains.

En France, ils ont puisé toute leur force dans la faiblesse qu'ont eue pour eux les radicaux et les radicaux-socialistes. Ils sont cinquante-trois unifiés à la Chambre des députés ; mais beaucoup ont été élus avec l'appoint de voix radicales ; et combien, parmi leurs électeurs, y en a-t-il qui voudraient voir mettre en pratique le socialisme le plus effacé ? Quant aux socialistes indépendants, ils comptent un certain nombre de refusés du socialisme unifié et de tous les partis honnêtes. Ajoutons les 160 000 voix qu'ont obtenues ces farceurs. Ajoutons-les aux 960 000 voix des socialistes unifiés. Cela fait un total de 1 120 000 voix sur 8 900 000 votants, soit 7 p. 100. Et les trois quarts ne votent que pour un mot, mais sont hostiles aux choses qu'il représente.

CHAPITRE IV

**Le Programme du Havre et les solutions
de M. Jaurès
Les lois provisoires de M. Deslinières**

Combien y a-t-il d'électeurs socialistes qui acceptent le programme du Congrès du Havre de 1880 rédigé par Karl Marx et présenté par Jules Guesde?

Le voici :

Considérant que l'émancipation de la classe productive est celle de tous les êtres humains, sans distinction de sexe ni de race ;

Que les producteurs ne sauraient être libres qu'autant qu'ils seront en possession des moyens de production (terres, usines, navires, banques, crédit, etc.);

Qu'il n'y a que deux formes sous lesquelles les moyens de production peuvent leur appartenir :

1° La forme individuelle, qui n'a jamais existé à l'état de fait général, et qui est éliminée de plus en plus par le progrès industriel ;

2° La forme collective, dont les éléments matériels et intellectuels sont constitués par le développement même de la société capitaliste ;

Considérant,

Que cette appropriation collective ne peut sortir que de l'action révolutionnaire de la classe productive — ou prolétariat — organisée en parti politique distinct;

Qu'une pareille organisation doit être poursuivie par tous les moyens dont dispose le prolétariat, y compris le suffrage universel transformé ainsi d'instrument de duperie en instrument d'émancipation;

Les travailleurs socialistes français, en donnant pour but à leurs efforts l'expropriation politique et économique de la classe capitaliste et le retour à la collectivité de tous les moyens de production, ont décidé, comme moyen d'organisation et de lutte, d'entrer dans les élections avec les revendications suivantes :

A. — *Partie politique.*

1° Abolition de toutes les lois sur la presse, les réunions et les associations et surtout de la loi contre l'Association internationale des Travailleurs. — Suppression du livret, cette mise en carte de la classe ouvrière, et de tous les articles du Code établissant l'infériorité de l'ouvrier vis-à-vis du patron et l'infériorité de la femme vis-à-vis de l'homme;

2° Suppression du budget des cultes et retour à la nation « des biens dits de mainmorte, meubles et immeubles, appartenant aux corporations religieuses » (décret de la Commune du 2 avril 1871), y compris toutes les annexes industrielles et commerciales de ces corporations;

3° Suppression de la Dette publique;

4° Abolition des armées permanentes et armement général du peuple;

5° La Commune maîtresse de son administration et de sa police.

B. — *Partie économique*

1. Repos d'un jour par semaine ou interdiction légale pour les employeurs de faire travailler plus de six jours sur sept. — Réduction légale de la journée de travail à huit heures pour les adultes. — Interdiction du travail des enfants dans les ateliers privés au-dessous de quatorze ans; et de quatorze ans à dix-huit ans, réduction de la journée de travail à six heures;

2. Surveillance protectrice des apprentis par les corporations ouvrières;

3. Minimum légal des salaires, déterminé, chaque année, d'après le prix local des denrées, par une commission de statistique ouvrière;

4. Interdiction légale aux patrons d'employer les ouvriers étrangers à un salaire inférieur à celui des ouvriers français;

5. Égalité de salaire à travail égal pour les travailleurs des deux sexes;

6. Instruction scientifique et professionnelle de tous les enfants mis pour leur entretien à la charge de la Société, représentée par l'État et par la Commune;

7. Mise à la charge de la Société des vieillards et des invalides du travail;

8. Suppression de toute immixtion des employeurs dans l'administration des caisses ouvrières de secours mutuels, de prévoyance, etc., restituées à la gestion exclusive des ouvriers;

9. Responsabilité des patrons en matière d'accidents, garantie par un cautionnement versé par l'employeur dans les caisses ouvrières, et proportionnée au nombre des ouvriers employés et aux dangers que présente l'industrie;

10. Intervention des ouvriers dans les règlements spéciaux des divers ateliers; suppression du droit usurpé par les patrons de frapper d'une pénalité quelconque leurs ouvriers sous forme d'amendes ou de retenues sur les salaires (décret de la Commune du 27 avril 1871);

11. Annulation de tous les contrats ayant aliéné la propriété publique (banques, chemins de fer, mines, etc.), et exploitation de tous les ateliers de l'État confiée aux ouvriers qui y travaillent;

12. Abolition de tous les impôts indirects et transformation de tous les impôts directs en un impôt progressif sur les revenus dépassant trois mille francs. — Suppression de l'héritage en ligne collatérale et de tout héritage en ligne directe dépassant vingt mille francs.

Quelles solutions a présentées M. Jaurès sur chaque question? M. Jaurès a voulu nous ramener à l'Égypte des Pharaons[1] en remettant à l'État le monopole du commerce du blé; il disait avec ironie : « Guyot nous accusera encore d'être des régressifs. » Je ne pouvais cependant pas dire qu'il fût progressif.

1. Février 1894.

Le 11 juin, il a donné sa solution à la crise viticole :
« A partir du 1ᵉʳ juillet 1907, les domaines dans lesquels la culture de la vigne constitue l'élément principal du revenu sont propriété nationale. La nation en remettra l'exploitation à une association générale des travailleurs de la vigne, formée par des salariés de tout ordre employés à la viticulture. » Les propriétaires n'ont pas manifesté d'enthousiasme.

M. Deslinières a essayé, dans un ouvrage considérable intitulé *le Collectivisme*, de lui donner une organisation juridique. Voici les *lois urgentes et provisoires* qu'il propose (p. 469) :

1º Donner des armes à l'exécutif pour éviter tous désordres dès leur naissance.

2º Suspendre la liberté de presse et de réunion.

3º Restituer au gouvernement le droit de nommer les municipalités.

4º Mettre tous les Français majeurs, et n'ayant pas atteint l'âge de la retraite, en réquisition permanente pour assurer les services publics, moyennant un juste salaire.

4º En cas de refus, confiscation de tout actif d'un revenu supérieur au salaire d'un journalier de troisième classe; pour ceux qui ont un actif inférieur, leur classement parmi les pensionnaires de l'assistance sociale.

5º Déchéance de la qualité de français et la confiscation de quiconque séjournerait sans autorisation plus de trois mois à l'étranger.

6º Annulation de tous procès contre débiteurs.

7º Tous les fonctionnaires, tous les industriels, tous les cultivateurs sont tenus de continuer leurs fonctions et leurs exploitations sous les peines indiquées à l'article 4.

8º Droit de réquisition sur toutes choses.

Et pendant combien de temps ce système sera-t-il en vigueur? M. Deslinières répond : — Non seulement jusqu'au vote des lois définitives, mais jusqu'à leur complète application.

M. Georges Renard, qui essaye de faire un socialisme éclectique et attrayant, dit : « Le socialisme sera un régime d'autorité. » Sur ce point, je suis d'accord avec lui[1].

---

1. Georges Renard, *Le Régime socialiste*, 1898 (F. Alcan édit.). — *Le socialisme à l'œuvre*, p. 300.

CHAPITRE V

Politique sociale et Politique nationale

Quand, dans leurs congrès, depuis celui de Limoges, les socialistes déclarent qu'ils ne peuvent s'allier, même temporairement, à une des fractions de la bourgeoisie républicaine, pourquoi des membres du parti radical veulent-ils faire une politique socialiste? Pourquoi M. Clemenceau dénonce-t-il « le régime capitaliste qu'il a attaqué et qu'il attaquera encore » et se proclame-t-il « socialiste »? Pourquoi prend-il comme programme une partie du programme transactionnel des congrès de Gotha et d'Erfurt, du congrès du Havre de 1880 rédigé par Karl Marx et présenté par Jules Guesde et Paul Lafargue?

Le programme du parti radical-socialiste qu'a adopté M. Clemenceau est :

Le repos du dimanche : la loi a été votée, et quoique le ministère n'ose pas l'appliquer intégralement, pour me servir de l'épithète chère aux socialistes, elle constitue une expérience utile, en montrant à tous les conséquences de l'intervention de l'État dans la vie économique.

Le rachat de l'Ouest, car l'État doit exploiter les chemins de fer à l'instar de la Prusse : ce qui est de l'étatisme pur et non du socialisme.

L'impôt personnel et progressif sur le revenu, toujours à l'instar de la Prusse, ce qui met les principes de la Révolution française à la suite d'un gouvernement qui conserve le vote par classes organisé, il y a près de soixante ans, par la Constitution de 1850.

Les retraites ouvrières, toujours à l'instar de l'Allemagne, mais aggravées ; ce qui nous accule *à la faillite de la politique dite sociale ou de la politique nationale.*

Laquelle doit être sacrifiée à l'autre ?

CHAPITRE VI

Politique négative et positive

— Vous ne pouvez pas, dites-vous, faire une politique négative; et pour faire une politique positive, vous prenez les biens d'une catégorie de personnes pour les donner à d'autres. Votre politique de spoliation est positive, mais la garantie de la propriété, qui vous assure que vous ne serez pas dépouillé par violence ou par fraude, est négative; la justice, qui assure vos biens et votre personne, en frappant d'une sanction ceux qui y porteraient atteinte, est négative ; la police, qui doit exercer sa surveillance à votre profit sans que vous vous en aperceviez, est négative ; les devoirs indiscutables du gouvernement qui sont de vous assurer la sécurité à l'intérieur et de vous préserver des dangers extérieurs, sont des devoirs négatifs, mais qui ont ces résultats positifs : la liberté pour chacun d'agir et la sécurité qu'il recueillera les résultats de ses actes.

CHAPITRE VII

La Tactique de la guerre sociale

La création de l'esprit socialiste. — La légalité de la violence. — La violence. — Jules Guesde et Georges Sorel.

Comment précipiter la Révolution sociale? Quelle est la meilleure tactique de la guerre sociale? Tel est l'objet des discussions des congrès socialistes.

Au Congrès de Nancy, M. Francette a fait une déclaration très intéressante (13 août 1907) :

« A la Bourse du travail de Paris, dit-il, parmi les trois mille membres du syndicat dont je fais partie, il n'y a qu'un petit nombre de socialistes. »

M. Emmanuel Lévy, professeur à la faculté de droit de Lyon, considère que « la véritable création de l'esprit socialiste est la lutte des classes elle-même. L'action politique devra compléter, par des lois d'expropriation, ce que le syndicat aura pu déjà conquérir. » Ce professeur de droit rassurant est un des partisans de l'action directe; mais il prévoit une légalité de vol : et il concilie le syndicalisme qui fera le premier acte et le socialisme politique qui fera le second.

Jules Guesde considère avec un certain mépris le sabotage. Il préfère la lutte à coups de bulletins de vote; mais comme ce moyen paraîtrait bourgeois, il y ajoute : « Elle n'est que le prélude de la lutte à coups de fusil. » Cette arme est un peu vieux jeu.

Mais M. Jules Guesde n'a jamais cru à la « nécessité naturelle ». Il peut dire qu'il n'a cessé de répéter :

« La révolution par la force reste la seule solution définitive. La propriété collective ne peut sortir que de l'action révolutionnaire de la classe productive — ou prolétariat — organisée en parti de classe. »

Un des docteurs de la Confédération du travail, M. Georges Sorel, dit de son côté : « Plus le syndicalisme se développera et plus les conflits sociaux prendront un caractère de pure lutte semblable à celles des armées en campagne[1]. »

Au fond, les chefs du parti socialiste ouvrier et de la Confédération du travail sont d'accord. Seulement M. Jules Guesde demande la collaboration de ceux qu'il veut détruire, tandis que MM. Georges Sorel, Lagardelle, Griffuelhes ne comptent que sur la classe intéressée à la destruction. Ces derniers croient moins dans la naïveté humaine que M. Jules Guesde.

Les socialistes peuvent se quereller entre eux pour des questions personnelles ; ils sont d'accord sur un point : la guerre sociale.

Il faut être profondément initié aux subtilités du vocabulaire socialiste pour comprendre les différences qu'il y a entre la motion de la Dordogne qui a réuni 141 voix et la motion du Cher qui, en ayant obtenu 167, soit 26 en plus, a été adoptée. Je donne celle-ci :

Le congrès, convaincu que la classe ouvrière ne pourra s'affranchir pleinement que par la force combinée de l'action politique et de l'action syndicale, par le syndicalisme allant jusqu'à la grève générale et par la conquête de tout le pouvoir politique en vue de l'expropriation générale du capitalisme ;

1. *Réflexions sur la violence. Mouvement socialiste*, 15 juin 1906, p. 162.

Convaincu que cette double action sera d'autant plus efficace que l'organisme politique et l'organisme économique auront leur pleine autonomie, le syndicalisme se proposant le même but que le socialisme ;

Considérant que cette concordance fondamentale de l'action politique et de l'action économique du prolétariat assurera nécessairement, sans confusion, ni subordination, ni défiance, une libre coopération entre les deux organismes;

Invite tous les militants à travailler de leur mieux à dissiper tout malentendu entre l'organisation corporative et l'organisation politique de la classe ouvrière.

Les 35 millions de propriétaires grands et petits, les bourgeois et capitalistes qui existent en France ont vraiment bon caractère, en considérant que ces organisations de pillage par la violence ou par la loi sont l'exercice d'un droit légitime !

Cette indifférence est assez humiliante pour les socialistes, car elle prouve la profonde confiance que ceux qui possèdent ont dans la vanité de leurs efforts : et parmi les socialistes richement nantis, combien y en a-t-il qui prévoient qu'ils seront obligés d'apporter leur quote-part sur l'autel du socialisme vainqueur?

CHAPITRE VIII

Contre le Droit

« La volonté de la classe » — Edgar Quinet : la démocratie et le droit. — Les disciples de la force. — La guerre de classes selon Aristote.

Dans le *Manifeste communiste* (§ 45) Karl Marx dit :
« Votre droit, qu'est-ce ? sinon la volonté de votre classe érigée en loi. »

Les socialistes sont logiques en méprisant le conseil qu'Edgar Quinet donnait à la démocratie de « s'attacher avec inflexibilité au droit ». Cependant, si elle ne s'y attache pas, où ira-t-elle? Si elle n'a pas de boussole, croit-elle qu'elle aura une direction raisonnée? Est-ce que toute l'histoire ne nous apprend pas combien sont décevants et précaires les triomphes de la force? Est-ce que l'histoire de nos insurrections ne renferme pas les plus terribles enseignements? Les socialistes peuvent célébrer l'anniversaire de la Commune : la considèrent-ils comme une victoire?

Admettons même qu'ils soient tellement forts qu'ils parviennent à donner à leur politique de pillage un aspect légal par une majorité de rencontre dans une assemblée, le lendemain, ils ne se trouveraient qu'en présence de ruines, et ils seraient obligés de refaire une légalité reconnaissant à chacun la capacité de posséder et de contracter.

Les socialistes m'ont toujours attaqué, et ils ont eu raison : car je les ai attaqués au moment où le parti radical se mettait à leur suite.

Les membres du parti socialiste réclament pour eux l'égalité devant la loi, la protection de leurs biens et de leur personne ; et ils déclarent, en même temps, qu'ils sont un parti de guerre sociale et qu'ils cherchent les meilleurs moyens de vous voler. Je ne puis vraiment avoir de colloques amicaux avec des gens qui m'obligent à mettre la main sur mon portemonnaie.

Cette guerre de classes est de beaucoup antérieure à la grande industrie. Ce n'est point à Karl Marx que revient l'honneur de l'avoir découverte. Vingt-trois siècles avant lui, Aristote avait dit : « Dans les démocraties où la foule peut faire souverainement les lois, les démagogues, par leurs attaques contre les riches, divisent toujours la cité en deux camps[1]. »

Dans les cités grecques, ils demandaient la confiscation des terres, l'abolition des dettes, et ils entendaient faire peser sur les riches toutes les charges fiscales. Les socialistes d'aujourd'hui ne sont que les plagiaires des démagogues dont Aristote avait vu les œuvres. Seulement, à cette époque de travail servile, l'homme qui n'avait pas de terre ou un petit commerce ne pouvait vivre que des générosités du Trésor public ; et il devait se les assurer par la conquête du pouvoir. Maintenant, l'exercice d'une profession ou d'un métier lui garantit des ressources normales, et il sait que s'il va trop loin dans ses menaces ou ses mesures contre le capitaliste, il les tarira.

Ils faisaient tomber dans l'anarchie les cités où ils dominaient ; et le plus souvent, c'était l'étranger qui venait y rétablir l'oligarchie ou la tyrannie.

---

[1]. *Politique*, livre VIII, ch. VII, § 19.

CHAPITRE IX

Action dépressive sur la richesse

L'impôt sur le revenu. — M. Hearst et M. Roosevelt.
Les successions en France.

L'action socialiste a un résultat déprimant sur tous les capitaux fixes. Non seulement les menaces de confiscation inquiètent pour l'avenir, mais les procédés d'une politique sans scrupules inquiètent pour le présent. Un projet d'impôt sur le revenu, qui a pour résultat de mettre dans la main des socialistes un pressoir destiné à écraser les grosses fortunes et à épuiser les fortunes moyennes, n'engage pas les gens à se lancer dans des entreprises, à acheter des propriétés ou des valeurs mobilières. Comme le même esprit règne, à divers degrés, dans des pays avancés en évolution, chacun regarde autour de soi avec inquiétude. De plus, pour faire de la politique d'équilibre, donner quelques os à ronger à la démagogie, on fait des concessions à la politique de spoliation. Pour combattre le démagogue riche, M. Hearst, M. Roosevelt éprouve le besoin de déclarer la guerre aux trusts et de menacer les millionnaires de la confiscation d'une partie de leur succession au moment de leur mort.

Des gouvernements de pays démocratiques, comme les États-Unis et la France, en viennent à faire de la politique de classes ; et cette politique en contradiction avec le principe de l'égalité de tous devant la loi, de la loi une pour tous, nous ramène à l'ancien régime.

Les optimistes feront bien de jeter un coup d'œil sur ce tableau des successions et des donations en France.

L'annuité dévolutive moyenne, successions et donations (actif brut) est de :

Périodes.	Millions de francs.
1881-1885	6.182
1886-1890	6.375
1891-1895	6.930
1896-1900	6.869
1901-1904	6.489

Dans les deux dernières périodes, il y a un recul sur la période 1891-95[1].

Qui donc osera affirmer que la politique socialiste n'y est pour rien ?

1. De Foville. *L'Économiste français*, 15 juillet 1906.

CHAPITRE X

Impuissance du socialisme

Qu'en reste-t-il donc quand on le serre de près? Et quelles sont les chances d'avenir de cette politique de spoliation et de tyrannie?

Le parti socialiste ne peut faire l'appoint d'une majorité de gouvernement sans détruire le gouvernement lui-même, car il ne peut admettre que le gouvernement remplisse le minimum de ses devoirs. Quand une grève éclate, ses membres entendent qu'il ne garantisse pas la sécurité des personnes et des biens ; et en cela, ils ont été précédés, appuyés et suivis par certains radicaux qui, mis à l'épreuve, ont été obligés de faire des actes qu'ils avaient reprochés violemment aux gouvernements précédents.

La politique socialiste représente le mépris du droit: et tous, riches et pauvres, ont intérêt à la liberté, à la sécurité, à la justice, car l'intérêt particulier de chacun est lié à ces biens communs. Les socialistes les méprisent.

Une loi qui a pour objet de protéger la propriété de chacun a pour elle tous ceux qui possèdent, et dans les sociétés avancées en évolution, où est l'homme qui ne peut pas être volé, parce qu'il ne possède rien?

Une loi qui a pour objet de dépouiller une partie des

citoyens réunit contre elle ceux contre qui elle est faite, ceux que cette loi alarme, car ils redoutent qu'elle ne s'étende à eux ; et elle n'a même pas pour elle ceux au profit de qui elle est faite ; car un très petit nombre en profite directement ; la grande majorité n'en éprouve que des déceptions et retourne contre les bénéficiaires les sentiments d'envie et de rapacité qui avaient fait réclamer et approuver la loi.

Une loi de spoliation peut être votée, appliquée ; mais alors même que ses effets peuvent durer, elle risque de tuer le gouvernement qui en a assumé la responsabilité.

La politique socialiste est une menace permanente contre la liberté et la sécurité des citoyens ; et ainsi elle ne peut être une politique de gouvernement, parce que le premier devoir d'un gouvernement est de faire respecter la sécurité à l'intérieur et à l'extérieur. Quand il y manque, il se dissout, l'anarchie le remplace : et comme chacun a horreur de cet état qui se traduit par l'oppression de violents, de groupes unis seulement par des appétits, on en appelle au gouvernement fort, à l'homme à poigne, et on risque de retomber dans toutes les hontes et les désastres du césarisme.

Il y a trois mots que le socialisme doit effacer de la façade de nos monuments publics. Ce sont les trois mots de la devise républicaine :

Liberté, parce qu'il est un régime de tyrannie et de police.

Égalité, parce qu'il est un régime de classes.

Fraternité, parce que sa politique, c'est la lutte de classes.

TABLE DES MATIÈRES

Préface .... v-xi

LIVRE PREMIER

UTOPIE ET EXPÉRIENCES COMMUNISTES

	Pages
Chapitre premier. — Le Roman de Platon.............	1
— II. — Le royaume des Incas.............	4
— III. — L'utopie de Thomas Morus et ses applications.............	8
— IV. — Andreœ et Campanella.............	14
— V. — Le Paraguay.............	16
— VI. — Morelly et *le Code de la nature*.............	22
— VII. — Robert Owen et *New Harmony*.............	27
— VIII. — Fourier et les phalanstères américains.	33
— X. — *L'Oneida Community*.............	41
— XI. — Cabet et les Icaries américaines.............	43
— XII. — Les expériences américaines.............	49

LIVRE II

LES THÉORIES SOCIALISTES

Chapitre premier. — Saint-Simon.............	51
— II. — Pierre Leroux et le « *circulus* ».............	57
— III. — Louis Blanc et l'organisation du travail.	60
— IV. — La Commission du Luxembourg et les ateliers nationaux.............	64
— V. — Le droit au travail.............	70
— VI. — Les Théories de Proudhon.............	72
— VII. — Les projets de décrets de Proudhon et la banque d'échange.............	78

LIVRE III

LES RÉSULTATS DU SOCIALISME ALLEMAND

		Pages
Chapitre premier.	— Le vrai socialisme.	83
—	II. — Réclamations de Marx et d'Engels.	85
—	III. — Sources du Socialisme Allemand.	87
—	IV. — La formule B et la loi d'airain des salaires.	88
—	V. — La formule A. Le travail mesure de la valeur.	91
—	VI. — Karl Marx et les formules A. B. C.	95
—	VII. — Les découvertes de Karl Marx et les faits.	109
—	VIII. — Les deux classes.	114

LIVRE IV

LA RÉPARTITION DES CAPITAUX

Chapitre premier.	— M. Bernstein et la concentration des capitaux et des industries.	119
—	II. — Les pauvres deviennent plus pauvres.	125
—	III. — La féodalité financière.	130
—	IV. — Le revenu apparent et le revenu réel.	134
—	V. — La répartition des successions en France.	139
—	VI. — La répartition de la propriété foncière en France.	146
—	VII. — Le principe marxiste et les petites propriétés.	156
—	VIII. — Les sociétés par action.	159
—	IX. — Les cartels et les trusts.	152

LIVRE V

LA RÉPARTITION DES INDUSTRIES

Chapitre premier.	— La théorie marxiste de la concentration des industries.	161
—	II. — La répartition des industries aux États-Unis.	173

CHAPITRE III. — La répartition des industries en France 193
— IV. — La répartition des industries en Belgique.. 206

LIVRE VI

LES CONTRADICTIONS DU SOCIALISME SCIENTIFIQUE

CHAPITRE PREMIER. — Les prophéties scientifiques 215
— V. — Prophéties « catastrophales ». 218
— IV. — Aveux des apôtres. 222

LIVRE VII

L'ORGANISATION COLLECTIVISTE

CHAPITRE PREMIER. — L'organisation collectiviste et sa condition économique. 229
— II. — La lutte des classes et les conditions politiques. 245
— III. — Les déviations des organes administratifs. 248
— IV. — L'impossibilité du collectivisme. . . . 250

LIVRE VIII

LA LUTTE DES CLASSES ACTUELLE

CHAPITRE PREMIER. — Grèves et syndicats. 255
— II. — La souveraineté des grévistes. 262
— III. — La nation au service des grévistes. . 266
— IV. — La grève des électriciens. 273
— V. — La tyrannie des minorités. 278
— VI. — Le sabotage et la grève générale. . . 281
— VII. — Les Bourses de travail. 286
— VIII. — Les « *Labor Unions* » américaines . . 289
— IX. — L'exploitation de la peur. 294
— X. — L'arbitrage obligatoire. 300
— XI. — Conclusions. 305

LIVRE IX

LE SOCIALISME ET LA DÉMOCRATIE

                                                                      Pages

CHAPITRE PREMIER. — Le programme de l'Association internationale. 307
— II. — Le socialisme contre la démocratie. . 311
— III. — Combien sont-ils?. 317
— IV. — Le programme du Havre et les solutions de M. Jaurès. — Le provisoire de M. Deslinières. 320
— V. — Politique sociale et politique nationale. 325
— VI. — Politique négative et positive. 327
— VII. — La tactique de la guerre sociale. . . . 328
— VIII. — Contre le droit. 331
— IX. — Action dépressive sur la richesse. . . 333
— X. — Impuissance du socialisme. 335

TABLE ALPHABÉTIQUE

A

Actions de la Cie du Nord, 136.
Administrations (fin à elles-mêmes), 249.
Alimentation, dans l'*Utopie*, 9.
— dans la *Cité du Soleil*, 15.
— au Paraguay, 18.
Allemands (Expériences communistes d'), 42, 49.
Anabaptistes, 11, 13.
Anarchie (Proudhon), 75.
Antimilitarisme (Conséquence logique du Socialisme), 309.
Armée (Expérience collectiviste), 233.
Arbitrage, 270.
— obligatoire. Nouvelle Zélande, 300 et ss.
Arts (dans Société collectiviste), 29.
Assistance médicale gratuite, 127.
— publique, 126.
Assistés (Les dynasties d'), 126.
Association licite, 259.
— internationale des travailleurs 307.
Associations ouvrières de Louis Blanc, 66.
Ateliers sociaux (Louis Blanc) 61 et ss., 66, 67.
Ateliers nationaux, 68 et ss.

B

Banque de France (Nombre des actionnaires), 136.
Banque d'échange de Proudhon, 78.
Banque du peuple, 79.

Besoin (Limites du), 241.
Besoins (Suppression de) par l'État 241.
Bons sociaux (Les), 234.
Bourgeoisie (Prophéties marxistes), 129.
Bourses du travail (impunité), 271.
— et la guerre sociale, 286.

C

Caisse d'épargne (et *Revue Socialiste*), 132.
Capital fixe, 98.
— constant, 98.
— variable d'après Karl Marx), 98.
— (des Associations ouvrières d'après Louis Blanc), 67.
— (L'augmentation n'en est pas automatique), 131.
Capitaux (Répartition des), 119 et ss.
— (Diffusion des), 121, 122.
Cartels (Les), 102.
Castes dans la *République* de Platon, 2.
Census américain, 175 et ss.
— industriel de 1905, 183.
Chemins de fer (Obligations), 131, 135.
— (Rachat), 325.
Circulus (Le), 58.
Cité du Soleil (La), 14.
Classes (Conception de Saint-Simon), 53, 56.
— (Les deux), 114.
— (La formule), 125.
— (La lutte de), vii, 114, 245.

Classes (La lutte de) actuelle, 255, 248, 286, 296.
— (Echec fatal), 120.
— et démocratie, 278.
— (A créé l'esprit socialiste), 328.
— dans l'antiquité, 332.
Classe économique et classe politique, 314.
— en soi, 314.
— pour soi, 314.
Code de la nature (Le), 22.
Collectivisme (Conditions économiques), 229 et ss.
— (Conditions politiques), 229 et ss, 245, 246.
— (Sa formule), 247.
— (Impossibilité du), 251.
— (Vertus dans le), 246.
— (Le), de M. Deslinières, 323.
— sans avenir, 145.
Comités révolutionnaires, 188.
Commandite (La), agricole, 154.
Commerce au Paraguay, 20.
— remplacé par des entrepôts (Louis Blanc), 67.
Communautés religieuses aux Etats-Unis, 49.
Communisme (Moyen d'égalité), 9.
— Campanella, 15.
— Morelly, 23.
— Babeuf, 25.
— Owen, 30.
— Fourier, 33.
— Cabet, 42.
— anarchique 114.
Communistes (Expériences, résultats), 49.
Comptabilité collectiviste, 235.
Concentration (La), d'après Karl Marx, 145, 311.
— par contrainte, 312.
— Mot employé à faux, 200.
— et les faits, 121 et ss., 145.
— en France, 130, 138.
— (.... de la loi de), 133, 138, 141, 145.
— de l'industrie), Karl Marx, 173.
— en Prusse, 123 et ss.
— de la propriété foncière (non réalisée), 147, 155.
— factice, due au protectionnisme, 169.
Concurrence (Suppression de la), Louis Blanc, 61, 62.

Concurrence de l'État contre les particuliers, Louis Blanc, 61.
— (Trusts et la), 163, 170, 171.
— politique collectiviste, 245 et ss.
Conditions économiques du collectivisme, 229 et ss.
— politiques, 245 et ss.
Confédération générale du travail. 277, 283, 287, 296.
Confession (La), moyen de gouvernement, 20.
— dans la *Cité du Soleil*, 15.
— au Paraguay, 20.
Congrès socialistes, de Gotha (1875)-90,
— d'Erfurt (1891), 90.
— de Nancy (la motion de la Dordogne), 329.
Contrainte (La), 246.
Contrat (Supériorité du) sur les arrangements d'autorité, 304.
Coopération (M. et Mme Sidney Webb contre la), 314.
Cotes foncières, 146.
Crédit Foncier (Actions), 132, 135, 136.
Crédit gratuit de Proudhon, 75.
Crise viticole (Solution Jaurès), 323.
Cyropédie (La), 3.

D

Décrets de Proudhon, 78.
Démocratie (Opposition entre la) et le socialisme, 275, 283, 286.
— et lutte des classes, 278, 286.
Déviations vers la démagogie, 333.
— des administrations, 248.
Devise républicaine et socialisme, 336.
Dichotomie sociale, 115.
Dimanche (Repos du), 326.
Discipline (*New Harmony*) 31, 32.
— dans le collectivisme, 246.
Droit (contre le), VII, 331, 335.
Droit civil (Absence de) au Paraguay, 20.
Droits civils (Perte des) pour l'ouvrier en Nouvelle-Zélande, 301, 305.

E

Économique (ignorance) x
Éducation (Robert Owen), 28.
Égalité (Le socialisme contre l'), 309 336.

Emigration (Les socialistes contre l'), 308.
Employés (Recrutement des), 171.
Esclavage au Paraguay, 17.
Etat et collectivistes, 247.
« Exploitation de l'homme par l'homme », Saint-Simon, 55.
— — Proudhon, 75.
— — Karl Marx, 71.
Exportations supprimées, 242.

F

Femmes (Communauté), Platon 3.
— — Campanella, 5.
— — Les Perfectionnistes, 41.
Féodalité financière (La), 130.
Fermage (Caractères du), 154.
Fonctionnaires et grèves, 256, 271, 296 et ss.
— (Grèves de), 305.
Force publique (Respect de la), 266.
Fraternité (Le socialisme contre la), 336.

G

Gaspillages (Armée), 233.
Gouvernement. Platon, 3.
— Incas, 5.
— Utopie, 9.
— *New Harmony*, 31.
— d'après Saint-Simon, 53.
— et opinion (la Caravane), 54.
— et Louis Blanc, 61.
— et l'anarchie de Proudhon, 75, 76.
— et socialistes, 209.
— (Faiblesse), 257, 266, 270, 274, 296 et ss. 305.
— (Obligations du), 266, 271.
— (Elimination du), en Nouvelle-Zélande, 301.
Gouvernement provisoire et les socialistes, 64.
— — et la commission du Luxembourg, 67.
Grève (Caractère économique de la), 255.
— et contrat de travail, 264, 276.
— (Déviations de la), 256, 305.
— générale, 281.
— un mythe, 296.

Grève de Fressenville, de Montluçon, du Pas-de-Calais, 263.
— modèle, 274.
— des électriciens, 272.
— et police, 273.
— et pouvoirs publics, 274, 276, 277, 279, 305.
— et légalité, 276.
— et sabotage, 281.
— (Intervention du gouvernement dans les), 296.
Grèves en 1848, et intervention de Louis Blanc, 66.
— intervention des industriels, 66.
— en Nouvelle-Zélande, 300 et ss.
Grévistes (Subventions aux), 267.
— et le conseil municipal de Paris, 267-269.
— et la Chambre des députés, 269, 270.
— (Aux ouvriers de l'Etat), 269.
— (Aux ouvriers des chemins de fer), 269.
— (Omnipotence des), 275, 278, 283.
— (Souveraineté des), 262, 266, 275, 278, 283.
— (Immunité des), 257, 263, 266, 271.
— (Contre les) 275, 278, 279, 283, 286.
Guerres privées (La grève, nouvelle forme des), 305.
Guerre sociale (Tactique de la), 328
— — Création de l'esprit socialiste, 328.

H

Hand trades, 170.
Hérédité et famille (Louis Blanc), 62.
Heure de travail (étalon de valeur), 235.
Hiérarchie dans le collectivisme, 246.
Histoire (conception marxiste), 114.

Icarie (L'), 42.
Icaries (Les), américaines, 46.
Idéal de moines, 241.
Importations supprimées, 241.
Impôt sur le revenu, 324.

Individu détaché de l'Etat, en Nouvelle-Zélande, 305.
Irréductible, VI.
Individualisme (Tendance de l'industrie des Etats-Unis à l'), 188.
Industrie (Prépondérance de l') et Saint-Simon, 53.
— (Théorie de la concentration de l'), 173.
— (Concentration et développement de l'), en Prusse, 123 et ss.
— Répartition en France, 193, 199.
— — en Belgique 207.
— — aux Etats-Unis, 174.
— moyenne en Prusse, 123 et ss.
— — aux Etats-Unis, 174.
— — en France, 174, 201, 204.
— — en Belgique, 207.
(petite), en Prusse, 123 et ss.
— — aux Etats-Unis, 174.
— — en France, 174.
— — en Belgique, 203, 211.
— (Socialistes contre la petite), 313.
— métallurgique aux Etats-Unis. (1890-1905), 191.
— agricole (le fermier), 154.
Industries (Répartition des), 173.
Industriels et commerçants (Faiblesse des), 270, 296 et ss.
Insurrection de juin 1849, 69.
Intérêts privés des grévistes contre l'intérêt général, 278.
Internationalisme, non pratiqué, 308.

J

Jésuites (Les), et le Paraguay, 17.
Justice et *Labor Unions*, 290.
Jury et questions de travail aux Etats-Unis, 291 et ss.

L

Labor Unions (Etats-Unis), 289.
— (Comment les), comprennent la justice, 290, 293.
— Nombre de leurs membres aux Etats-Unis, 317.
Législation ouvrière. Protection des enfants en Angleterre, 28.
— — de 1848, 65.
— — et les marxistes, 218.
Liberté (Le socialisme contre la), 336

Liberté du travail et Saint-Simon 54. Libre échange (Karl Marx contre le), 112.
Littérature dans la société collectiviste, 238.
Loi (Respect de la), 257, 264.
— (Grévistes au-dessus de la), 275, 279.
— (Difficultés d'application de la) en Nouvelle-Zélande, 303 et ss.
— (Mépris de la) en Nouvelle-Zélande, 301, 305.
Lois (Les) de Platon, 2.
Lois provisoires de M. Deslinières, 320.

M

Machines (contre les), Owen, 30.
— — Louis Blanc, 61.
— — Karl Marx, 102.
Magistrats et grèves, 272, 283.
Matières premières et collectivisme 241.
Méthode de Louis Blanc, 62.
Mines (Propriété privée), 268.
Minorités (Tyrannie de), 274, 278, 283, 317.
Mobiles d'action (Robert Owen), 28, 31.
— — Le point d'honneur du travail, Louis Blanc, 63.
— — dans le collectivisme, 231, 233, 241.
Monastères sans promiscuité des sexes et avec les contributions des fidèles, 3.
— Campanella, 15.
— (Communautés religieuses), Etats-Unis, 49.
Monnaie (Suppression de la), 75.
Morale saint-simonienne, 54.
Monopole du commerce du blé, 322.

N

Nation (Une) implique propriété, 309.
New Harmony, 30 et ss.

O

Objets fabriqués et collectivisme, 241.

Obligations (Valeurs mobilières), 134 et ss.
Oligarchie gréviste, 275, 272.
Oneida Community, 41.
Opinion publique et grèves, 275, 280, 296.
Organisation collectiviste, 229.
Ouvrier, ce qu'il a à perdre, 298.
Ouvriers (Nombre des) par établissement, aux Etats-Unis, 187.
— — en France, 200.
— privilégiés, 278, 305.

P

Parabole (La) de Saint-Simon, 52.
Passions (Les), Fourier, 36.
Paupérisme (Le), 125 et ss.
— statistique, 127.
— en Angleterre, 128.
Pauvres réels et pauvres officiels, 125.
— plus pauvres et riches plus riches, 125.
— (Fabricants de), 129.
Paysans et socialistes, 147, 151 et ss.
Peur (Exploitation de la), 256-258, 296 et ss.
Phalanstères américains, 38 et ss., 48.
Police (Ignorance de la), 274.
Politique négative et positive, 327.
— socialiste impossible, ix, 335.
Polygamie à Munster, 12.
Pouvoir d'achat, 244.
Pouvoirs (Confusion des), 266.
Privilèges des grévistes, 271, 278.
Prix de revient, 240, 302.
— — et prix d'achat, 110.
Producteur (Le) et Saint-Simon, 53.
— son rôle politique, 53.
Professions supprimées dans le collectivisme, 238, 240.
Profit d'après Karl Marx, 98.
— (Caractère du), 104.
— (Contradiction), 107.
Programme du Havre, 320.
— du ministère Clemenceau, 325.
Progrès économique (Caractère du), 74.
Prophéties « scientifiques », 215.
— catastrophales, 219.

Propriété dans *les Lois* de Platon, 3.
— chez les Incas, 5.
— Rousseau et Morelly, 22.
— et socialistes français, 51.
— « c'est le vol », 72.
— individuelle sentimentale, 144.
— foncière, moins-value à Paris, 137.
— — charges, 138.
— — répartition, 146 et ss.
— (La petite) « est une légende », 146.
— (Petite), 149, 151.
— (Grande), 150.
— (Moyenne), 151.
— et fermage, 153.
— et le principe marxiste, 156

R

Radical (Le parti) et le socialisme, 327 et préface.
Radicaux et radicaux-socialistes, et les socialistes, 319.
Rappistes (Les), 31.
Régies d'État, expériences, 232.
Religion. Conceptions religieuses de Saint-Simon, 54, 55.
Rémunération (La), 234, 246.
Répartition du travail dans le collectivisme, 230.
— des produits et des profits, 243.
Rente française (La), 134.
République (La) de Platon, 1.
Retraites ouvrières (Les), 326.
Revenus en Prusse, 121, 122.
— diffusion, 122.
Revenu et capital, 134.
— (Impôt sur le), 135, 136.
Richesse. Diffusion et non-concentration, en Prusse, 122.
— — en France, 130, 334.

S

Sabotage (Le), 281, 298.
Salaires (La loi d'airain des), 89, 112.
— — et les faits, 89.
— — et le surtravail, 111.
— et bons sociaux, 235.
— (Ouvriers contre l'égalité des) 66.

Salaire (Cause de la hausse des), 299
Salariants et salariés, nombres respectifs, 194 et ss.
Sanctions de Robert Owen, 28.
Séduction (La), 246.
Socialisme, mot inventé par Owen ou Pierre Leroux, 58.
— contre démocratie, 275, 278, 312.
— (Impuissance du), 335.
— allemand, 83 et ss.
— aux Etats-Unis, 319
— (Facteurs contre le), 160.
— et syndicalisme, 329.
Socialismes marxistes (Les trois), 224
Socialiste (Conditions de l'évolution), 117.
— politique, 315.
— allemand conservateur (Parti), 249.
Socialistes (Contradictions à l'égard de la propriété foncière), 154, 156 et ss.
— (Théories), vi, 51 et ss.
— (Forces), 318.
— — en Allemagne, 318.
— — en Angleterre, 318.
— — aux Etats-Unis, 319.
— — en France, 319.
— allemands contre Karl Marx, 113.
— français, 50.
Société et collectivistes, 217.
Sociétés par actions, 159.
— démocratie industrielle, 159.
Solidarité, mot employé par Pierre Leroux, 57.
— et Louis Blanc, 61.
Sophisme (Définition), v.
Spoliation (Loi de), 336.
Successions (Répartition des) en France, 139.
— Rétrogradation des parts élevées et augmentation des parts inférieures, 141.
— (Nombre des) relativement aux décès, 143.
— (Recul des), 331.
Suffrage universel (Proudhon contre le), 81.
— — (Confédération du travail contre le), 81.
Surtravail (Karl Marx), 97.
Syndicats (La loi sur les), 259.
— Leur importance, 316.

T

Trade unions. Nombre de leurs membres, 317.
— — (Administration des), 249.
Travail, d'après Platon, 2.
— chez les Incas, 6.
— Utopie, 9.
— Cité du Soleil, 15.
— au Paraguay, 18.
— improductif, 21.
— (Rémunération du), Pierre Leroux, 59.
— (Droit au), 65, 70 et ss.
— (Liberté du), 263, 271.
— (Limitation des heures de), 65.
— (Diminution des heures de), 111.
— enrichit les autres, 55.
— mesure de la valeur, 91 et ss.
— (Fixation de la valeur par le), 92, 93.
— (Bons de), 92-94.
— (Force de), Karl Marx, 94.
— Surtravail, 97, 103, 111, 112.
— et profit, 104, 107.
— (Prétention des grévistes au monopole du), 264, 305.
— et valeur, 235.
Travailleur (Droit du) sur son produit, 73.
— Rachat de son produit, 73.
Trusts (Les), 162 et ss., 171.
— et la concurrence, 163, 170, 171.
— Définitions, 163, 164.
— et protectionnisme, 169.
— (Différence entre) et administrations d'État ou de ville, 170.
Tyrannie socialiste, vii.

U

Unions Néo-Zélandaises (Les cinq objets des), 301.
— (Hypocrisie des), 303.

V

Valeur (Mesure de la) par le travail, 91, 110.
— (Fixation de la) par l'administration, 92.

Valeur (Equation de la) Rodbertus, 93.
— et Karl Marx, 95 et ss., 109.
— Comment fixée, 110.
— des capitaux fixés et des capitaux circulants, 74, 75.
— de l'heure de travail, 235.
Valeurs mobilières en France. Répartition, 130.
— — Leur capital et leur revenu 131.

Végétarien collectiviste, 241.
Vertus collectivistes, 246.
Violence (Théorie et pratique de la), 277, 283, 286, 294, 296 et ss., 305.

W

Western federation of miners, 289.

TABLE ALPHABÉTIQUE

DES NOMS DE PERSONNES

A

Albert, 65 et ss.
Abel, 120.
Alcaziva, 5.
Andler (Charles), VIII, 86, 227.
Andreæ, 14.
Archibald, 161.
Aristote, 332.
Atahualpa, 7.
Atkinson (Ed.), 186.
Augé Laribé, 153.

B

Babeuf, 24.
Baines (Sir Athelstanes).
Bakounine, 308.
Bayard, 56.
Bebel, 220, 230, 249.
Benoît Malon, 230.
Bentham, V.
Beinstein, 119 et ss., 159, 312.
Bertin, 300.
Betoulle, 267.
Billault, 71.
Blanqui, 284.
Block (Maurice), 251.
Borah, 291
Bougainville, 20.
Bourdeau (J.), 157, 224, 227.
Bourgin (Hubert), 80.
Bourgoin, 74.

Briand, 153.
Brissot de Warwille, 72.
Brisbane, 39.
Buchez, 307.
Burns (John), X

C

Cabet, 42.
Cahen (G.), 65.
Campanella, 14 et ss., 22.
Carnegie, 133, 167, 169.
Catron, 13.
Chance (William), 126.
Channing, 39.
Chapman, 170.
Chatelain (E.), 86.
Chevalier (E.), 126.
Clemenceau, 263, 273, 274.
Cobden, 299.
Colet (Mᵐᵉ Louise), 14.
Combes (Emile), 271, 316.
Comte (Auguste), 2.
Comte (Charles), 17, 21.
Condorcet, 55.
Considérant (Victor), 3², 88, 83.
Cummings (John), 292.

D

Darthé, 25.
Debs (V.), 290.
Denys le tyran, VI.

TABLE ALPHABÉTIQUE DES NOMS DE PERSONNES.

Desjardins (Albert), 80.
Deslinières, 323.
Deville (Gabriel), 220.
Dolléans (Edouard), 26.
Doumergue, 263.

E

Edgar Quinet, 331.
Enfantin, 55.
Engels, vi, 84 et ss., 109, 114, 119, 156, 215 et ss., 219 et ss., 222 et ss.. 230, 315.

F

Ferroul, 269.
Firancette, 328.
Fleurent, 233.
Flint, vii, 159, 165.
Flocon, 64.
Fourier, v, 33 et ss.
Foville (de), 126, 334.

G

Garcilaso de la Vega, 4.
Garnier (Joseph), 71.
Giard et Brière, 223.
Godwin, 39.
Greely (Horace), 39, 40.
Grégoire VII, 52.
Gronlund, 74.
Griffuelhes, 129, 276, 280 et ss., 314, 325, 328 et ss.
Guesde (Jules), 221, 230, 308, 315, 320, 328 et ss.

H

Hadley, 170.
Havemayer, 169.
Haywood, 289.
Hearst. 333.
Hegel, 72.
Helmots (A. F.), 4.
Helvétius, 28.
Hestzka, 74.
Hervé (G.), viii, 219, 309.
Hilquit, 48.

Hobson, 74.
Holman, 302.
Holt (Byron W.), 169.
Hortensius (Lambert), 13.
Huania Capak, 7.
Humboldt (Alexandre de), 16.
Hyndman, 315.

J

Jakson, 290.
Jaurès, viii, 143, 146, 158, 232, 264, 274, 308, 320, 322.
Jean de Leyde, 11.
Jésus, 3.
Jones (Hall), 302.
Joffrin, 268.

K

Karl Marx, v, ix, 1, 72, 83, 85, et ss., 90, 93, 94 et ss., 109, 114, 119, 133, 156, 172, 173, 215 et ss., 219 et ss., 222 et ss., 307 et ss., 314, 320, 331.
Kautsky, 157, 158, 224, 230.
Kirchenheim (Von), 1.

L

Lachatre (Maurice), 223.
Lafargue (Paul), 1, 114, 163, 166, 220, 230, 314, 315.
Lagardelle, 308, 314, 329.
Lamartine, 64, 71.
Langlois, 81.
Lassalle, 89, 97.
Ledru-Rollin, 71.
Lee (James), 164.
Lefas, 267.
Leroy-Beaulieu (Paul), 132.
Levesque (E.), 65.
Lévy (le P' Emmanuel), 328.
Liebknecht, 157, 227.
Louis Blanc vi, 60 et ss., 65 et ss., 83, 225.

M

Mac Gregor (J.), 64.
Maclure, 30.

Maco Capak, 4.
Maita Capak, 5.
Mama Oillo, 4.
Maréchal (Sylvain), 25.
Mark Twain, 293.
Marrast, 64.
Mathias, 11.
Mathieu (de la Drôme), 71.
Maujan, 266.
Merlino (Saverio). 225, 227.
Merrheim, 280.
Mesureur, 269, 287.
Meurice (Paul), 59.
Millerand, 84, 287.
Modeste (Victor), 116, 125.
Moll, 1.
Moody, 166, 169.
Morelly, 22 et ss., 43.
Morus (Thomas), 8 et ss., 22, 83.
Moyer, 289.
Munzer (Thomas), 10.

N

Negre, 261.
Neymarck (A.), 130.
Negroni (Diego Martin), 16.
Noes (John Humphrey), 41.
Nordoff, 42.
North (S. N. D), 175 et ss.

O

Orchard, 290.
Otten (Henri), 13.
Owen (Robert), 26, et ss., 43, 83.

P

Passerieu, 276, 282.
Pataud, 280.
Pearson (Carl), vii.
Peigueur, 67.
Pellarin (Charles), 33.
Pelletier, 71.
Plotenhauer, 21
Philippe III, 16.
Pierre (Franklin), 169.
Pierre Leroux, 57 et ss.
Pierpont Morgan, 167.
Pizarre, 7:
Platon, 1 et ss., 83.

Plotin, 3.
Posadowski, 162.
Proudhon, vi, 72 et ss., 78 et ss., 83, 226.
Prudhommeaux, 48.
Pulman, 296.

R

Raffalovich (A.), 162.
Renard (Georges), 324.
Reybaud, (Louis), 1.
Ricardo, v, 87 et ss., 215, 226, 227.
Ripley (William), 39, 163.
Rockfeller, 123.
Rodbertus, 73, 85, 86, 91 à 93.
Roosevelt, 289 et ss., 333.
Rousseau (J. J.), 22, 26, 50.

S

Saint-Simon, v, 51 et ss.
Say (J.-B.), 75, 226.
Schæffle, 229 et ss., 251 et suiv.
Schipr el (D'), 158.
Schwab, 159, 168.
Sorel (Georges), 114, 221, 227, 260, 203, 329.
Stenenberg, 289.
Strachey (S. Loe), 128.
Strauss (Louis), x.
Sudre (Alfred), 1.

T

Templer (F.-H.), 302.
Thomas (Emile), 68 et ss.
Thrascar, 7.
Thucydide, 216.
Turgot, 88.
Tuschochelrer, 11.

U

Ulloa (Antonio de), 21.

V

Vanderwelde, 313.
Victor Hugo (Mme), 59.

Vidal, 67.
Villegardelle, 22.
Villeneuve Bargemont, 126.
Viviani,...

W

Warwick (Cte F. E. de), 315.
Watrin, 269.
Webb (M. et Mme Sidney), 249.
Wells (David), 169.
Werner Sombart 109, 129, 156, 307 et ss., 312.
Winfrey, 154.
Wolmar, 220

X

Xénophon, 3.

Y

Young (Arthur), 154.
Yvetot, 276, 282.

Z

Zetkin (Mme), 157

TABLE ALPHABÉTIQUE

DES NOMS DE LIEUX

Anzin, 267, 268.
Australie, 242.
Australiens indigènes. 114.

Besançon 33.

Campanie, 3.
Cantorbury, 302.
Cher, 329.
Chicago 292.

Decazeville, 269.
Denver (Et.-U.), 291.
Doise (Et.-U.), 290.

Erfurt, 117, 226, 241, 325.
Etats-Unis, 30, 38, 41, 46, 163-172, 175 et ss., 242, 289.

France, 193.
Fressenville, 262.

Gisbonne, 302.
Gotha, 241. 325.

Havre (Le), 325.

Idaho, 289.
Indiana (Et.-U.), 30.

Lens, 270.
Lubbeck, 119, 226.

Manchester, 315.
Marseille, 264.

Montluçon, 263, 271.
Moravie, 13.
Motherwel (Ecosse), 30.
Mulhouse 10.
Munster, 11.

Nancy, 329.
Nord (Le), 269.
Nouvelle-Zélande, 300 et ss.

Otago, 302.

Paraguay, 16 et ss., 247.
Pas-de-Calais, 269.
Paris, 243, 271, 286.
Pérou, 4, 257.
Prusse, 121 et ss., 308, 325.

Reims. 265.
République Argentine, 242.
Royaume-Uni, X, 119, 120, 154, 218, 219, 242, 291.

Saxe, 122.
Schlachtberg (Le), 11.
Southand, 302.
Stuttgart, 309.

Tours, 269.
Transvaal, 308.
Tubingue, 23?.

Vienne, 230.

Wellington, 302.

PARIS. — Typ. PH. RENOUARD, 19, rue des Saints-Pères.

Août 1907

FÉLIX ALCAN, ÉDITEUR
LIBRAIRIES FÉLIX ALCAN ET GUILLAUMIN RÉUNIES
108, Boulevard Saint-Germain, 108, Paris, 6ᵉ.

EXTRAIT DU CATALOGUE
SCIENCES — MÉDECINE — HISTOIRE — PHILOSOPHIE
ÉCONOMIE POLITIQUE — STATISTIQUE — FINANCES

BIBLIOTHÈQUE SCIENTIFIQUE INTERNATIONALE
Volumes in-8, cartonnés à l'anglaise.

Derniers volumes publiés

109. LOEB. La dynamique des phénomènes de la vie, ill.   9 fr.
108. Cᵗᵉ CONSTANTIN. Le rôle sociologique de la guerre.   6 fr.
107. LALOY. Parasitisme et mutualisme dans la nature, illustré   6 fr.
106. COSTANTIN. Le transformisme appliqué à l'agriculture, illustré.   6 fr.
105. JAVAL. Physiologie de la lecture et de l'écriture, 2ᵉ éd. illustré.   6 fr.

Sauf indication spéciale, tous ces volumes se vendent 6 francs.

1. J. TYNDALL. Les glaciers et les transform. de l'eau, 7ᵉ éd., ill.
2. (Épuisé.)
3. (Épuisé.)
4. A. BAIN. L'esprit et le corps, 6ᵉ édition.
5. PETTIGREW. La locomotion chez les animaux, 2ᵉ éd., ill.
6. HERBERT SPENCER. Introd. à la science sociale, 13ᵉ édit.
7. OSCAR SCHMIDT. Descendance et darwinisme, 6ᵉ édition.
8. H. MAUDSLEY. Le crime et la folie, 7ᵉ édition.
9. VAN BENEDEN. Les commensaux et les parasites dans le règne animal, 4ᵉ édition, illustré.
10. BALFOUR STEWART. La conservation de l'énergie, 6ᵉ éd., illustré.
11. DRAPER. Les conflits de la science et de la religion, 11ᵉ éd.
12. LÉON DUMONT. Théorie scientifique de la sensibilité, 4ᵉ éd.
13. SCHUTZENBERGER. Les fermentations, 6ᵉ édition, illustré.
14. WHITNEY. La vie du langage, 4ᵉ édition.
15. COOKE et BERKELEY. Les champignons, 4ᵉ éd., illustré.
16. BERNSTEIN. Les sons, 5ᵉ édition, illustré.
17. BERTHELOT. La synthèse chimique, 9ᵉ édition.
18. NIEWENGLOWSKI. La photographie et la photochimie, ill.
19 et 20. (Épuisés.)
21. FUCHS. Les volcans et les tremblements de terre, 6ᵉ éd.

22. (*Épuisé.*)
23. A. DE QUATREFAGES. L'espèce humaine, 13ᵉ édition.
24. BLASERNA et HELMHOLTZ. Le son et la musique, 5ᵉ éd.
25. (*Épuisé.*)
26. BRUCKE et HELMHOLTZ. Principes scientifiques des beaux-arts, 4ᵉ édition, illustré.
27. WURTZ. La théorie atomique, 8ᵉ édition.
28-29. SECCHI (Le Père). Les étoiles, 3ᵉ édit., 2 vol. illustrés.
30. (*Épuisé.*)
31. A. BAIN. La science de l'éducation, 10ᵉ édition.
32-33. THURSTON. Histoire de la machine à vapeur, 3ᵉ éd., 2 vol.
34. (*Épuisé.*)
35. HERBERT SPENCER. Les bases de la morale évolutionniste, 7ᵉ édition.
36. TH.-H. HUXLEY. L'écrevisse, 2ᵉ édition, illustré.
37. DE ROBERTY. La sociologie, 3ᵉ édition.
38. O.-N. ROOD. Théorie scientifique des couleurs et leurs applications à l'art et à l'industrie, 2ᵉ édition, illustré.
39. (*Épuisé.*)
40-41. CHARLTON-BASTIAN. Le cerveau et la pensée, 2ᵉ éd., 2 vol. illustrés.
42. JAMES SULLY. Les illusions des sens et de l'esprit, 3ᵉ éd., ill.
43. (*Épuisé.*)
44. A. DE CANDOLLE. Origine des plantes cultivées, 4ᵉ édit.
45-46. (*Épuisé.*)
47. ED. PERRIER. La philos. zoologique avant Darwin, 3ᵉ éd.
48. STALLO. La matière et la physique moderne, 3ᵉ édition.
49. MANTEGAZZA. La physionomie et l'expression des sentiments, 3ᵉ édit., illustré, avec 8 pl. hors texte.
50. DE MEYER. Les organes de la parole, illustré.
51. DE LANESSAN. Introduction à la botanique. *Le sapin*, 2ᵉ édit., illustré.
52-53. (*Épuisé.*)
54. TROUESSART. Microbes, ferments et moisissures, 2ᵉ éd., illustré.
55. (*Épuisé.*)
56. SCHMIDT. Les mammifères dans leurs rapports avec leurs ancêtres géologiques, illustré.
57. BINET et FÉRÉ. Le magnétisme animal, 4ᵉ éd., illustré.
58-59. ROMANES. L'intelligence des animaux, 3ᵉ éd., 2 vol.
60. F. LAGRANGE. Physiologie des exercices du corps, 8ᵉ éd.
61. DREYFUS. L'évolution des mondes et des sociétés, 3ᵉ édit.
62. DAUBRÉE. Les régions invisibles du globe et des espaces célestes, 2ᵉ édition, illustré.
63-64. (*Épuisé.*)
65. RICHET (Ch.). La chaleur animale, illustré.
66. (*Épuisé.*)
67. BEAUNIS. Les sensations internes.
68. CARTAILHAC. La France préhistorique, 2ᵉ éd., illustré.

- 69. BERTHELOT. La révolution chimique, Lavoisier, ill. 2ᵉ éd.
- 70. J. LUBBOCK. Les sens et l'instinct chez les animaux, ill.
- 71. STARCKE. La famille primitive.
- 72. ARLOING. Les virus, illustré.
- 73. TOPINARD. L'homme dans la nature, illustré.
- 74. BINET. Les altérations de la personnalité.
- 75. DE QUATREFAGES. Darwin et ses précurseurs français, 2ᵉ éd.
- 76. LEFÈVRE. Les races et les langues.
- 77-78. A. DE QUATREFAGES. Les émules de Darwin, 2 vol.
- 79. BRUNACHE. Le centre de l'Afrique; autour du Tchad, ill.
- 80. A. ANGOT. Les aurores polaires, illustré.
- 81. JACCARD. Le pétrole, l'asphalte et le bitume, illustré.
- 82. STANISLAS MEUNIER. La géologie comparée, illustré.
- 83. LE DANTEC. Théorie nouvelle de la vie, 4ᵉ éd., illustré.
- 84. DE LANESSAN. Principes de colonisation.
- 85. DEMOOR, MASSART et VANDERVELDE. L'évolution régressive en biologie et en sociologie, illustré.
- 86. G. DE MORTILLET. Formation de la nation française, 2ᵉ édition, illustré.
- 87. G. ROCHÉ. La culture des mers en Europe, illustré.
- 88. J. COSTANTIN. Les végétaux et les milieux cosmiques (Adaptation, évolution), illustré.
- 89. LE DANTEC. Évolution individuelle et hérédité.
- 90. E. GUIGNET et E. GARNIER. La céramique ancienne et moderne, illustré.
- 91. E.-M. GELLÉ. L'audition et ses organes, illustré.
- 92. STANISLAS MEUNIER. Géologie expérimentale, 2ᵉ éd., ill.
- 93. J. COSTANTIN. La nature tropicale, illustré.
- 94. E. GROSSE. Les débuts de l'art, illustré.
- 95. J. GRASSET. Les maladies de l'orientation et de l'équilibre, illustré.
- 96. G. DEMENY. Les bases scientifiques de l'éducation physique, 3ᵉ éd., illustré.
- 97. F. MALMÉJAC. L'eau dans l'alimentation, illustré.
- 98. STANISLAS MEUNIER. La géologie générale, illustré.
- 99. G. DEMENY. Mécanisme et éducation des mouvements, 3ᵉ édition, illustré. 9 fr.
- 100. L. BOURDEAU. Histoire du vêtement et de la parure.
- 101. A. MOSSO. Les exercices physiques et le développement intellectuel.
- 102. LE DANTEC. Les lois naturelles, illustré.
- 103. NORMAN LOCKYER. L'évolution inorganique, illustré.
- 104. COLAJANNI. Latins et Anglo-Saxons. 9 fr.
- 105. JAVAL. Physiologie de la lecture et de l'écriture, 2ᵉ éd. ill.
- 106. COSTANTIN. Le transformisme appliqué à l'agriculture, illustré.
- 107. LALOY. Parasitisme et mutualisme dans la nature, ill.
- 108. Cᵗᵉ CONSTANTIN. Le rôle sociologique de la guerre et le sentiment national.
- 109. LOEB. La dynamique des phénomènes de la vie, ill. 9 fr.

FÉLIX ALCAN, ÉDITEUR

COLLECTION MÉDICALE

ÉLÉGANTS VOLUMES IN-12, CARTONNÉS A L'ANGLAISE, A 4 ET A 3 FRANCS

Derniers volumes publiés :

L'amnésie, par les D⁰ˢ DROMARD et LEVASSORT. 4 fr.
La mélancolie, par le Dʳ R. MASSELON. 4 fr.
Essai sur la puberté chez la femme, par le Dʳ MARTHE FRANCILLON. 4 fr.
Hygiène de l'alimentation dans l'état de santé et de maladie, par le Dʳ J. LAUMONIER, avec gravures. 3ᵉ éd. 4 fr.
Les nouveaux traitements, par *le même*. 2ᵉ édit. 4 fr.
Les embolies bronchiques tuberculeuses, par le Dʳ CH. SABOURIN. 4 fr.
Manuel d'électrothérapie et d'électrodiagnostic, par le Dʳ E. ALBERT-WEIL, avec 88 gravures. 2ᵉ éd. 4 fr.

L'alimentation des nouveau-nés. *Hygiène de l'allaitement artificiel*, par le Dʳ S. ICARD, avec 60 gravures. 2ᵉ édit. 4 fr.
La mort réelle et la mort apparente, diagnostic et traitement de la mort apparente, par *le même*, avec gravures. 4 fr.
L'hygiène sexuelle et ses conséquences morales, par le Dʳ S. RIBBING, prof. à l'Univ. de Lund (Suède). 3ᵉ édit. 4 fr.
Hygiène de l'exercice chez les enfants et les jeunes gens, par le Dʳ F. LAGRANGE, lauréat de l'Institut. 8ᵉ édit. 4 fr.
De l'exercice chez les adultes, par *le même*. 4ᵉ édition. 4 fr.
Hygiène des gens nerveux, par le Dʳ LEVILLAIN, avec gravures. 4ᵉ édition. 4 fr.
L'éducation rationnelle de la volonté, son emploi thérapeutique, par le Dʳ PAUL-EMILE LÉVY. Préface de M. le prof. BERNHEIM. 6ᵉ édition. 4 fr.
L'idiotie. *Psychologie et éducation de l'idiot*, par le Dʳ J. VOISIN, médecin de la Salpêtrière, avec gravures. 4 fr.
La famille névropathique, *Hérédité, prédisposition morbide, dégénérescence*, par le Dʳ CH. FÉRÉ, médecin de Bicêtre, avec gravures. 2ᵉ édition. 4 fr.
L'instinct sexuel. *Évolution, dissolution*, par *le même*. 2ᵉ éd. 4 fr.
Le traitement des aliénés dans les familles, par *le même*. 3ᵉ édition. 4 fr.
L'hystérie et son traitement, par le Dʳ PAUL SOLLIER. 4 fr.
Manuel de psychiatrie, par le Dʳ J. ROGUES DE FURSAC. 2ᵉ éd. 4 fr.

L'éducation physique de la jeunesse, par A. Mosso, professeur à l'Université de Turin. 4 fr.

Manuel de percussion et d'auscultation, par le D' P. Simon, professeur à la Faculté de médecine de Nancy, avec grav. 4 fr.

Manuel théorique et pratique d'accouchements, par le D' A. Pozzi, professeur à l'Ecole de médecine de Reims, avec 138 gravures. 4ᵉ édition. 4 fr.

Morphinisme et Morphinomanie, par le D' Paul Rodet. (*Couronné par l'Académie de médecine.*) 4 fr.

La fatigue et l'entraînement physique, par le D' Ph. Tissié, avec gravures. Préface de M. le prof. Bouchard. 2ᵉ édition. 4 fr.

Les maladies de la vessie et de l'urèthre chez la femme, par le D' Kolischer ; trad. de l'allemand par le D' Beuttner, de Genève ; avec gravures. 4 fr.

La profession médicale. *Ses devoirs, ses droits*, par le D' G. Morache, professeur de médecine légale à l'Université de Bordeaux. 4 fr.

Le mariage, par *le même*. 4 fr.

Grossesse et accouchement, par *le même*. 4 fr.

Naissance et mort, par *le même*. 4 fr.

La responsabilité, par *le même*. 4 fr.

Traité de l'intubation du larynx *chez l'enfant et chez l'adulte*, par le D' A. Bonain, avec 42 gravures. 4 fr.

Pratique de la chirurgie courante, par le D' M. Cornet. Préface du P' Ollier, avec 111 gravures. 4 fr.

Dans la même collection :

COURS DE MÉDECINE OPÉRATOIRE

de M. le Professeur Félix Terrier.

Petit manuel d'antisepsie et d'asepsie chirurgicales, par les D" Félix Terrier, professeur à la Faculté de médecine de Paris, et M. Péraire, ancien interne des hôpitaux, avec grav. 3 fr.

Petit manuel d'anesthésie chirurgicale, par *les mêmes*, avec 37 gravures. 3 fr.

L'opération du trépan, par *les mêmes*, avec 222 grav. 4 fr.

Chirurgie de la face, par les D" Félix Terrier, Guillemain et Malherbe, avec gravures. 4 fr.

Chirurgie du cou, par *les mêmes*, avec gravures. 4 fr.

Chirurgie du cœur et du péricarde, par les D" Félix Terrier et E. Reymond, avec 79 gravures. 3 fr.

Chirurgie de la plèvre et du poumon, par *les mêmes*, avec 67 gravures. 4 fr.

les maladies produites par les émotions, les idées obsédantes et leur traitement, par F. RAYMOND et P. JANET. 2ᵉ éd. 1 vol. grand in-8, avec 97 gravures. 14 fr.
(Couronné par l'Académie des Sciences et l'Académie de médecine.)

JANET (P.) ET RAYMOND (F.). **Les obsessions et la psychasthénie.** TOME I. — *Études cliniques et expérimentales sur les idées obsédantes, les impulsions, les manies mentales, la folie du doute, les tics, les agitations, les phobies, les délires du contact, les angoisses, les sentiments d'incomplétude, la neurasthénie, les modifications des sentiments du réel, leur pathogénie et leur traitement*, par P. JANET. 1 vol. in-8 raisin, avec gravures dans le texte. 18 fr.

TOME II. — *Fragments des leçons cliniques du mardi sur les états neurasthéniques, les aboulies, les sentiments d'incomplétude, les agitations et les angoisses diffuses, les algies, les phobies, les délires du contact, les tics, les manies mentales, les folies du doute, les idées obsédantes, les impulsions, leur pathogénie et leur traitement*, par F. RAYMOND et P. JANET. 1 vol. in-8 raisin, avec 22 grav. dans le texte. 14 fr.

LAGRANGE (F.). **Les mouvements méthodiques et la « mécanothérapie ».** 1 vol. in-8, avec 55 gravures dans le texte. 10 fr.
— **La médication par l'exercice.** 1 vol. gr. in-8 avec 63 grav. et une planche en couleurs hors texte. 2ᵉ éd. 12 fr.

MARVAUD (A.). **Les maladies du soldat.** 1 vol. grand in-8. (*Ouvrage couronné par l'Académie des sciences.*) 20 fr.

MOSSÉ. **Le diabète et l'alimentation aux pommes de terre.** 1 vol. in-8. 5 fr.

RILLIET ET BARTHEZ. **Traité clinique et pratique des maladies des enfants.** 3ᵉ édition, refondue et augmentée, par BARTHEZ et A. SANNÉ. — TOME I, 1 fort vol. gr. in-8, 16 fr. — TOME II, 1 fort vol. gr. in-8, 14 fr. — TOME III terminant l'ouvrage, 1 fort vol. gr. in-8. 25 fr.

SOLLIER (P.). **Genèse et nature de l'hystérie.** 2 vol. in-8. 20 fr.

VOISIN (J.). **L'épilepsie.** 1 vol. in-8. 6 fr.

B. — Pathologie et thérapeutique chirurgicales.

DE BOVIS. **Le cancer du gros intestin.** 1 volume in-8. 5 fr.

DELORME. **Traité de chirurgie de guerre.** 2 vol. gr. in-8.
TOME I, avec 95 grav. dans le texte et une pl. hors texte. 16 fr.
TOME II, terminant l'ouvrage, avec 400 grav. dans le texte. 26 fr.
(*Ouvrage couronné par l'Académie des sciences.*)

DURET (H.). **Les tumeurs de l'encéphale.** *Manifestations et chirurgie.* 1 fort vol. gr. in-8 avec 300 figures. 20 fr.

JULLIARD. **Manuel pratique des bandages, pansements et appareils chirurgicaux.** 1 vol. in-8 avec grav. br. 6 fr. cart. 7 fr.

KOSCHER. **Les fractures de l'humérus et du fémur.** 1 vol. gr. in-8, avec 105 fig. et 18 planches hors texte. 15 fr.

LEGUEU. **Leçons de clinique chirurgicale** (Hôtel-Dieu, 1901). 1 vol. grand in-8, avec 71 gravures dans le texte. 12 fr.

LIEBREICH. **Atlas d'ophtalmoscopie**, représentant l'état normal et les modifications pathologiques du fond de l'œil vues à l'ophtalmoscope. 3ᵉ édition. Atlas in-fº de 12 planches. 40 fr.

MÉDECINE ET SCIENCES

NIMIER (H.) et DESPAGNET. **Traité élémentaire d'ophtalmologie.** 1 fort vol. gr. in-8, avec 432 gravures. Cart. à l'angl. 20 fr.

NIMIER (H.) et LAVAL. **Les projectiles de guerre** et leur action vulnérante. 1 vol. in-12, avec grav. 3 fr.

— **Les explosifs, les poudres, les projectiles d'exercice,** leur action et leurs effets vulnérants. 1 vol. in-12, avec grav. 3 fr.

— **Les armes blanches,** leur action et leurs effets vulnérants. 1 vol. in-12, avec grav. 6 fr.

— **De l'infection en chirurgie d'armée,** évolution des blessures de guerre. 1 vol. in-12, avec grav. 6 fr.

— **Traitement des blessures de guerre.** 1 fort vol. in-12, avec gravures. 6 fr.

F. TERRIER et M. PÉRAIRE. **Manuel de petite chirurgie.** 8ᵉ édition, entièrement refondue. 1 fort vol. in-12, avec 572 fig., cartonné à l'anglaise. 8 fr.

C. — Thérapeutique. Pharmacie. Hygiène.

BOSSU. **Petit compendium médical.** 6ᵉ édit. 1 vol. in-32, cartonné à l'anglaise. 1 fr. 25

BOUCHARDAT. **Nouveau formulaire magistral.** 33ᵉ édit. 1905. 1 vol. in-18, cartonné. 4 fr.

BOUCHARDAT et DESOUBRY. **Formulaire vétérinaire,** contenant le mode d'action, l'emploi et les doses des médicaments. 6ᵉ édit. 1 vol. in-18, cartonné. 4 fr.

BOURGEOIS (G.). **Exode rural et tuberculose.** 1 vol. gr. in-8. 5 fr.

LAGRANGE (F.). **La médication par l'exercice.** 1 vol. grand in-8, avec 63 grav. et une carte en couleurs. 2 éd. 12 fr.

— **Les mouvements méthodiques et la « mécanothérapie ».** 1 vol. in-8, avec 55 gravures. 10 fr.

LAYET. **Hygiène et Colonisation. La santé des Européens entre les tropiques.** T. I, 1 vol. in-8. 7 fr.

WEBER. **Climatothérapie.** Traduit de l'allemand par les docteurs DOYON et SPILLMANN. 1 vol. in-8. 6 fr.

D. — Anatomie. Physiologie.

BELZUNG. **Anatomie et physiologie végétales.** 1 fort volume in-8, avec 1700 gravures. 20 fr.

— **Anatomie et physiologie animales.** 10ᵉ édition revue. 1 fort volume in-8, avec 522 gravures dans le texte, broché, 6 fr.; cart. 7 fr.

BÉRAUD (B.-J.). **Atlas complet d'anatomie chirurgicale topographique,** pouvant servir de complément à tous les ouvrages d'anatomie chirurgicale, composé de 109 planches représentant plus de 200 figures gravées sur acier, avec texte explicatif. 1 fort vol. in-4.
Prix : Fig. noires, relié, 60 fr. — Fig. coloriées, relié, 120 fr.

BONNIER. **La voix,** sa culture physiologique. 1 vol. in-16, avec gravures. 3 fr. 50

CHASSEVANT. **Précis de chimie physiologique.** 1 vol. gr. in-8 avec figures. 10 fr.

DEBIERRE. Traité élémentaire d'anatomie de l'homme.
Ouvrage complet en 2 volumes. 40 fr

    Tome I. *Manuel de l'amphithéâtre.* 1 vol. in-8 de 950 pages, avec 450 figures en noir et en couleurs dans le texte. 20 fr.

    Tome II et dernier. 1 vol. in-8, avec 515 figures en noir et en couleurs dans le texte. 20 fr.

    (*Couronné par l'Académie des sciences.*)

— **Atlas d'ostéologie,** comprenant les articulations des os et les insertions musculaires. 1 vol. in-4, avec 253 grav. en noir et en couleurs, cart. toile dorée. 12 fr.

— **Leçons sur le péritoine.** 1 vol. in-8, avec 58 figures. 4 fr.

— **L'embryologie en quelques leçons.** 1 vol. in-8, avec 144 fig. 4 fr.

— **Le cerveau et la moelle épinière.** 1 vol. in-8 avec fig. et planches. 15 fr.

DEMENY (G.) Mécanisme et éducation des mouvements. 3ᵉ éd. 1 vol. in-8, avec grav. cart. 9 fr.

FAU. Anatomie des formes du corps humain, à l'usage des peintres et des sculpteurs. 1 atlas in-folio de 25 planches. Prix : Figures noires, 15 fr. — Figures coloriées. 30 fr.

FÉRÉ. Travail et plaisir. *Études de psycho-mécanique.* 1 vol. gr. in-8, avec 200 fig. 12 fr.

— **Sensation et mouvement.** 2ᵉ éd. 1 vol. in-16, avec grav. 2 fr. 50

GLEY (E.). Études de psychologie physiologique et pathologique. 1 vol. in-8 avec gravures. 5 fr.

GRASSET (J.). Les limites de la biologie. 4ᵉ édit. Préface de Paul Bourget. 1 vol. in-16. 2 fr. 50

LE DANTEC. Lamarckiens et Darwiniens. 2ᵉ éd. 1 vol. in-16. 2 fr. 50

— **L'unité dans l'être vivant.** *Essai d'une biologie chimique.* 1 vol. in-8. 7 fr. 50

— **Les limites du connaissable.** *La vie et les phénomènes naturels.* 2ᵉ édit. 1 vol. in-8. 3 fr. 75

— **Éléments de philosophie biologique.** 1 vol. in-16. 3 fr. 50

PREYER. Éléments de physiologie générale. Traduit de l'allemand par M. J. Soury. 1 vol. in-8. 5 fr.

— **Physiologie spéciale de l'embryon.** 1 vol. in-8, avec figures et 9 planches hors texte. 7 fr. 50

RICHET. (Ch.), professeur à la Faculté de médecine de Paris, membre de l'Académie de médecine. **Dictionnaire de physiologie,** publié avec le concours de savants français et étrangers. Formera 10 à 12 volumes gr. in-8, se composant chacun de 3 fascicules; chaque volume, 25 fr. ; chaque fascicule, 8 fr. 50. 7 volumes parus.

    Tome I (*A-Bac*). — Tome II (*Bac-Cer*). — Tome III (*Cer-Cob*). — Tome IV (*Cob-Dig*). — Tome V (*Dic-Fac*). — Tome VI (*Fiom-Gal*). — Tome VII (*Gal-Gra*).

SPENCER (Herbert). Principes de biologie, traduit par M. Cazelles. 4ᵉ édit. 2 forts vol. in-8. 20 fr.

BIBLIOTHÈQUE GÉNÉRALE DES SCIENCES SOCIALES

Secrétaire de la rédaction : DICK MAY, Secrét. gén. de l'Éc. des Hautes Études sociales.
Volumes in-8 carré de 300 pages environ, cart. à l'anglaise.
Chaque volume, 6 fr.

Derniers volumes parus :

L'Individu, l'association et l'État, par E. FOURNIÈRE.
Le surpeuplement et les habitations à bon marché, par H. TUROT et H. BELLAMY.
Essais socialistes, *La religion, L'alcoolisme, L'art*, par E. VANDERVELDE, professeur à l'Université nouvelle de Bruxelles.
Religions et sociétés, par MM. TH. REINACH, A. PUECH, R. ALLIER, A. LEROY-BEAULIEU, LE B⁰⁰ CARRA DE VAUX, H. DREYFUS.
Enseignement et démocratie, par MM. A. CROISET, DEVINAT, BOITEL, MILLERAND, APPELL, SEIGNOBOS. LANSON, CH.-V. LANGLOIS.

L'individualisation de la peine, par R. SALEILLES, professeur à la Faculté de droit de l'Université de Paris.
L'idéalisme social, par EUGÈNE FOURNIÈRE.
Ouvriers du temps passé (xv⁰ et xvi⁰ siècles), par H. HAUSER, professeur à l'Université de Dijon, 2⁰ édition.
Les transformations du pouvoir, par G. TARDE, de l'Institut, professeur au Collège de France.
Morale sociale, par MM. G. BELOT, MARCEL BERNÈS, BRUNSCHVICG, F. BUISSON, DARLU, DAURIAC, DELBET, CH. GIDE, M. KOVALEVSKY, MALAPERT, le R. P. MAUMUS, DE ROBERTY, G. SOREL, le PASTEUR WAGNER. Préface de M. ÉMILE BOUTROUX, de l'Institut.
Les enquêtes, *pratique et théorie*, par P. DU MAROUSSEM.
Questions de morale, par MM. BELOT, BERNÈS, F. BUISSON, A. CROISET, DARLU, DELBOS, FOURNIÈRE, MALAPERT, MOCH, D. PARODI, G. SOREL. 2⁰ édit.
Le développement du catholicisme social, depuis l'encyclique *Rerum Novarum*, par MAX TURMANN. 2⁰ édit.
Le socialisme sans doctrines, par A. MÉTIN.
L'éducation morale dans l'Université (*Enseignement secondaire*). Conférences et discussions, sous la présidence de M. A. CROISET, doyen de la Faculté des lettres de l'Université de Paris.
La méthode historique appliquée aux sciences sociales, par CH. SEIGNOBOS, maître de conf. à l'Univ. de Paris.
Assistance sociale. *Pauvres et mendiants*, par PAUL STRAUSS, sénateur.
L'hygiène sociale, par E. DUCLAUX, de l'Institut, directeur de l'Institut Pasteur.
Le contrat de travail. *Le rôle des syndicats professionnels*, par P. BUREAU, professeur à la Faculté libre de droit de Paris.
Essai d'une philosophie de la solidarité. Conférences et discussions, sous la présidence de MM. LÉON BOURGEOIS et A. CROISET, 2⁰ édit.
L'éducation de la démocratie, par MM. E. LAVISSE, A. CROISET, SEIGNOBOS, MALAPERT, LANSON, HADAMARD. 2⁰ édit.

L'exode rural et le retour aux champs, par E. VANDERVELDE, professeur à l'Université nouvelle de Bruxelles.
La lutte pour l'existence et l'évolution des sociétés, par J.-L. DE LANESSAN, député, ancien ministre de la Marine.
La concurrence sociale et les devoirs sociaux, par LE MÊME.
La démocratie devant la science, par C. BOUGLÉ, professeur à l'Université de Toulouse.
L'individualisme anarchiste. *Max Stirner*, par V. BASCH, professeur à l'Université de Rennes.
Les applications sociales de la solidarité, par MM. P. BUDIN, CH. GIDE, H. MONOD, PAULET, ROBIN, SIEGFRIED, BROUARDEL. Préface de M. LÉON BOURGEOIS.
La paix et l'enseignement pacifiste, par MM. FR. PASSY, CH. RICHET, D'ESTOURNELLES DE CONSTANT, E. BOURGEOIS, A. WEISS, H. LA FONTAINE, G. LYON.
Études sur la philosophie morale au XIX⁰ siècle, par MM. BELOT, A. DARLU, M. BERNÈS, A. LANDRY, CH. GIDE, E. ROBERTY, R. ALLIER, H. LICHTENBERGER, L. BRUNSCHVICG.
Enseignement et démocratie, par MM. CROISET, DEVINAT, BOITEL, MILLERAND, APPELL, SEIGNOBOS, LANSON, CH.-V. LANGLOIS.
Religions et sociétés, par MM. TH. REINACH, A. PUECH, R. ALLIER, A. LEROY-BEAULIEU, le Bᵒⁿ CARRA DE VAUX, H. DREYFUS.
Essais socialistes, *La religion, L'alcoolisme, L'art*, par E. VANDERVELDE, professeur à l'Université nouvelle de Bruxelles.
Le surpeuplement et les habitations à bon marché, par H. TUROT et H. BELLAMY.
L'individu, l'association et l'État, par E. FOURNIÈRE.

MINISTRES ET HOMMES D'ÉTAT
Chaque volume in-16, 2 fr. 50

Bismarck, par H. WELSCHINGER.
Prim, par H. LÉONARDON.
Disraeli, par M. COURCELLE.
Ôkoubo, ministre japonais, par M. COURANT.
Chamberlain, par A. VIALLATE.

LES MAITRES DE LA MUSIQUE
ÉTUDES D'HISTOIRE ET D'ESTHÉTIQUE
Publiées sous la direction de M. JEAN CHANTAVOINE
Chaque volume in-8 de 250 pages environ, 3 fr. 50

Palestrina, par M. BRENET.
J.-S. Bach, par A. PIRRO. 2ᵉ édit.
César Franck, par VINCENT D'INDY. 3ᵉ édit.
Beethoven, par JEAN CHANTAVOINE. 3ᵉ édit.
Mendelssohn, par CAMILLE BELLAIGUE.
Smetana, par WILLIAM RITTER.

En préparation :
Grétry, par PIERRE AUBRY. — **Orlande de Lassus**, par HENRY EXPERT. — **Wagner**, par HENRI LICHTENBERGER. — **Berlioz**, par ROMAIN ROLLAND. — **Rameau**, par L. LALOY. — **Schubert** par A. SCHWEITZER. — **Gluck**, par JULIEN TIERSOT, etc., etc.

BIBLIOTHÈQUE
D'HISTOIRE CONTEMPORAINE
Volumes in-16 et in-8
DERNIERS VOLUMES PUBLIÉS :

LES QUESTIONS ACTUELLES DE POLITIQUE ÉTRANGÈRE EN EUROPE, par MM. *F. Charmes, A. Leroy-Beaulieu, R. Millet, A. Ribot, A. Vandal, R. de Caix, R. Henry, G.-L. Jaray, R. Pinon, A. Tardieu*. 1 vol. in-16, avec cartes. . . . . 3 fr. 50
LA CONFÉRENCE D'ALGÉSIRAS. *Histoire diplomatique de la crise marocaine (janvier-avril 1906)*, par *A. Tardieu*. 2ᵉ édit. 1 vol. in-8. 10 fr.
HISTOIRE DU MOUVEMENT SYNDICAL EN FRANCE (1789-1906), par *Paul Louis*. 1 vol. in-16. . . . . 3 fr. 50
LA FRANCE MODERNE ET LE PROBLÈME COLONIAL (1815-1830), par *Ch. Schefer*. 1 vol. in-8. . . . . 7 fr.
LES MISSIONS ET LEUR PROTECTORAT, par *J.-L. de Lanessan*. 1 vol. in-16. . . . . 3 fr. 50
L'ÉGLISE CATHOLIQUE ET L'ÉTAT EN FRANCE SOUS LA TROISIÈME RÉPUBLIQUE (1870-1906), par *A. Debidour*. I. 1870-1889. 1 vol. in-8. 7 fr.

EUROPE

HISTOIRE DE L'EUROPE PENDANT LA RÉVOLUTION FRANÇAISE, par *H. de Sybel*. Traduit de l'allemand par Mlle Dosquet. 6 vol. in-8. Chacun. 7 fr.
HIST. DIPLOMATIQUE DE L'EUROPE (1815-1873), par *Debidour*, 2 v. in-8. 18 fr.
LA QUESTION D'ORIENT, depuis ses origines jusqu'à nos jours, par *E. Driault*; préface de *G. Monod*. 1 vol. in-8. 3ᵉ édit. . . . . . 7 fr.
LA PAPAUTÉ, par *I. de Dœllenger*. Trad. de l'allemand. 1 vol. in-8. 7 fr.
QUESTIONS DIPLOMATIQUES DE 1904, par *A. Tardieu*. 1 vol. in-16. 3 fr. 50

FRANCE

LA RÉVOLUTION FRANÇAISE, par *H. Carnot*. 1 vol. in-16. Nouv. éd. 3 fr. 50
LA THÉOPHILANTHROPIE ET LE CULTE DÉCADAIRE (1796-1801), par *A. Mathiez*. 1 vol. in-8. . . . . 12 fr.
CONTRIBUTIONS A L'HISTOIRE RELIGIEUSE DE LA RÉVOLUTION FRANÇAISE, par *le même*. 1 vol. in-16. . . . . 3 fr. 50
MÉMOIRES D'UN MINISTRE DU TRÉSOR PUBLIC (1789-1815), par le comte *Mollien*. Publié par *M. Gomel*. 3 vol. in-8. . . . . 15 fr.
CONDORCET ET LA RÉVOLUTION FRANÇAISE, par *L. Cahen*. 1 vol. in-8. 10 fr.
CAMBON ET LA RÉVOLUTION FRANÇAISE, par *F. Bornarel*. 1 vol. in-8. 7 fr.
LE CULTE DE LA RAISON ET LE CULTE DE L'ÊTRE SUPRÊME (1793-1794). Étude historique, par *A. Aulard*. 2ᵉ éd. 1 vol. in-16. . . . . . 3 fr. 50
ÉTUDES ET LEÇONS SUR LA RÉVOLUTION FRANÇAISE, par *A. Aulard*. 5 vol. in-16. Chacun. . . . . 3 fr. 50
VARIÉTÉS RÉVOLUTIONNAIRES, par *M. Pellet*. 3 vol. in-16. Chacun 3 fr. 50
HOMMES ET CHOSES DE LA RÉVOLUTION, par *Eug. Spuller*. 1 vol. in-16. . . . . 3 fr. 50
LES CAMPAGNES DES ARMÉES FRANÇAISES (1792-1815), par *C. Vallaux*. 1 vol. in-16, avec 17 cartes. . . . . 3 fr. 50
LA POLITIQUE ORIENTALE DE NAPOLÉON (1806-1808), par *E. Driault*. 1 vol. in-8. . . . . 7 fr.
NAPOLÉON ET LA SOCIÉTÉ DE SON TEMPS, par *P. Bondois*. 1 vol. in-8. 7 fr.
DE WATERLOO A SAINTE-HÉLÈNE (20 juin-16 oct. 1815), par *J. Silvestre*. 1 vol. in-16. . . . . 3 fr. 50
HISTOIRE DE DIX ANS (1830-1840), par *Louis Blanc*. 5 vol. in-8. Chacun. 5 fr.
ASSOCIATIONS ET SOCIÉTÉS SECRÈTES SOUS LA DEUXIÈME RÉPUBLIQUE (1848-1851), par *J. Tchernoff*. 1 vol. in-8. . . . . 7 fr.
HISTOIRE DU SECOND EMPIRE (1848-1870), par *Taxile Delord*. 6 vol. in-8. Chacun. . . . . 7 fr.
HISTOIRE DU PARTI RÉPUBLICAIN (1814-1870), par *G. Weill*. 1 v. in-8. 10 fr.
HISTOIRE DU MOUVEMENT SOCIAL (1852-1902), par *le même*. 1 v. in-8. 7 fr.
LA CAMPAGNE DE L'EST (1870-71), par *Poullet*. 1 vol. in-8 avec cartes. 7 fr.

HISTOIRE DE LA TROISIÈME RÉPUBLIQUE, par *E. Zevort* : I. *Présidence de M. Thiers*. 1 vol. in-8. 3ᵉ édit. 7 fr. — II. *Présidence du Maréchal*. 1 vol. in-8. 2ᵉ édit. 7 fr. — III. *Présidence de Jules Grévy*. 1 vol. in-8. 2ᵉ édition. 7 fr. — IV. *Présidence de Sadi-Carnot*. 1 vol. in-8 . . . . . 7 fr.
HISTOIRE DES RAPPORTS DE L'ÉGLISE ET DE L'ÉTAT EN FRANCE (1789-1870), par *A. Debidour*. 1 vol. in-8 (*Couronné par l'Institut*) . . . . 12 fr.
L'ÉTAT ET LES ÉGLISES EN FRANCE, Des origines à la loi de séparation, par *J.-L. de Lanessan*. 1 vol. in-16 . . . . 3 fr. 50
LA SOCIÉTÉ FRANÇAISE SOUS LA TROISIÈME RÉPUBLIQUE, par *Marius-Ary Leblond*. 1 vol. in-8 . . . . 5 fr.
HISTOIRE DE LA LIBERTÉ DE CONSCIENCE EN FRANCE (1595-1870), par *G. Bonet-Maury*. 1 vol. in-8 . . . . 5 fr.
LES CIVILISATIONS TUNISIENNES, par *P. Lapie*. 1 vol. in-16 . . . 3 fr. 50
LA FRANCE POLITIQUE ET SOCIALE, par *Aug. Laugel*. 1 vol. in-8. 5 fr.
LES COLONIES FRANÇAISES, par *P. Gaffarel*. 1 vol. in-8. 6ᵉ éd. . . 5 fr.
L'ŒUVRE DE LA FRANCE AU TONKIN, par *A. Gaisman*. 1 vol. in-16 avec cartes . . . . 3 fr. 50
LA FRANCE HORS DE FRANCE. *Notre émigration, sa nécessité, ses conditions*, par *J.-B. Piolet*. 1 vol. in-8 . . . . 10 fr.
L'INDO-CHINE FRANÇAISE (Cochinchine, le Cambodge, l'Annam et le Tonkin), par *J.-L. de Lanessan*. 1 vol. in-8, avec 5 cartes en couleurs. 15 fr.
L'ALGÉRIE, par *M. Wahl*. 1 vol. in-8. 4ᵉ éd., revue par *A. Bernard*. 5 fr.

ANGLETERRE

HISTOIRE CONTEMPORAINE DE L'ANGLETERRE, depuis la mort de la reine Anne jusqu'à nos jours, par *H. Reynald*. 1 vol. in-16. 2ᵉ éd. 3 fr. 50
LORD PALMERSTON ET LORD RUSSELL, par *Aug. Laugel*. 1 vol. in-16. 3 fr. 50
LE SOCIALISME EN ANGLETERRE, par *Albert Métin*. 1 vol. in-16. 3 fr. 50
HISTOIRE GOUVERNEMENTALE DE L'ANGLETERRE (1770-1830), par *Cornewal Lewis*. 1 vol. in-8 . . . . 7 fr.

ALLEMAGNE

LE GRAND-DUCHÉ DE BERG (1806-1813), par *Ch. Schmidt*. 1 vol. in-8.. 10 fr.
HISTOIRE DE LA PRUSSE, de la mort de Frédéric II à la bataille de Sadowa, par *E. Véron*. 1 vol. in-18. 6ᵉ éd., revue par *Paul Bondois*. 3 fr. 50
HISTOIRE DE L'ALLEMAGNE, dep. la bataille de Sadowa à nos jours, par *E. Véron*. 1 vol. in-18. 3ᵉ éd., continuée jusqu'en 1892, par *P. Bondois*. 3 fr. 50
LE SOCIALISME ALLEMAND ET LE NIHILISME RUSSE, par *J. Bourdeau*. 1 vol. in-16. 2ᵉ édition . . . . 3 fr. 50
LES ORIGINES DU SOCIALISME D'ÉTAT EN ALLEMAGNE, par *Ch. Andler*. 1 vol. in-8 . . . . 7 fr.
L'ALLEMAGNE NOUVELLE ET SES HISTORIENS (*Niebuhr, Ranke, Mommsen, Sybel, Treitschke*), par *A. Guilland*. 1 vol. in-8 . . . 5 fr.
LA DÉMOCRATIE SOCIALISTE ALLEMANDE, par *E. Milhaud*. 1 vol. in-8. 10 fr.
LA PRUSSE ET LA RÉVOLUTION DE 1848, par *P. Matter*. 1 v. in-16. 3 fr. 50
BISMARCK ET SON TEMPS, par *le même*. I. *La préparation* (1815-1862), 1 vol. in-8, 10 fr. — II. *L'action* (1863-1870), 1 vol. in-8, 10 fr. — III. *Le triomphe et le déclin* (1870-1898). 1 vol. in-8 . . . . . 10 fr.

AUTRICHE-HONGRIE

LES TCHÈQUES ET LA BOHÊME CONTEMPORAINE, par *J. Bourlier*. 1 vol. in-16 . . . . 3 fr. 50
LES RACES ET LES NATIONALITÉS EN AUTRICHE-HONGRIE, par *B. Auerbach*, 1 vol. in-8 . . . . 5 fr.
LE PAYS MAGYAR, par *R. Recouly*. 1 vol. in-16 . . . . 3 fr. 50

ESPAGNE

HISTOIRE DE L'ESPAGNE, depuis la mort de Charles III jusqu'à nos jours, par *H. Reynald*. 1 vol. in-16 . . . . 3 fr. 50

SUISSE

HISTOIRE DU PEUPLE SUISSE, par *Daendliker* ; précédée d'une Introduction par *Jules Favre*. 1 vol. in-8 . . . . 5 fr.

AMÉRIQUE

HISTOIRE DE L'AMÉRIQUE DU SUD, par *Alf. Deberle*. 1 vol. in-16. 3ᵉ éd., revue par *A. Milhaud* . . . . 3 fr. 50

ITALIE

HISTOIRE DE L'UNITÉ ITALIENNE (1811-1871), par *Bolton King*. Traduit de l'anglais par *Macquart*; introduction de *Yves Guyot*. 2 vol. in-8. 15 fr.
HISTOIRE DE L'ITALIE, depuis 1815 jusqu'à la mort de Victor-Emmanuel, par *E. Sorin*. 1 vol. in-16 . . . . 3 fr. 50
BONAPARTE ET LES RÉPUBLIQUES ITALIENNES (1796-1799), par *P. Gaffarel*. 1 vol. in-8 . . . . 5 fr.
NAPOLÉON EN ITALIE (1800-1812), par *J.-E. Driault*. 1 vol. in-8.. 10 fr.

ROUMANIE

HISTOIRE DE LA ROUMANIE CONTEMPORAINE (1822-1900), par *Fr. Damé*. 1 vol. in-8. . . . . 7 fr.

GRÈCE et TURQUIE

LA TURQUIE ET L'HELLÉNISME CONTEMPORAIN, par *V. Bérard*. 1 vol. in-16. 4ᵉ éd. (*Ouvrage couronné par l'Académie française*) . . . . 3 fr. 50
BONAPARTE ET LES ILES IONIENNES (1797-1816), par *E. Rodocanachi*. 1 vol. in-8. . . . . 5 fr.

INDE

L'INDE CONTEMPORAINE ET LE MOUVEMENT NATIONAL, par *E. Piriou*. 1 vol. in-16. . . . . 3 fr. 50

CHINE

HISTOIRE DES RELATIONS DE LA CHINE AVEC LES PUISSANCES OCCIDENTALES (1861-1902), par *H. Cordier*. 3 vol. in-8, avec cartes. . . . . 30 fr.
L'EXPÉDITION DE CHINE DE 1857-58, par *le même*. 1 vol. in-8. . . 7 fr.
L'EXPÉDITION DE CHINE DE 1860, par *le même*. 1 vol. in-8. . . . 7 fr.
EN CHINE. *Mœurs et institutions. Hommes et faits*, par *M. Courant*. 1 vol. in-16. . . . . 3 fr. 50
LE DRAME CHINOIS (JUILLET-AOUT 1900), par *Marcel Monnier*. 1 vol. in-16. . . . . 2 fr. 50

ÉGYPTE

LA TRANSFORMATION DE L'ÉGYPTE, par *Alb. Métin*. 1 vol. in-16. 3 fr. 50

M. Dumoulin. FIGURES DU TEMPS PASSÉ. 1 vol. in-16 . 3 fr. 50
Paul Louis. L'OUVRIER DEVANT L'ÉTAT. 1 vol. in-8. . . . . . 7 fr.
E. Driault. PROBLÈMES POLITIQUES ET SOCIAUX. 2ᵉ éd. 1 vol. in-8. 7 fr.
Jules Barni. LES MORALISTES FRANÇAIS AU XVIIIᵉ SIÈCLE. 1 vol. in-16. . . . . 3 fr. 50
Deschanel (E.). LE PEUPLE ET LA BOURGEOISIE. 1 vol. in-8. 2ᵉ éd. 5 fr.
E. de Laveleye. LE SOCIALISME CONTEMPORAIN. 1 volume in-16. 11ᵉ édition, augmentée. . . . . 3 fr. 50
E. Despois. LE VANDALISME RÉVOLUTIONNAIRE. 1 vol. in-16. 4ᵉ éd. 3 fr. 50
Eug. Spuller. FIGURES DISPARUES, portraits contemporains, littéraires et politiques. 3 vol. in-16, chaque volume. . . . . 3 fr. 50
— L'ÉDUCATION DE LA DÉMOCRATIE. 1 vol. in-16. . . . . . 3 fr. 50
— L'ÉVOLUTION POLITIQUE ET SOCIALE DE L'ÉGLISE. 1 vol. in-16 . 3 fr. 50
J. Reinach. LA FRANCE ET L'ITALIE DEVANT L'HISTOIRE. 1 vol. in-8. 5 fr.
G. Schefer. BERNADOTTE ROI (1810-1818-1844). 1 vol. in-8. . 5 fr.
Hector Depasse. TRANSFORMATIONS SOCIALES. 1 vol. in-16. 3 fr. 50
— DU TRAVAIL ET DE SES CONDITIONS. 1 vol. in-16. . . . . . 3 fr. 50
Eug. d'Eichtbal. SOUVERAINETÉ DU PEUPLE ET GOUVERNEMENT. 1 vol. in-16. . . . . 3 fr. 50
G. Isambert. LA VIE A PARIS PENDANT UNE ANNÉE DE LA RÉVOLUTION (1791-1792). 1 vol. in-16. . . . . 3 fr. 50
G. Weill. L'ÉCOLE SAINT-SIMONIENNE. 1 vol. in-16 . . 3 fr. 50
A. Lichtenberger. LE SOCIALISME UTOPIQUE. 1 vol. in-16. 3 fr. 50
— LE SOCIALISME ET LA RÉVOLUTION FRANÇAISE. 1 v. in-8. . . 5 fr.
Paul Matter. LA DISSOLUTION DES ASSEMBLÉES PARLEMENTAIRES. 1 vol. in-8. . . . . 5 fr.

BIBLIOTHÈQUE UTILE

Élégants volumes in-32, de 192 pages chacun.

Chaque volume broché, 60 cent.; cartonné, 1 franc. Franco par poste.

1. Morand. Introduction à l'étude des sciences physiques. 6ᵉ éd.
2. Cruveilhier. Hygiène générale. 9ᵉ édit.
3. Corbon. De l'enseignement professionnel. 4ᵉ édit.
4. L. Pichat. L'art et les artistes en France. 5ᵉ édit.
5. Buchez. Les Mérovingiens. 6ᵉ éd.
6. Buchez. Les Carlovingiens. 2ᵉ éd.
7. (*Épuisé.*)
8. Bastide. Luttes religieuses des premiers siècles. 5ᵉ édit.
9. Bastide. Les guerres de la Réforme. 5ᵉ édit.
10. (*Épuisé.*)
11. Brothier. Histoire de la terre. 9ᵉ éd.
12. Bouant. Les principaux faits de la chimie (avec fig.).
13. Turck. Médecine populaire. 7ᵉ édit.
14. Morin. La loi civile en France. 6ᵉ édit.
15. Paul Louis. Les lois ouvrières.
16. Ott. L'Inde et la Chine.
17. Catalan. Notions d'astronomie. 6ᵉ édit.
18. (*Épuisé.*)
19. (*Épuisé.*)
20. J. Jourdan. La justice criminelle en France. 4ᵉ édit.
21. Ch. Rolland. Histoire de la maison d'Autriche. 4ᵉ édit.
22. Eug. Despois. Révolution d'Angleterre. 4ᵉ édit.
23. B. Gastineau. Les génies de la science et de l'industrie. 3ᵉ éd.
24. Leneveux. Le budget du foyer.
25. L. Combes. La Grèce ancienne. 4ᵉ édit.
26. F. Lock. Histoire de la Restauration. 5ᵉ édit.
27. (*Épuisé.*)
28. (*Épuisé.*)
29. L. Collas. Histoire de l'empire ottoman. 3ᵉ édit.
30. F. Zurcher. Les phénomènes de l'atmosphère. 7ᵉ édit.
31. B. Raymond. L'Espagne et le Portugal. 3ᵉ édit.
32. Eugène Noël. Voltaire et Rousseau. 4ᵉ édit.
33. A. Ott. L'Asie occidentale et l'Egypte. 3ᵉ édit.
34. (*Épuisé.*)
35. Enfantin. La vie éternelle. 6ᵉ éd.
36. Brothier. Causeries sur la mécanique. 5ᵉ édit.
37. Alfred Doneaud. Histoire de la marine française. 4ᵉ édit.
38. F. Lock. Jeanne d'Arc. 3ᵉ édit.
39-40. Carnot. Révolution française, 2 vol. 7ᵉ édit.
41. Zurcher et Margollé. Télescope et microscope. 3ᵉ édit.
42. Blerzy. Torrents, fleuves et canaux de la France. 3ᵉ édit.
43. (*Épuisé.*)
44. Stanley Jevons. L'économie politique. 9ᵉ édit.
45. Ferrière. Le darwinisme. 8ᵉ éd.
46. Leneveux. Paris municipal. 2ᵉ éd.
47. Boillot. Les entretiens de Fontenelle sur la pluralité des mondes.
48. Zevort (Edg.). Histoire de Louis-Philippe. 4ᵉ édit.
49. (*Épuisé.*)
50. Zaborowski. L'origine du langage. 6ᵉ édit.
51. H. Blerzy. Les colonies anglaises. 2ᵉ édit.
52. Albert Lévy. Histoire de l'air (avec fig.). 4ᵉ édit.
53. Geikie. La géologie (avec fig.). 4ᵉ édit.
54. Zaborowski. Les migrations des animaux. 4ᵉ édit.
55. F. Paulhan. La physiologie de l'esprit. 5ᵉ édit. refondue.
56. Zurcher et Margollé. Les phénomènes célestes. 3ᵉ édit.
57. Girard de Rialle. Les peuples de l'Afrique et de l'Amérique. 2ᵉ éd.
58. Jacques Bertillon. La statistique humaine de la France.
59. Paul Gaffarel. La défense nationale en 1792. 2ᵉ édit.
60. Herbert Spencer. De l'éducation. 12ᵉ édit.

61. (*Épuisé.*)
62. Huxley. Premières notions sur les sciences. 4ᵉ édit.
63. P. Bondois. L'Europe contemporaine (1789-1879). 2ᵉ édit.
64. Grove. Continents et océans. 3ᵉ éd.
65. Jouan. Les îles du Pacifique.
66. Robinet. La philosophie positive. 6ᵉ édit.
67. Renard. L'homme est-il libre? 5ᵉ édit.
68. Zaborowski. Les grands singes.
69. Hatin. Le Journal.
70. Girard de Rialle. Les peuples de l'Asie et de l'Europe.
71. Doneaud. Histoire contemporaine de la Prusse. 2ᵉ édit.
72. Dufour. Petit dictionnaire des falsifications. 4ᵉ édit.
73. Henneguy. Histoire de l'Italie depuis 1815.
74. Leneveux. Le travail manuel en France. 2ᵉ édit.
75. Jouan. La chasse et la pêche des animaux marins.
76. Regnard. Histoire contemporaine de l'Angleterre.
77. Bouant. Hist. de l'eau (avec fig.).
78. Jourdy. Le patriotisme à l'école.
79. Mongredien. Le libre-échange en Angleterre.
80. Creighton. Histoire romaine (avec fig.).
81-82. P. Bondois. Mœurs et institutions de la France. 2 vol. 2ᵉ éd.
83. Zaborowski. Les mondes disparus (avec fig.). 3ᵉ édit.
84. Debidour. Histoire des rapports de l'Église et de l'État en France (1789-1871). Abrégé par Dubois et Sartheou.
85. H. Beauregard. Zoologie générale (avec fig.).
86. Wilkins. L'antiquité romaine (avec fig.). 2ᵉ édit.
87. Maigne. Les mines de la France et de ses colonies.
88. (*Épuisé.*)
89. E. Amigues. A travers le ciel.
90. H. Gossin. La machine à vapeur (avec fig.).
91. Gaffarel. Les frontières françaises. 2ᵉ édit.
92. Dallet. La navigation aérienne (avec fig.).
93. Collier. Premiers principes des beaux-arts (avec fig.).
94. A. Larbalétrier. L'agriculture française (avec fig.).
95. Gossin. La photographie (fig.).
96. P. Genevoix. Les matières premières.
97. Paque. L'Indo-Chine française.
98. Monin. Les maladies épidémiques (avec fig.).
99. Petit. Économie rurale et agricole.
100. Mahaffy. L'antiquité grecque (avec fig.).
101. Bère. Hist. de l'armée française.
102. P. Genevoix. Les procédés industriels.
103. Quesnel. Histoire de la conquête de l'Algérie.
104. A. Coste. Richesse et bonheur.
105. Joyeux. L'Afrique française.
106. G. Mayer. Les chemins de fer (avec fig.).
107. Ad. Coste. Alcoolisme ou épargne. 6ᵉ édit.
108. Ch. de Larivière. Les origines de la guerre de 1870.
109. Gérardin. Botanique générale (avec fig.).
110. D. Bellet. Les grands ports maritimes de commerce (avec fig.).
111. H. Coupin. La vie dans les mers (avec fig.).
112. A. Larbalétrier. Les plantes d'appartement (avec fig.).
113. A. Milhaud. Madagascar. 2ᵉ éd.
114. Sérieux et Mathieu. L'Alcool et l'alcoolisme. 3ᵉ édit.
115. Dʳ J. Laumonier. L'hygiène de la cuisine.
116. Adrien Berget. La viticulture nouvelle. (*Manuel du vigneron.*) 3ᵉ éd.
117. A. Acloque. Les insectes nuisibles (avec fig.).
118. G. Meunier. Histoire de la littérature française. 4ᵉ éd.
119. P. Merklen. La Tuberculose; son traitement hygiénique.
120. G. Meunier. Histoire de l'art (avec fig.).
121. Larrivé. L'assistance publique.
122. Adrien Berget. La pratique des vins. (*Guide du récoltant.*)
123. A. Berget. Les vins de France. (*Guide du consommateur.*)
124. Vaillant. Petite chimie de l'agriculteur.
125. S. Zaborowski. L'homme préhistorique. 7ᵉ édit.

FÉLIX ALCAN, ÉDITEUR

BIBLIOTHÈQUE DE PHILOSOPHIE CONTEMPORAINE

VOLUMES IN-16.
Br., 2 fr. 50 ; cart. à l'angl., 3 fr.

Derniers volumes parus :

C. Bos.
Pessimisme, féminisme, moralisme

C. Bouglé.
Qu'est-ce que la sociologie ?

J. Delvolvé.
L'organisation de la conscience morale.

A. Cresson.
Les bases de la philosophie naturaliste.

G. Lachelier.
Études sur le syllogisme.

O. Lodge.
La vie et la matière.

L. Proal.
L'éducation et le suicide des enfants.

E. Roerich.
L'attention spontanée et volontaire.

J. Rogues de Fursac.
Un mouvement mystique contemporain.

Schopenhauer.
Philosophie et philosophes.

P. Sollier.
L'association en psychologie.

P. Souriau.
La rêverie esthétique.

Sully Prudhomme.
Psychologie du libre arbitre.

Alaux.
Philosophie de Victor Cousin.

R. Allier.
Philosophie d'Ernest Renan. 3ᵉ éd.

L. Arréat.
La morale dans le drame. 3ᵉ édit.
Mémoire et imagination. 2ᵉ édit.
Les croyances de demain.
Dix ans de philosophie (1890-1900).
Le sentiment religieux en France.
Art et psychologie individuelle.

G. Ballet.
Langage intérieur et aphasie. 2ᵉ éd.

A. Bayet.
La morale scientifique. 2ᵉ édit.

Bergson.
Le rire. 4ᵉ édit.

Binet.
Psychologie du raisonnement. 4ᵉ éd.

Hervé Blondel.
Les approximations de la vérité.

C. Bos.
Psychologie de la croyance. 2ᵉ éd.

M. Boucher.
Essai sur l'hyperespace. 2ᵉ éd.

C. Bouglé.
Les sciences sociales en Allemagne.

J. Bourdeau.
Les maîtres de la pensée contemporaine. 5ᵉ éd.
Socialistes et sociologues. 2ᵉ édit.

E. Boutroux.
Conting. des lois de la nature. 6ᵉ éd.

Brunschvicg.
Introd. à la vie de l'esprit. 2ᵉ éd.
L'idéalisme contemporain.

Coste.
Dieu et l'âme. 2ᵉ édit.

A. Cresson.
Le malaise de la pensée philos.
La morale de Kant. 2ᵉ éd.

G. Danville.
Psychologie de l'amour. 4ᵉ édit.

L. Dauriac.
La psychol. dans l'Opéra français.

L. Dugas.
Psittacisme et pensée symbolique.
La timidité. 4ᵉ édit.
Psychologie du rire.
L'absolu.

G. Dumas.
Le sourire.

Dunan.
Théorie psychologique de l'espace.

Duprat.
Les causes sociales de la folie.
Le mensonge.

Durand (de Gros).
Philosophie morale et sociale.

E. Durkheim.
Les règles de la méthode sociol. 4ᵉ éd.

E. d'Eichthal.
Cor. de S. Mill et G. d'Eichthal.
Les probl. sociaux et le socialisme.

Encausse (Papus).
Occultisme et spiritualisme. 2ᵉ éd.

A. Espinas.
La philos. expérim. en Italie.

Ch. Féré.
Sensation et mouvement. 2ᵉ édit.
Dégénérescence et criminalité. 4ᵉ éd.

E. Ferri.
Les criminels dans l'art et la littérature. 2ᵉ édit.

Fierens-Gevaert.
Essai sur l'art contemporain. 2ᵉ éd.
La tristesse contemporaine. 4ᵉ éd.
Psychol. d'une ville, Bruges. 2ᵉ éd.
Nouveaux essais sur l'art contemp.

Maurice de Fleury.
L'âme du criminel. 2ᵉ éd.

Fonsegrive.
La causalité efficiente.

A. Fouillée.
Propriété sociale et démocratie. Nouv. édit.

E. Fournière.
Essai sur l'individualisme.

Gaucklcr.
Le beau et son histoire.

G. Geley.
L'être subconscient. 2ᵉ édit.

E. Goblot.
Justice et liberté. 2ᵉ édit.

A. Godfernaux.
Le sentiment et la pensée. 2ᵉ édit.

J. Grasset.
Les limites de la biologie. 5ᵉ édit.

G. de Greef.
Les lois sociologiques. 3ᵉ édit.

Guyau.
La genèse de l'idée de temps. 2ᵉ éd.

E. de Hartmann.
La religion de l'avenir. 5ᵉ édition.
Le Darwinisme. 7ᵉ édition.

R. C. Herckenrath.
Probl. d'esthétique et de morale.

Marie Jaëll.
L'intelligence et le rythme dans les mouvements artistiques.

W. James.
La théorie de l'émotion. 3ᵉ édit.

Paul Janet.
La philosophie de Lamennais.

Jankelevitch.
Nature et société.

J. Lachelier.
Du fondement de l'induction 5ᵉ éd.

Mᵐᵉ Lampérière.
Le rôle social de la femme.

A. Landry.
La responsabilité pénale.

Lange.
Les émotions. 2ᵉ édit.

Lapie.
La justice par l'État.

Gustave Le Bon.
Lois psychol. de l'évol. des peuples. 8ᵉ éd.
Psychologie des foules. 12ᵉ éd

Lechálas.
Étude sur l'espace et le temps.

F. Le Dantec.
Le déterminisme biologique. 2ᵉ éd.
L'individualité et l'erreur individualiste. 2ᵉ édit.
Lamarckiens et darwiniens. 2ᵉ éd.

G. Lefèvre.
Obligation morale et idéalisme.

Liard.
Les logiciens anglais contemporains. 5ᵉ édition.
Définitions géométriques. 3ᵉ édit.

H. Lichtenberger.
La philosophie de Nietzsche. 10ᵉ éd.
Aphorismes et fragments choisis de Nietzsche. 3ᵉ édit.

Lombroso.
L'anthropologie criminelle. 5ᵉ éd.

John Lubbock.
Le bonheur de vivre. 2 vol. 10ᵉ éd.
L'emploi de la vie. 6ᵉ édit.

G. Lyon.
La philosophie de Hobbes.

E. Marguery.
L'œuvre d'art et l'évolution. 2 édit.

Mauxion.
L'éducation par l'instruction. 2ᵉ éd.
Nature et éléments de la moralité.

G. Milhaud.
Les conditions et les limites de la certitude logique. 2ᵉ édit.
Le rationnel.

Mosso.
La peur. 4ᵉ éd.
La fatigue intellect. et phys. 5ᵉ éd.

E. Murisier.
Les maladies du sentiment religieux. 2ᵉ édit.

A. Naville.
Nouvelle classif. des sciences. 2ᵉ éd.

Max Nordau.
Paradoxes psychologiques. 6ᵉ éd.
Paradoxes sociologiques. 5ᵉ édit.
Psycho-physiologie du génie et du talent. 4ᵉ édit.

Novicow.
L'avenir de la race blanche. 2ᵉ édit.

Ossip-Lourié.
Pensées de Tolstoï. 2ᵉ édit.
Philosophie de Tolstoï. 2ᵉ édit.
La philos. soc. dans le théât. d'Ibsen.
Nouvelles pensées de Tolstoï.
Le bonheur et l'intelligence.

G. Palante.
Précis de sociologie. 3ᵉ édit.

W.-R. Paterson (Swift).
L'éternel conflit.

Paulhan.
Les phénomènes affectifs. 2ᵉ édit.
J. de Maistre, sa philosophie.
Psychologie de l'invention.
Analystes et esprits synthétiques.
La fonction de la mémoire.

J. Philippe.
L'image mentale.

J. Philippe et G. Paul-Boncour.
Les anomalies mentales chez les écoliers. 2ᵉ édit.

F. Pillon.
La philosophie de Charles Secrétan.

Ploger.
Le monde physique.

Queyrat.
L'imagination chez l'enfant. 3ᵉ édit.
L'abstraction. 2ᵉ édit.
Les caractères et l'éducation morale.
La logique chez l'enfant. 3ᵉ éd.
Les jeux des enfants.

P. Regnaud.
Précis de logique évolutionniste.
Comment naissent les mythes.

G. Renard.
Le régime socialiste. 6ᵉ édit.

A. Réville.
Dogme de la divinité de Jésus-Christ. 4ᵉ éd.

Th. Ribot.
La philos. de Schopenhauer. 11ᵉ éd.
Les maladies de la mémoire. 20ᵉ éd.
Les maladies de la volonté. 24ᵉ éd.
Les maladies de la personnalité. 13ᵉ édit.
La psychologie de l'attention. 10ᵉ éd.

G. Richard.
Socialisme et science sociale. 2ᵉ éd.

Ch. Richet.
Psychologie générale. 7ᵉ éd.

De Roberty.
L'inconnaissable.
L'agnosticisme. 2ᵉ édit.
La recherche de l'Unité.
Auguste Comte et H. Spencer. 2ᵉ éd.
Le bien et le mal.
Psychisme social.
Fondements de l'éthique.
Constitution de l'éthique.
Frédéric Nietzsche.

Roisel.
De la substance.
L'idée spiritualiste. 2ᵉ édit.

Roussel-Desplerres.
L'idéal esthétique.

Schopenhauer.
Le libre arbitre. 10ᵉ édition.
Le fondement de la morale. 9ᵉ édit.
Pensées et fragments. 21ᵉ édition.
Écrivains et style.
Sur la religion.

P. Sollier.
Les phénomènes d'autoscopie.

Herbert Spencer.
Classification des sciences. 8ᵉ édit.
L'individu contre l'État. 6ᵉ éd.

Stuart Mill.
Auguste Comte et la philosophie positive. 8ᵉ édition.
L'utilitarisme. 5ᵉ édition.
La liberté. 3ᵉ édit.

Sully Prudhomme et Ch. Richet.
Le probl. des causes finales. 4ᵉ éd.

Tanon.
L'évol. du droit et la consc. soc. 2ᵉ éd.

Tarde.
La criminalité comparée. 6ᵉ éd.
Les transformations du droit. 5ᵉ éd.
Les lois sociales. 5ᵉ édit.

Thamin.
Éducation et positivisme. 2ᵉ éd

P.-F. Thomas.
La suggestion, son rôle dans l'éducation intellectuelle. 4ᵉ édit.
Morale et éducation. 2ᵉ éd.

Tissié.
Les rêves. 2ᵉ édit.

Wundt.
Hypnotisme et suggestion. 2ᵉ édit.

Zeller.
Christ. Baur et l'école de Tubingue.

Th. Ziegler.
La question sociale est une question morale. 3ᵉ éd.

VOLUMES IN-8.

Brochés, à 5, 7 50 et 10 fr.; cart. angl., 1 fr. de plus par vol.

Derniers volumes publiés :

J. Bardoux.
Psychologie de l'Angleterre contemporaine (*les crises politiques*). 5 fr.

G. Belot.
Études de morale positive. 7 fr. 50

H. Bergson.
L'évolution créatrice, 2ᵉ éd. 7 fr. 50

A. Binet.
Les révélations de l'écriture, avec 67 figures. 5 fr.

F. Evellin.
La raison pure et les antinomies. 5 fr.

J. Grasset.
Demifous et demiresponsables. 5 fr.

O. Hamelin.
Essai sur les éléments principaux de la Representation. 7 fr. 50

C. Hémon.
Philosophie de Sully Prudhomme. 7 fr. 50

H. Höffding.
Philosophes contemporains. 3 fr. 75

A. Keim.
Helvétius. 10 fr.

G. Lyon.
Enseignement et religion. 3 fr. 75

F. Paulhan.
Le mensonge de l'art. 5 fr.

A. Rey.
La théorie de la physique chez les physiciens contemporains. 7 fr. 50

Th. Ribot.
Essai sur les passions, 2ᵉ éd. 3 fr. 75

Herbert Spencer.
Une autobiographie. 10 fr.

Dʳ I. Waynbaum
La physionomie humaine. 5 fr.

Ch. Adam.
La philosophie en France (première moitié du xixᵉ siècle). 7 fr. 50

Arnold (M.)
La crise religieuse. 7 fr. 50

Arréat.
Psychologie du peintre. 5 fr.

Alex. Bain.
La logique inductive et déductive. 3ᵉ édit. 2 vol. 20 fr.
Les sens et l'intell. 3ᵉ édit. 10 fr.

J.-M. Baldwin.
Le développement mental chez l'enfant et dans la race. 7 fr. 50

J. Bardoux.
Psychol. de l'Angleterre contemp. *Les crises belliqueuses.* 7 fr. 50

Barthélemy Saint-Hilaire.
La philosophie dans ses rapports avec les sciences et la religion. 5 fr.

Barzelotti.
La philosophie de H. Taine. 7 fr. 50

Bazaillas.
La vie personnelle.

Bergson.
Essai sur les données immédiates de la conscience. 6ᵉ édit. 3 fr. 75
Matière et mémoire. 4ᵉ édit. 5 fr.

A. Bertrand.
L'enseignement intégral. 5 fr.
Les études dans la démocratie. 5 fr.

A. Binet.
Les révélations de l'écriture. 5 fr.

Em. Boirac.
L'idée du phénomène. 5 fr.

Bouglé.
Les idées égalitaires. 2ᵉ éd. 3 fr. 75

L. Bourdeau.
Le problème de la mort. 4ᵉ éd. 5 fr.
Le problème de la vie. 7 fr. 50

Em. Boutroux.
Études d'histoire de la philosophie. 2ᵉ édit. 7 fr. 50

L. Bray.
Du beau. 5 fr.

Brochard.
De l'erreur. 2ᵉ éd. 5 fr.

Brunschvicg.
Spinoza. 2ᵉ édit. 3 fr. 75
La modalité du jugement. 5 fr.

Ch. Chabot.
Nature et moralité. 5 fr.

Clay.
L'alternative. 2ᵉ éd. 10 fr.

Collins.
Résumé de la phil. de H. Spencer. 4ᵉ éd. 10 fr.

Aug. Comte.
La sociologie. 7 fr. 50

Cosentini.
La sociologie génétique. 3 fr. 75

A. Coste.
Principes d'une sociol. obj. 3 fr. 75
L'expérience des peuples. 10 fr.

Crépieux-Jamin.
L'écriture et le caractère. 4ᵉ éd. 7.50

A. Cresson.
Morale de la raison théorique. 5 fr.

Dauriac.
Essai sur l'esprit musical. 5 fr.

Delbos.
Philos. pratique de Kant. 12 fr. 50

J. Delvaille.
La vie sociale et l'éducation. 3 fr. 75

J. Delvolvé.
Religion, critique et philosophie positive chez Bayle. 7 fr. 50

Draghicesco
L'individu dans le déterminisme social. 7 fr. 50
Le problème de la conscience. 3 fr. 75

G. Dumas.
La tristesse et la joie. 7 fr. 50
St-Simon et Auguste Comte. 5 fr.

G.-L. Duprat.
L'instabilité mentale. 5 fr.

Dupreix.
Kant et Fichte. 2ᵉ édit. 5 fr.

Durand (DE GROS).
Taxinomie générale. 5 fr.
Esthétique et morale. 5 fr.
Variétés philosophiques. 2ᵉ éd. 5 fr.

E. Durkheim.
De la div. du trav. soc. 2ᵉ éd. 7 fr. 50
Le suicide, étude sociolog. 7 fr. 50
L'année sociologique. 10 volumes :
1ʳᵉ à 5ᵉ années. Chacune. 10 fr.
6ᵉ à 10ᵉ. Chacune. 12 fr. 50

V. Egger.
La parole intérieure. 2ᵉ éd. 5 fr.

A. Espinas.
La philosophie sociale au XVIIIᵉ siècle et la Révolution. 7 fr. 50

G. Ferrero.
Les lois psychologiques du symbolisme. 5 fr.

Enrico Ferri.
La sociologie criminelle. 10 fr.

Louis Ferri.
La psychologie de l'association, depuis Hobbes. 7 fr. 50

J. Finot.
Le préjugé des races. 2ᵉ éd. 7 fr. 50
Philosophie de la longévité. 11ᵉ éd. 5 fr.

Fonsegrive.
Le libre arbitre. 2ᵉ éd. 10 fr.

M. Foucault.
La psychophysique. 7 fr. 50
Le rêve. 5 fr.

Alf. Fouillée.
Liberté et déterminisme. 4ᵉ éd. 7 fr. 50
Critique des systèmes de morale contemporains. 4ᵉ éd. 7 fr. 50
La morale, l'art et la religion, d'après Guyau. 5ᵉ éd. 3 fr. 75
L'avenir de la métaphysique. 2ᵉ éd. 5 fr.
Évolution des idées-forces. 4ᵉ éd. 7 fr. 50
La psychol. des idées-forces. 2 vol. 15 fr.
Tempérament et caractère. 3ᵉ éd. 7 fr. 50
Le mouvement idéaliste. 2ᵉ éd. 7 fr. 50
Le mouvement positiviste. 2ᵉ éd. 7.50
Psych. du peuple français. 3ᵉ éd. 7.50
La France au point de vue moral. 2ᵉ édit. 7 fr. 50
Esquisse psychologique des peuples européens. 3ᵉ édit. 10 fr.
Nietzsche et l'immoralisme. 2ᵉ éd. 5 fr.
Le moralisme de Kant et l'amoralisme contemporain. 2ᵉ éd. 7 fr. 50
Éléments sociol. de la morale. 7 fr. 50

E. Fournière.
Théories social. au XIXᵉ siècle. 7 fr. 50

G. Fulliquet.
L'obligation morale. 7 fr. 50

Garofalo.
La criminologie. 5ᵉ édit. 7 fr. 50
La superstition socialiste. 5 fr.

L. Gérard-Varet.
L'ignorance et l'irréflexion. 5 fr.

E. Gley.
Études de psycho-physiologie. 5 fr.

E. Goblot.
La classification des sciences. 5 fr.

G. Gory.
L'immanence de la raison dans la connaissance sensible. 5 fr.

R. de la Grasserie.
De la psychologie des religions. 5 fr.

G. de Greef.
Le transformisme social. 2ᵉ éd. 7 fr. 50
La sociologie économique. 3 fr. 75

K. Groos.
Les jeux des animaux. 7 fr. 50

Gurney, Myers et Podmore
Les hallucin. télépath. 4ᵉ éd. 7 fr. 50

Guyau.
La morale angl. cont. 5ᵉ éd. 7 fr. 50
Les problèmes de l'esthétique contemporaine. 6ᵉ éd. 5 fr.
Esquisse d'une morale sans obligation ni sanction. 7ᵉ éd. 5 fr.
L'irréligion de l'avenir. 10ᵉ éd. 7 fr. 50
L'art au point de vue sociol. 7ᵉ éd. 7 fr. 50
Hérédité et éducation. 8ᵉ éd. 5 fr.

E. Halévy.
La form. du radicalisme philos.
I. *La jeunesse de Bentham*. 7 fr. 50
II. *Évol. de la doctr. utilitaire*, 1789-1815. 7 fr. 50
III. *Le radicalisme philos*. 3 fr. 50

Hannequin.
L'hypoth. des atomes. 2ᵉ éd. 7 fr. 50

P. Hartenberg.
Les timides et la timidité. 2ᵉ éd. 5 fr.

Hébert.
Évolut. de la foi catholique. 5 fr.
Le divin. 5 fr.

G. Hirth.
Physiologie de l'art. 5 fr.

H. Höffding.
Esquisse d'une psychologie fondée sur l'expérience. 2ᵉ édit. 7 fr. 50
Hist. de la philos. moderne. 2 v. 20 fr.

Isambert.
Les idées socialistes en France. (1815-1848). 7 fr. 50

Jacoby.
La sélect. chez l'homme. 2ᵉ éd. 10 fr.
La justice et l'extension de la vie. 7 fr. 50

Paul Janet.
Les causes finales. 4ᵉ édit. 10 fr.
Œuvres philosophiques de Leibniz. 2ᵉ édition. 2 vol. 20 fr.

Pierre Janet.
L'automatisme psychol. 5ᵉ éd. 7 fr. 50

J. Jaurès.
Réalité du monde sensible. 2ᵉ édit. 7 fr. 50

Karppe.
Études d'hist. de la philos. 3 fr. 75

P. Lacombe.
Individus et sociétés selon Taine. 7 fr. 50

A. Lalande.
La dissolution opposée à l'évolution. 7 fr. 50

A. Landry.
Principes de morale rationnelle. 5 fr.

De Lanessan.
La morale des religions. 10 fr.

Lang.
Mythes, cultes et religions. 10 fr.

P. Laple.
Logique de la volonté. 7 fr. 50

Lauvrière.
Edgar Poë. Sa vie. Son œuvre. 10 fr.

E. de Laveleye.
De la propriété et de ses formes primitives. 5ᵉ édit. 10 fr.
Le gouvernement dans la démocratie. 3ᵉ éd. 2 vol. 15 fr.

Gustave Le Bon.
Psych. du socialisme. 5ᵉ éd. 7 fr. 50

G. Lechalas.
Études esthétiques. 5 fr.

Lechartier.
David Hume, moraliste et sociologue. 5 fr.

Leclère.
Le droit d'affirmer. 5 fr.

F. Le Dantec.
L'unité dans l'être vivant. 7 fr. 50
Limites du connaissable. 2ᵉ édit. 3 fr. 75

Xavier Léon.
La philosophie de Fichte. 10 fr.

Leroy (E.-B.)
Le langage. 5 fr.

A. Lévy.
La philosophie de Feuerbach. 10 fr.

L. Lévy-Bruhl.
La philosophie de Jacobi. 5 fr.
Lettres inédites de J. Stuart Mill à Auguste Comte. 10 fr.
La philos. d'Aug. Comte. 2ᵉ éd. 7 fr. 50
La morale et la science des mœurs. 3ᵉ éd. 5 fr.

Liard.
Science positive et métaphysique. 4ᵉ édit. 7 fr. 50
Descartes. 2ᵉ édit. 5 fr.

H. Lichtenberger.
Richard Wagner, poète et penseur. 4ᵉ éd t. 10 fr.
Henri Heine penseur. 3 fr. 75

Lombroso.
La femme criminelle et la prostituée (en collab. avec M. Ferrero). 1 vol. avec planches. 15 fr.
Le crime polit. et les révol. (en collab. avec M. Laschi). 2 vol. 15 fr.

L'homme criminel. 3ᵉ édit. 2 vol., avec atlas. 36 fr.
Le crime (causes et remèdes). 2ᵉ éd. 10 fr.

É. Lubac.
Esquisse d'un système de psychol. rationnelle. 3 fr. 75

G. Luquet.
Idées générales de psychol. 5 fr.

G. Lyon.
L'idéalisme en Angleterre au XVIIIᵉ siècle. 7 fr. 50

P. Malapert.
Les éléments du caractère. 2ᵉ éd. 5 fr.

Marion.
La solidarité morale. 6ᵉ édit. 5 fr.

Fr. Martin.
La perception extérieure et la science positive. 5 fr.

J. Maxwell.
Les phénomènes psych. 3ᵉ éd. 5 fr.

Max Muller.
Nouv. études de mythol. 12 fr. 50

Myers.
La personnalité humaine. 2ᵉ éd. 7.50

E. Naville.
La logique de l'hypothèse. 2ᵉ éd. 5 fr.
La définition de la philosophie. 5 fr.
Les philosophies négatives. 5 fr.
Le libre arbitre. 2ᵉ édition. 5 fr.

J.-P. Nayrac.
L'attention. 3 fr. 75

Max Nordau.
Dégénérescence. 2 v. 7ᵉ éd. 17 fr. 50
Les mensonges conventionnels de notre civilisation. 9ᵉ éd. 5 fr.
Vus du dehors. 5 fr.

Novicow.
Les luttes entre sociétés humaines. 2ᵉ édit. 10 fr.
Les gaspillages des sociétés modernes. 2ᵉ édit. 5 fr.
La justice et l'extension de la vie. 7 fr. 50

H. Oldenberg.
Le Bouddha. 2ᵉ éd. 7 fr. 50
La religion du Véda. 10 fr.

Ossip-Lourié.
La philosophie russe contemp. 5 fr.
Psychol. des romanciers russes au XIXᵉ siècle. 7 fr. 50

Ouvré.
Form. littér. de la pensée grecq. 10 fr.

G. Palante.
Combat pour l'individu. 3 fr. 75

Fr. Paulhan.
L'activité mentale et les éléments de l'esprit. 10 fr.
Les caractères. 2ᵉ édition. 5 fr.
Les mensonges du caractère. 5 fr.

Payot.
L'éducation de la volonté. 23ᵉ éd. 5 fr.
La croyance. 2ᵉ éd. 5 fr.

Jean Pérès.
L'art et le réel. 3 fr. 75

Bernard Perez.
Les trois premières années de l'enfant. 5ᵉ édit. 5 fr.
L'enfant de 3 à 7 ans. 4ᵉ éd. 5 fr.
L'éd. mor. dès le berceau. 1ᵉ éd. 5 fr.
L'éd. intell. dès le berceau. 2ᵉ éd. 5 fr.

C. Piat.
La personne humaine. 7 fr. 50
Destinée de l'homme. 5 fr.

Picavet.
Les idéologues. 10 fr.

Piderit.
La mimique et la physiognomonie, avec 95 fig. 5 fr.

Pillon.
L'année philosophique. 17 vol. chacun. 5 fr.

J. Ploger.
La vie et la pensée. 5 fr.
La vie sociale, la morale et le progrès. 5 fr.

L. Prat.
Le caractère empirique et la personne. 7 fr. 50

Preyer.
Éléments de physiologie. 5 fr.

L. Proal.
Le crime et la peine. 3ᵉ éd. 10 fr.
La criminalité politique. 5 fr.
Le crime et le suicide passionnels. 10 fr.

G. Rageot.
Le succès. 3 fr. 75

F. Rauh.
De la méthode dans la psychologie des sentiments. 5 fr.
L'expérience morale. 3 fr. 75

Récéjac.
La connaissance mystique. 5 fr.

G. Renard.
La méthode scientifique de l'histoire littéraire. 10 fr.

Renouvier.
Les dilem. de la métaph. pure. 5 fr.
Hist. et solut. des problèmes métaphysiques. 7 fr. 50
Le personnalisme. 10 fr.
Critique de la doctrine de Kant. 7 50

Th. Ribot.
L'hérédité psycholog. 8ᵉ éd. 7 fr. 50
La psychologie anglaise contemporaine. 3ᵉ éd. 7 fr. 50
La psychologie allemande contemporaine. 6ᵉ éd. 7 fr. 50

La psych. des sentim. 6ᵉ éd. 7 fr. 50
L'évol. des idées générales. 8ᵉ éd. 5 fr.
L'imagination créatrice. 2ᵉ éd. 5 fr.
La logique des sentiments. 2ᵉ édit. 3 fr. 75

Ricardou.
De l'idéal. 5 fr.

G. Richard.
L'idée d'évolution dans la nature et dans l'histoire. 7 fr. 50

H. Riemann.
Elém. de l'esthétiq. musicale. 5 fr.

E. Rignano.
Transmissibilité des caractères acquis. 5 fr.

A. Rivaud.
Essence et existence chez Spinoza. 7 fr. 50

E. de Roberty.
Ancienne et nouvelle philos. 7 fr. 50
La philosophie du siècle. 5 fr.
Nouveau programme de sociol. 5 fr.

Romanes.
L'évol. ment. chez l'homme. 7 fr. 50

Ruyssen.
Évolut. psychol. du jugement. 5 fr.

A. Sabatier.
Philosophie de l'effort. 2ᵉ éd. 7 fr. 50

Emile Saigey.
Les sciences au XVIIIᵉ siècle. La physique de Voltaire. 5 fr.

G. Saint-Paul.
Le langage intérieur et les paraphasies. 5 fr.

E. Sanz y Escartin.
L'individu et la réforme sociale. 7 fr. 50

Schopenhauer.
Aphorismes sur la sagesse dans la vie. 9ᵉ éd. 5 fr.
Le monde comme volonté et représentation. 3ᵉ éd. 3 vol. 22 fr. 50

Séailles.
Esⁿ. sur le génie dans l'art. 2ᵉ éd. 5 fr.
Philosoph. de Renouvier. 7 fr. 50

Sighele.
La foule criminelle. 2ᵉ édit. 5 fr.

Sollier.
Psychologie de l'idiot et de l'imbécile. 2ᵉ éd. 5 fr.
Le problème de la mémoire. 3 fr. 75
Le mécanisme des émotions. 5 fr.

Souriau.
L'esthétique du mouvement. 5 fr.
La suggestion dans l'art. 5 fr.
La beauté rationnelle. 10 fr.

Spencer (Herbert).
Les premiers principes. 9ᵉ éd. 10 fr.
Principes de psychologie. 2 vol. 20 fr.
Princip. de biologie. 5ᵉ éd. 2 v. 20 fr.
Princip. de sociol. 5 vol. 43 fr. 75
 I. *Données de la sociologie*, 10 fr. —
 II. *Inductions de la sociologie. Relations domestiques*, 7 fr. 50. —
 III. *Institutions cérémonielles et politiques*, 15 fr. — IV. *Institutions ecclésiastiques*, 3 fr. 75. — V. *Institutions professionnelles*, 7 fr. 50.
Justice. 3ᵉ éd. 7 fr. 50
Le rôle moral de la bienfaisance. 7 fr. 50
La morale des différents peuples. 7 fr. 50
Problèmes de morale et de sociologie. 2ᵉ éd. 7 fr. 50
Essais sur le progrès. 5ᵉ éd. 7 fr. 50
Essais de politique. 4ᵉ éd. 7 fr. 50
Essais scientifiques. 3ᵉ éd. 7 fr. 50
De l'éducation physique, intellectuelle et morale. 13ᵉ édit. 5 fr.

P. Stapfer.
Questions esthétiques et religieuses. 3 fr. 75

Stein.
La question sociale au point de vue philosophique. 10 fr.

Stuart Mill.
Mes mémoires. 5ᵉ éd. 5 fr.
Système de logique déductive et inductive. 4ᵉ édit. 2 vol. 20 fr.
Essais sur la religion. 1ᵉ édit. 5 fr.

James Sully.
Le pessimisme. 2ᵉ éd. 7 fr. 50
Études sur l'enfance. 10 fr.
Essai sur le rire. 7 fr. 50

Sully Prudhomme.
La vraie religion selon Pascal. 7 fr. 50

G. Tarde.
La logique sociale. 3ᵉ édit. 7 fr. 50
Les lois de l'imitation. 5ᵉ éd. 7 fr. 50
L'opposition universelle. 7 fr. 50
L'opinion et la foule. 2ᵉ édit. 5 fr.
Psychologie économique. 2 vol. 15 fr.

Em. Tardieu.
L'ennui. 5 fr.

P.-Félix Thomas.
L'éduc. des sentiments. 4ᵉ éd. 5 fr.
Pierre Leroux. Sa philosophie. 5 fr.

Et. Vacherot.
Essais de philosophie critique. 7 fr. 50
La religion. 7 fr. 50

L. Weber.
Vers le positivisme absolu par l'idéalisme. 7 fr. 50

ÉCONOMIE POLITIQUE — SCIENCE FINANCIÈRE

JOURNAL DES ÉCONOMISTES

REVUE MENSUELLE DE LA SCIENCE ÉCONOMIQUE ET DE LA STATISTIQUE

Fondé en 1841, par G. GUILLAUMIN

Paraît le 15 de chaque mois
par fascicules grand in-8 de 10 à 12 feuilles (180 à 192 pages).

RÉDACTEUR EN CHEF : M. G. DE MOLINARI
Correspondant de l'Institut.

CONDITIONS DE L'ABONNEMENT :

Franco et Algérie : UN AN........ 36 fr.; SIX MOIS....... 19 fr.;
Union postale : UN AN............ 38 fr.; SIX MOIS....... 20 fr.
LE NUMÉRO................. 3 fr. 50

Les abonnements partent de Janvier ou de Juillet.

NOUVEAU DICTIONNAIRE
D'ÉCONOMIE POLITIQUE

PUBLIÉ SOUS LA DIRECTION DE

M. LÉON SAY et de M. JOSEPH CHAILLEY-BERT

Deuxième édition.

2 vol. grand in-8 raisin et un Supplément : prix, brochés...... 60 fr.
— — demi-reliure chagrin................... 69 fr.

COMPLÉTÉ PAR 3 TABLES : Tables des auteurs, table méthodique
et table analytique.

Cet important ouvrage peut s'acquérir en envoyant un mandat-poste de 20 fr., au reçu duquel est faite l'expédition du livre, et en payant le reste, soit 40 fr., en quatre traites de 10 fr. chacune, de deux mois en deux mois. (*Pour recevoir l'ouvrage relié ajouter 9 fr. au premier paiement*).

DICTIONNAIRE DU COMMERCE
DE L'INDUSTRIE ET DE LA BANQUE

DIRECTEURS :

MM. Yves GUYOT et Arthur RAFFALOVICH

2 volumes grand in-8. Prix, brochés........................... 50 fr.
— — reliés................................ 58 fr.

Cet important ouvrage peut s'acquérir en envoyant un mandat-poste de 10 fr., au reçu duquel est faite l'expédition du livre, et en payant le reste, soit 40 fr., en quatre traites de 10 fr. chacune, de deux mois en deux mois (*Pour recevoir l'ouvrage relié ajouter 8 fr. au premier paiement.*)

COLLECTION DES PRINCIPAUX ÉCONOMISTES
Enrichie de commentaires, de notes explicatives et de notices historiques

MALTHUS
Essai sur le principe de population. *Introduction*, par Rossi, de l'Institut. 3ᵉ *édition*. 1 vol. grand in-8. . . . . 10 fr.

MÉLANGES (1ʳᵉ PARTIE)
David Hume. *Essai sur le commerce, le luxe, l'argent, les impôts, le crédit public, sur la balance du commerce, la jalousie commerciale, la population des nations anciennes.* — V. de Forbonnais. *Principes économiques.* — Condillac. *Le commerce et le gouvernement.* — Condorcet. *Lettres d'un laboureur de Picardie à M. N**** (Necker). — *Réflexions sur l'esclavage des nègres.* — *Réflexions sur la justice criminelle.* — *De l'influence de la révolution d'Amérique sur l'Europe.* — *De l'impôt progressif.* — Lavoisier. *De la richesse territoriale du royaume de France.* — Franklin. *La science du bonhomme Richard et ses autres opuscules.* 1 vol. grand in-8. . . . . 10 fr.

MÉLANGES (2ᵉ PARTIE)
Necker. *Sur la législation et le commerce des grains.* — L'abbé Galiani. *Dialogues sur le commerce des blés* avec la *Réfutation* de l'abbé Morellet. — Montyon. *Quelle influence ont les diverses espèces d'impôts sur la moralité, l'activité et l'industrie des peuples?* — Bentham. *Défense de l'usure.* 1 vol. gr. in-8. . . . . 10 fr.

RICARDO
Œuvres complètes. Les œuvres de Ricardo se composent : 1° des Principes de l'économie politique et de l'impôt. — 2° Des ouvrages ci-après : *De la protection accordée à l'agriculture.* — *Plan pour l'établissement d'une banque nationale.* — *Essai sur l'influence du bas prix des blés sur les profits du capital.* — *Proposition pour l'établissement d'une circulation monétaire économique et sûre.* — *Le haut prix des lingots est une preuve de la dépréciation des billets de banque.* — *Essai sur les emprunts publics*, avec des notes. 1 vol. in-8. . . . . 10 fr.

J.-B. SAY
Cours complet d'économie politique pratique. 2 vol. grand in-8. 20 fr.

J.-B. SAY
Œuvres diverses : *Catéchisme d'économie politique.* — *Lettres à Malthus et correspondance générale.* — *Olbie.* — *Petit volume.* — *Fragments et opuscules inédits.* 1 vol. grand in-8. . . . . 10 fr.

ADAM SMITH
Recherches sur la nature et les causes de la richesse des nations, traduction de G. Garnier. 5ᵉ édition, augmentée. 2 vol. in-8. . . 16 fr.

COLLECTION DES ÉCONOMISTES
ET PUBLICISTES CONTEMPORAINS
Format in-8.

ANTOINE (Ch.). **Cours d'économie sociale.** 3ᵉ édition, revue et augmentée. 1 vol. in-8. . . . . 9 fr.

ARNAUNÉ (Aug.), directeur de la Monnaie. **La monnaie, le crédit et le change.** 1 vol. in-8. 3ᵉ édition, revue et augmentée, 1906. . . . 8 fr.

BANFIELD, Professeur à l'Université de Cambridge. **Organisation de l'industrie,** traduit sur la 2ᵉ édition, et annoté par M. Emile Thomas. 1 vol. in-8. . . . . 6 fr.

BASTIAT. **Œuvres complètes** en 7 volumes in-8 (vélin). . . . . 35 fr.
(Voir détails page 30, édition in 18).

BAUDRILLART (H.), de l'Institut. **Philosophie de l'économie politique. Des rapports de l'économie politique et de la morale.** Deuxième édition, revue et augmentée. 1 vol. in-8. . . . . 9 fr.

BLANQUI, de l'Institut. **Histoire de l'économie politique en Europe,** depuis *les anciens jusqu'à nos jours,* 5ᵉ édition. 1 vol. in-8. . . 8 fr.

BLOCK (M.). **Les progrès de la science économique depuis Adam Smith.** 2ᵉ édit. augmentée. 2 vol. in-8 . . . . 16 fr.

BLUNTSCHLI. **Le droit international codifié.** Traduit de l'allemand par M. C. Lardy. 5ᵉ édition, revue et augmentée. 1 vol. in-8. . . 10 fr.
— **Théorie générale de l'État,** traduit de l'allemand par M. de Riedmatten. 3ᵉ édition. 1 vol. in-8. . . . . 9 fr.

COLSON (C.), ingénieur en chef des ponts et chaussées. **Cours d'économie politique,** professé à l'École nationale des ponts et chaussées. 3 vol. grand in-8. . . . . 26 fr.
— Tome I. *Les phénomènes économiques. Le travail et les questions ouvrières.* . . . . 10 fr.
— Tome II. *La propriété des biens. Le commerce et la circulation.* 10 fr.
— Tome III. 1ʳᵉ partie. *Les finances publiques et le budget de la France.* . . . . 6 fr.

COURCELLE-SENEUIL, de l'Institut. **Traité théorique et pratique d'économie politique.** 3ᵉ édition, revue et corrigée. 2 vol. in-18. 7 fr.
— **Traité théorique et pratique des opérations de banque.** *Neuvième édition. Revue et mise à jour,* par A. Liesse, professeur au Conservatoire des arts et métiers. 1 vol. in-8. . . . . 8 fr.

COURTOIS (A.). **Histoire des banques en France.** 2ᵉ édition. 1 vol. in-8. . . . . 8 fr. 50

EICHTHAL (Eugène d'), de l'Institut. **La formation des richesses et ses conditions sociales actuelles,** *notes d'économie politique.* . . 7 fr. 50

FAUCHER (L.), de l'Institut. **Études sur l'Angleterre.** 2ᵉ édition augmentée. 2 forts volumes in-8. . . . . 6 fr.
— **Mélanges d'économie politique et de finances.** 2 forts vol. in-8. 6 fr.

FIX (Th.). **Observations sur l'état des classes ouvrières.** Nouvelle édition. 1 vol. in-8. . . . . 5 fr.

GARNIER (J.), de l'Institut. **Du principe de population.** 2ᵉ édition. 1 vol. in-8 avec portrait. . . . . 10 fr.

GROTIUS. Le droit de la guerre et de la paix. Nouvelle traduction. 3 vol. in-8. . . . . 12 fr. 50
HAUTEFEUILLE. Des droits et des devoirs des nations neutres en temps de guerre maritime. 3ᵉ édit. refondue. 3 forts vol. in-8. 22 fr. 50
— Histoire des origines, des progrès et des variations du droit maritime international. 2ᵉ édition. 1 vol. in-8. . . . . 7 fr. 50
LAVERGNE (L. de), de l'Institut. Les économistes français du dix-huitième siècle. 1 vol. in-8. . . . . 7 fr. 50
— Essai sur l'économie rurale de l'Angleterre, de l'Écosse et de l'Irlande. 5ᵉ édition. 1 vol. in-8 avec portrait. . . . . 8 fr. 50
LEROY-BEAULIEU (P.), de l'Institut. Traité théorique et pratique d'économie politique. 3ᵉ édition. 4 vol. in-8. . . . . 30 fr.
— Traité de la science des finances. 7ᵉ édition, revue, corrigée et augmentée. 2 forts vol. in-8. . . . . 25 fr.
— Essai sur la répartition des richesses et sur la tendance à une moindre inégalité des conditions. 3ᵉ édit., revue et corrigée. 1 vol. in-8. 9 fr.
— Le collectivisme, *examen critique du nouveau socialisme*. 4ᵉ édition, revue et augmentée d'une préface. 1 vol. in-8. . . . . 9 fr.
— De la colonisation chez les peuples modernes. 6ᵉ édition. 2 vol. in-8 . . . . 16 fr.
— L'état moderne et ses fonctions. 3ᵉ édition. 1 vol. in-8. . . . 9 fr.
LIESSE (A.), professeur au Conservatoire national des arts et métiers. Le travail *aux points de vue scientifique industriel et social*. 1 vol. in-8. . . . . 7 fr. 50
MORLEY (John). La vie de Richard Cobden, traduit par SOPHIE RAFFALOVICH. 1 vol. in-8. . . . . 8 fr.
NEYMARCK (A.). Finances contemporaines. — Tome I. *Trente années financières 1872-1901*. 1 vol. in-8, 7 fr. 50. — Tome II. *Les Budgets 1872-1903*. 1 vol. in-8, 7 fr. 50. — Tome III. *Questions économiques et financières 1872-1904*. 1 vol. in-8, 10 fr. — Tomes IV-V : *L'obsession fiscale, questions fiscales, propositions et projets relatifs aux impôts depuis 1871 jusqu'à nos jours*. 2 vol. in-8 (1907). . . . . . . 15 fr.
PASSY (H.), de l'Institut. Des formes de gouvernement et des lois qui les régissent. 2ᵉ édition. 1 vol. in-8. . . . . 7 fr. 50
PRADIER-FODERÉ. Précis de droit administratif. 7ᵉ édition, tenue au courant de la législation. 1 fort vol. in-8. . . . . 10 fr.
RAFFALOVICH (A.). Le marché financier. France, Angleterre, Allemagne, Russie, Autriche, Japon, Suisse, Italie, Espagne, États-Unis. Questions monétaires. Années 1894-1895. 1 vol. 7 fr. 50; 1895-1896. 1 vol. 7 fr. 50; 1896-1897. 1 vol. 7 fr. 50; 1897-1898 à 1901-1902, chacune 1 vol. 10 fr. 1902-1903 à 1906-1907, chacune 1 vol. . . . . 12 fr.
RICHARD (A.). L'organisation collective du travail, essai sur la coopération de main-d'œuvre, le contrat collectif et la sous-entreprise ouvrière, préface par Yves GUYOT. 1 vol. grand in-8. . . . . 6 fr.
ROSSI (P.), de l'Institut. Cours d'économie politique, revu et augmenté de leçons inédites. 5ᵉ édition. 4 vol. in-8. . . . . 15 fr.
— Cours de droit constitutionnel, *professé à la Faculté de droit de Paris*, recueilli par M. A. PORÉE. 2ᵉ édition. 4 vol. in-8. . . . . . . 15 fr.
STOURM (R.), de l'Institut, professeur à l'École libre des sciences politiques. *Cours de finances*. Le budget, son histoire et son mécanisme. 5ᵉ édition. 1 vol. in-8. . . . . 10 fr.
— Les systèmes généraux d'impôts. 2ᵉ édition revisée et mise au courant. 1 vol. in-8. 9 fr.
VIGNES (Édouard). Traité des impôts en France. 4ᵉ édition, mise au courant de la législation, par M. VERGNIAUD. 2 vol. in-8. . . . 16 fr.

BIBLIOTHÈQUE DES SCIENCES MORALES ET POLITIQUES

Format in-18 jésus.

Derniers volumes publiés.

LIESSE, professeur au Conservatoire des arts et métiers. **La statistique, ses difficultés, Ses procédés.** 1 vol. in-18. 1905. . . . . 2 fr. 50

MARGUERY (E.). **Le droit de propriété et le régime démocratique.** 1 vol. in-18. 1905. 2 fr. 50

MERLIN (Roger), bibliothécaire archiviste du Musée social. **Le contrat de travail, les salaires, la participation aux bénéfices.** 1 vol. in-18. 1907. 2 fr. 50

MILHAUD (Mlle Caroline). **L'ouvrière en France, sa condition présente, réformes nécessaires.** 1 vol. in-18. 1907. . . . . 2 fr. 50

BASTIAT (Frédéric). **Œuvres complètes**, précédées d'une *Notice* sur sa vie et ses écrits. 7 vol. in-18. . . . . 24 fr. 50
  I. *Correspondance.* — *Premiers écrits.* 3e édition, 3 fr. 50; — II. *Le Libre-Échange.* 3e édition, 3 fr. 50; — III. *Cobden et la Ligue.* 4e édition, 2 fr. 50; — IV et V. *Sophismes économiques.* — *Petits pamphlets.* 6e édit. 2 vol., 7 fr.; — VI. *Harmonies économiques.* 9e édition, 3 fr. 50; VII. *Essais.* — *Ébauches.* — *Correspondance.* . . . . 3 fr. 50
  Les tomes IV et V seuls ne se vendent que réunis.

CIESZKOWSKI (A.). **Du crédit et de la circulation.** 3e édit. in-18. 3 fr. 50

COQUELIN (Charles). **Du crédit et des banques.** 3e édition, in-18. 4 fr.

COURCELLE-SENEUIL (J.-G.). **Traité théorique et pratique d'économie politique.** 3e édit. 2 vol. in-18. . . . . 7 fr.
— **La société moderne.** 1 vol. in-18. . . . . 5 fr.

FAUCHER (L.), de l'Institut. **Mélanges d'économie politique et de finances.** 2 forts volumes in-18. . . . . 3 fr. 50

FREEMAN (E.-A.). **Le développement de la constitution anglaise, depuis les temps les plus reculés jusqu'à nos jours.** 1 vol. in-18. . . 3 fr. 50

GROTIUS. **Le droit de la guerre et de la paix.** 3 vol. in-18. . . 7 fr. 50

LAVERGNE (L. de), de l'Institut. **Économie rurale de la France depuis 1789.** 4e édition, revue et augmentée. 1 vol. in-18. . . . . 3 fr. 50
— **L'agriculture et la population.** 2e édition. 1 vol. in-18. . . 3 fr. 50

MOLINARI (G. de), correspondant de l'Institut, rédacteur en chef du *Journal des Économistes.* **Questions économiques à l'ordre du jour.** 1 vol. in-18. 3 fr. 50
— **Les problèmes du XXe siècle.** 1 vol. in-18. . . . . 3 fr. 50

SAY (J.-B.). **Catéchisme d'économie politique.** 1 vol. in-18. . . 1 fr. 50

STUART MILL (J.). **La liberté.** Traduction et *Introduction*, par M. Dupont-White. 3e édition, revue. 1 vol. in-18. . . . . 2 fr. 50
— **Le gouvernement représentatif.** Traduction et *Introduction*, par M. Dupont-White. 3e édition. 1 vol. in-18. . . . . 4 fr.

COLLECTION
D'AUTEURS ÉTRANGERS CONTEMPORAINS

Histoire — Morale — Économie politique — Sociologie

Format in-8. (Pour le cartonnage, 1 fr. 50 en plus.)

BAMBERGER. — **Le Métal argent au XIXe siècle.** Traduction par M. Raphael-Georges Lévy. 1 vol. Prix, broché . . . . . . 6 fr. 50

C. ELLIS STEVENS. — **Les Sources de la Constitution des États-Unis** étudiées dans leurs rapports avec l'histoire de l'Angleterre et de ses Colonies. Traduit par Louis Vossion. 1 vol. in-8. Prix, broché. 7 fr. 50

GOSCHEN. — **Théorie des Changes étrangers.** Traduction et préface de M. Léon Say. Quatrième édition française suivie du Rapport de 1875 sur le paiement de l'indemnité de guerre, par le même. 1 vol. Prix, broché . . . . 7 fr. 50

HERBERT SPENCER. — **Justice.** 3e édition. Trad. de M. E. Castelot. 1 vol. Prix, broché . . . . 7 fr. 50

HERBERT SPENCER. — **La Morale des différents Peuples et la Morale personnelle.** Traduction de MM. Castelot et E. Martin Saint-Léon. 1 vol. Prix, broché . . . . 7 fr. 50

HERBERT SPENCER. — **Les Institutions professionnelles et industrielles.** Traduit par Henri de Varigny. 1 vol. in-8. Prix, br. 7 fr. 50

HERBERT SPENCER. — **Problèmes de Morale et de Sociologie.** Traduction de M. H. de Varigny. 2e édit. 1 vol. Prix, broché. . 7 fr. 50

HERBERT SPENCER. — **Du Rôle moral de la Bienfaisance.** (Dernière partie des principes de l'éthique). Traduction de MM. E. Castelot et E. Martin Saint-Léon. 1 vol. Prix, broché . . . . 7 fr. 50

HOWELL. — **Le Passé et l'Avenir des Trade Unions.** Questions sociales d'aujourd'hui. Traduction et préface de M. Le Cour Grandmaison. 1 vol. Prix, broché . . . . 5 fr. 50

KIDD. — **L'évolution sociale.** Traduit par M. P. Le Monnier. 1 vol. in-8. Prix, broché . . . . 7 fr. 50

NITTI. — **Le Socialisme catholique.** Traduit avec l'autorisation de l'auteur. 1 vol. Prix, broché . . . . 7 fr. 50

RUMELIN. — **Problèmes d'Économie politique et de Statistique.** Traduit par Ar. de Riedmatten. 1 vol. Prix, broché. . . . . 7 fr. 50

SCHULZE GAVERNITZ. — **La grande Industrie.** Traduit de l'allemand. Préface par M. G. Gléroult. 1 vol. Prix, broché . . . . . 7 fr. 50

W.-A. SHAW. — **Histoire de la Monnaie (1252-1894).** Traduit par M. Ar. Raffalovich. 1 vol. Prix, broché . . . . 7 fr. 50

THOROLD ROGERS. — **Histoire du Travail et des Salaires en Angleterre depuis la fin du XIIIe siècle.** Traduction avec notes par E. Castelot. 1 vol. in-8. Prix, broché . . . . 7 fr. 50

WESTERMARCK. — **Origine du Mariage dans l'espèce humaine.** Traduction de M. H. de Varigny. 1 vol. Prix broché . . . . . . 11 fr.

A.-D. WHITE. — **Histoire de la Lutte entre la Science et la Théologie.** Traduit et adapté par MM. H. de Varigny et G. Adam. 1 vol. in-8. Prix, broché . . . . 7 fr. 50

FÉLIX ALCAN, ÉDITEUR

PETITE BIBLIOTHÈQUE
ÉCONOMIQUE
FRANÇAISE ET ÉTRANGÈRE

PUBLIÉE SOUS LA DIRECTION DE M. J. CHAILLEY-BERT

PRIX DE CHAQUE VOLUME IN-32, ORNÉ D'UN PORTRAIT
Cartonné toile. . . . . 2 fr. 50

XVIII VOLUMES PUBLIÉS

I. — VAUBAN. — Dîme royale, par G. Michel.
II. — BENTHAM. — Principes de Législation, par Mlle Raffalovich.
III. — HUME. — Œuvre économique, par Léon Say.
IV. — J.-B. SAY. — Économie politique, par H. Baudrillart, de l'Institut.
V. — ADAM SMITH. — Richesse des Nations, par Courcelle-Seneuil, de l'Institut.
VI. — SULLY. — Économies royales, par M. J. Chailley-Bert.
VII. — RICARDO. — Rentes, Salaires et Profits, par M. P. Beauregard, de l'Institut.
VIII. — TURGOT. — Administration et Œuvres économiques, par M. L. Robineau.
IX. — JOHN-STUART MILL. — Principes d'économie politique, par M. L. Roquet.
X. — MALTHUS. — Essai sur le principe de population, par M. G. de Molinari.
XI. — BASTIAT. — Œuvres choisies, par M. de Foville, de l'Institut.
XII. — FOURIER. — Œuvres choisies, par M. Ch. Gide.
XIII. — F. LE PLAY. — Économie sociale, par M. F. Auburtin.
XIV. — COBDEN. — Ligue contre les lois, Céréales et Discours politiques, par Léon Say, de l'Académie française.
XV. — KARL MARX. — Le Capital, par M. Vilfredo Pareto.
XVI. — LAVOISIER. — Statistique agricole et projets de réformes, par MM. Schelle et Ed. Grimaux, de l'Institut.
XVII. — LÉON SAY. — Liberté du Commerce, finances publiques, par M. J. Chailley-Bert.
XVIII. — QUESNAY. — La Physiocratie, par M. Yves Guyot.

Chaque volume est précédé d'une introduction et d'une étude biographique, bibliographique et critique sur chaque auteur.

FÉLIX ALCAN, Éditeur, 108, boulevard Saint-Germain, Paris.

EXTRAIT DU CATALOGUE

ANDLER (Ch.), prof. à la Sorbonne. **Les Origines du socialisme d'État en Allemagne.** 1 vol. in-8... 7 fr.

AUCUY (M.). *Individualisme et Socialisme.* **Les systèmes socialistes d'Échange**, avant-propos de M. A. Deschamps, professeur à la Faculté de Droit de Paris. 1 vol. in-16... 3 fr. 50

BOURDEAU (J.). **Socialistes et sociologues.** 1 vol. in-18. 2ᵉ édit....... 2 fr. 50

DOLLÉANS (Ed.). Individualisme et socialisme. **Robert Owen (1771-1858)**, avant-propos de M. E. Faguet, de l'Académie française. 1 vol. in-18, avec gravures.. 3 fr. 50

DRIAULT (E.), professeur agrégé au lycée de Versailles. **Problèmes politiques et sociaux.** 1 vol. in-8. 2ᵉ éd................................. 7 fr.

EICHTHAL (E. d'), de l'Institut. **Socialisme et problèmes sociaux.** 1 vol. in-18.. 2 fr. 50
— **Socialisme, communisme et collectivisme**, 2ᵉ édit. 1 vol. in-18 : 3 fr. 50

FOURIER. **Œuvres choisies.** Introduction par Ch. Gide, professeur à la Faculté de droit de Paris. 1 vol. in-32, cart........................... 2 fr. 50

FOURNIÈRE (E.). **Les théories socialistes au XIXᵉ siècle**, de Babeuf à Proudhon. 1 vol. in-8... 7 fr. 50

GAROFALO. **La superstition socialiste.** 1 vol. in-8.................... 5 fr.

ISAMBERT (G.). **Les idées socialistes (1815-1848).** 1 vol. in-8...... 7 fr. 50

KIDD. **L'évolution sociale.** Traduit par M. P. Le Monnier. in-8...... 7 fr. 50

LAVELEYE (E. de), correspondant de l'Institut. **Le socialisme contemporain.** 1 vol. in-16. 11ᵉ édition augmentée..................... 3 fr. 50

LE BON (G.). **Psychologie du socialisme.** 5ᵉ édition, revue et corrigée. 1 vol. in-8.. 7 fr. 50

LEROY-BEAULIEU (P.), de l'Institut. **Le collectivisme**, examen critique du nouveau socialisme. 4ᵉ édit., revue et augmentée. 1 vol. in-8..... 9 fr.

MARX (Karl). **Le capital**, extraits et notes par M. Paul Lafargue. Notice biographique et introduction par Vilfredo Pareto. 1 vol. in-32, cart.. 2 fr. 50

MERLIN (Roger), bibliothécaire archiviste au Musée social. **Le contrat de travail, les salaires, la participation aux bénéfices.** 1 vol. in-18.. 2 fr. 50

MÉTIN (A.), agrégé de l'Université, professeur à l'École coloniale. **Le socialisme sans doctrines.** *La question ouvrière et la question agraire en Australie et en Nouvelle-Zélande.* 1 vol. in-8 cart............................... 6 fr.

MILHAUD (Mlle Caroline). **L'ouvrière en France**, sa condition présente, réformes nécessaires. 1 vol. in-18................................... 2 fr. 50

MILHAUD (G.), professeur à l'Université de Genève. **La démocratie socialiste allemande.** 1 vol. in-8... 10 fr.

PAUL-LOUIS. **L'ouvrier devant l'État.** Étude de la législation ouvrière dans les deux Mondes. 1 vol. in-8... 7 fr.
— **Histoire du mouvement syndical en France (1789-1906).** 1 vol. in-16... 3 fr. 50

RENARD (G.), professeur au Collège de France. **Le régime socialiste**, son organisation politique et économique. 1 vol. in-18, 5ᵉ édition..... 2 fr. 50

RICARDO. **Œuvres complètes.** Les œuvres de Ricardo se composent : 1° des **Principes de l'économie politique et de l'impôt**, traduits par MM. Constancio et Alcide Fonteyraud. — 2° Des ouvrages ci-après : *De la protection accordée à l'agriculture. — Plan pour l'établissement d'une banque nationale. — Essai sur l'influence du bas prix des blés sur les profits du capital. — Proposition pour l'établissement d'une circulation monétaire économique et sûre. — Le haut prix des lingots est une preuve de la dépréciation des billets de banque. — Essai sur les emprunts publics*, avec des notes et une *Notice sur la vie et les travaux de Ricardo*, par Alc. Fonteyraud. 1 vol. in-8.. 10 fr.
— **Rente, salaires et profits.** Traduction revue par M. Formentin. Introduction par P. Beauregard. 1 vol. in-32, cartonné................. 2 fr. 50

RICHARD (G.), chargé du cours de sociologie à l'Université de Bordeaux. **Socialisme et Science sociale.** 1 vol. in-18, 2ᵉ édition............. 2 fr. 50

SCHULZE GAVERNITZ. **La Grande Industrie.** Traduit de l'allemand. Préface par M. G. Guéroult. 1 vol. in-8....................................... 7 fr. 50

www.ingramcontent.com/pod-product-compliance
Lightning Source LLC
Chambersburg PA
CBHW071858230426
43671CB00010B/1384